Grundstückverkehrsrecht

Textausgabe
mit Einleitung und Sachverzeichnis

Erläutert von

Dr. Fritz Kiefersauer

1938
München und Berlin
J. Schweitzer Verlag (Arthur Sellier)

Druck von Dr. F. P. Datterer & Cie., Freising-München.

Vorwort

Grund und Boden bilden die Grundlage völkischen Lebens. Das Eigentum an Grund und Boden ist dem Eigentümer gewährleistet. Aus diesem Rechtsschutz erwächst für den Eigentümer und jeden Nutznießer an Grund und Boden die Verpflichtung, Verfügung und Nutzung den Gesetzen der Volksgemeinschaft einzuordnen.

Für eine Reihe von Rechtsgeschäften über Grundstücke hat die nationalsozialistische Staatsführung die Überwachung oder Genehmigung durch die unteren Verwaltungsbehörden eingeführt.

Die einschlägigen Gesetze darzustellen und in ihren Zusammenhängen zu erläutern, ist die Aufgabe, die sich das „Grundstückverkehrsrecht" gestellt hat.

Mindelheim, im Mai 1938.

Dr. Kiefersauer.

Inhaltsübersicht

Abkürzungen

AusfVO.	= Ausführungsverordnung.
AO.	= Anordnung auf Grund der Verordnung über die Anmeldung des Vermögens von Juden vom 26. April 1938.
AV.	= Allgemeine Verfügung.
BRBekm.	= Bekanntmachung über den Verkehr mit landw. Grundstücken (Bundesratsbekanntmachung) vom 15. März 1918.
DJ.	= Deutsche Justiz.
DWohnA.	= Deutsches Wohnungs-Archiv.
EHRV.	= Erbhofrechtsverordnung vom 21. Dezember 1936.
EHVfO.	= Erbhofverfahrensordnung vom 21. Dezember 1936.
GBO.	= Grundbuchordnung.
GrundE.	= Das Grundeigentum (Allgemeine Deutsche Haus- und Grundbesitzer-Zeitung).
GVB.	= Grundstückverkehrsbekanntmachung i. d. F. vom 26. Januar 1937.
JW.	= Juristische Wochenschrift.
LwRMBl.	= Reichsministerialblatt der Landwirtschaftlichen Verwaltung.
LZ.	= Leipziger Zeitschrift für Deutsches Recht.
PBG.	= Preisbildungsgesetz (Gesetz zur Durchführung des Vierjahresplanes vom 29. Oktober 1936).
PStopV.	= Preisstopverordnung (Verordnung über das Verbot von Preiserhöhungen vom 26. November 1936).
RE.	= Runderlaß des Reichskommissars für die Preisbildung.

ReichsgrenzSichG.	= Gesetz über die Sicherung der Reichsgrenze und über Vergeltungsmaßnahmen vom 9. März 1937.
RfP.	= Reichskommissar für die Preisbildung.
RJM.	= Reichsminister der Justiz.
RuPrMfEuL.	= Reichs- und Preußischer Minister für Ernährung und Landwirtschaft.
SchutzberG.	= Schutzbereichgesetz vom 24. Jan. 1935.
StädtebauG.	= Gesetz über die Neugestaltung Deutscher Städte vom 4. Oktober 1937.
TarnV.	= Verordnung gegen die Unterstützung der Tarnung jüdischer Gewerbebetriebe vom 22. April 1938.
VeräußV.	= Verordnung über die Veräußerung von Entschuldungsbetrieben vom 6. Januar 1937.
WohnSG.	= Gesetz über die Aufschließung von Wohnsiedlungsgebieten vom 22. Sept. 1933.

Schrifttum

Heilmann, Gesetz über die Aufschließung von Wohnsiedlungsgebieten. 2. Aufl. Eberswalde 1936.

Hopp, Verkehr mit land- und forstwirtschaftlichen Grundstücken. 2. Aufl. Berlin 1937.

Kiefersauer, Grundstücksmiete. 2. Aufl. München 1924 Band II (Bundesratsbekanntmachung).

Laïs, Die landwirtschaftlichen Grundstücksverkehrsgesetze. Berlin 1937.

Riecke-v. Manteuffel, Der ländliche Grundstücksverkehr. Berlin 1937.

Scholl, Das neue Preisrecht. Berlin 1938.

Staudinger, Kommentar zum Bürgerlichen Gesetzbuch. 10. Aufl. München 1937 (§§ 535—597 bearbeitet von Dr. Kiefersauer).

Einleitung

Der Begriff „Grundstückverkehr" ist nicht eindeutig. Selbst wenn man den Begriff „Grundstück" als Rechtsbegriff überkommener Entwicklung anerkennt, wird man über den Ausdruck „Verkehr mit Grundstücken" kaum zu einer einheitlichen Auffassung gelangen. Die Rechtsvorgänge, die in den einzelnen Gesetzen und Verordnungen über den Grundstückverkehr erfaßt werden, sind deshalb auch durchaus nicht überall die gleichen. Im Mittelpunkt des Grundstückverkehrs steht ohne Zweifel die Veräußerung des Grundstücks[1]), gleichviel, ob sie im Wege des Verkaufs, des Tausches, der Schenkung usw. erfolgt; auch die Teilung von Grundstücken[2]) kommt häufig in Betracht. Neben dem rechtsgeschäftlichen Verkehr wird in zunehmendem Maße auch der Erwerb von Grundstücken im Wege der Zwangsversteigerung[3]) erfaßt. Schuldrechtliche und dingliche Rechtsgeschäfte werden von den Beschränkungen des Grundstückverkehrsrechts gleichmäßig getroffen; zur Vermeidung von Doppelarbeit gilt aber der bisher schon in der Praxis geübte Grundsatz, daß mit der Genehmigung des Verpflichtungsgeschäfts auch das Erfüllungsgeschäft als genehmigt gilt, sofern die Erfüllung der Verpflichtung auch wirklich entspricht[4]).

---

[1]) § 2 Abs. 1 GVB.; § 4 Abs. 1 WohnSG.; Art. 1 Abs. 1 VeräußV.; § 2 Abs. 1 DVO. ReichsgrenzSichG.; § 4 Abs. 2 StädtebauG.; § 1 Abs. 1 AO.

[2]) § 4 Abs. 1 WohnSG.; § 4 Abs. 2 StädtebauG.; wegen der Umlegung (Zusammenlegung und Neueinteilung) von Grundstücken vgl. § 12 StädtebauG.

[3]) § 2 Abs. 3 GVB.; § 2 Abs. 4 DVO. Reichsgrenz.-SichG.; Verordnung über die Zurückweisung von Geboten in der Zwangsversteigerung vom 6. April 1938 (RGBl. I S. 374).

[4]) § 2 Abs. 2 GVB.; Art. 1 Abs. 1 VeräußV.; § 2 Abs. 3 DVO. ReichsgrenzSichG.; § 5 Abs. 1 AusfV. WohnSG.; § 1 Abs. 2 AO.

Neben den das Grundstück unmittelbar treffenden Rechtsgeschäften wird aber in weitgehendem Maße die Nutzung des Grundstücks einer behördlichen Regelung unterworfen. Das gilt insbes. von den schuldrechtlichen und dinglichen Rechten, die dem Berechtigten den Genuß der Erzeugnisse[5]) des Grundstücks vermitteln. In Betracht kommen in der Hauptsache Nießbrauch, Pacht. In Ausnahmefällen ist auch die Vereinbarung über die Verwaltung[6]) eines Grundstücks genehmigungspflichtig. Auch die Bebauung[7]) des Grundstücks, die Verpflichtung zur Herstellung oder Unterhaltung bestimmter Anlagen[8]) kann Gegenstand des Grundstückverkehrsrechts sein.

Die Entziehung oder die wesentliche Beschränkung des Eigentums an Grundstücken ist Gegenstand des Enteignungsverfahrens, das grundsätzlich[9]) nicht im Rahmen unseres Grundstückverkehrsrechts behandelt wird. Dagegen darf im Zusammenhang auf die mögliche Pflicht

[5]) § 4 Abs. 1 WohnSG.; § 2 Abs. 1 GBB.; § 2 Abs. 1 DVO. ReichsgrenzSichG.: wegen der Verpflichtung des Nutzungsberechtigten zur sachgemäßen Bewirtschaftung und deren Überwachung vgl. Staudinger-Kiefersauer, Vorbem. 21 zu § 581.

[6]) § 2 Abs. 1 DVO.ReichsgrenzSichG.

[7]) § 4 Abs. 1 WohnSG.; § 4 Abs. 1 StädtebauG.; vgl. ferner die VO. über die Regelung der Bebauung vom 15. Febr. 1936 (RGBl. I S. 104), die VO. über die Zulässigkeit befristeter Bausperren vom 29. Okt. 1936 (RGBl. I S. 933) sowie die VO. über Baugestaltung vom 10. Nov. 1936 (RGBl. I S. 938). Für Bauten mit einem umbauten Raumbedarf von mehr als 50000 Kubikmeter ist zur Bestimmung des Bauplatzes in Berlin dem Generalbauinspektor das Bauvorhaben anzumelden, 4 zu § 4 StädtebauG.; die bereits durch das WohnSG. eingeführte Einengung der sog. Baufreiheit hat damit eine weitere Verstärkung erfahren, vgl. 1 zu § 1 WohnSG.

[8]) § 4 Abs. 1 StädtebauG.; §§ 3, 7 SchutzberG.

[9]) Vgl. aber §§ 2, 8 StädtebauG. und Anm. 35 zum RE. 155/37.

zur Veräußerung des Grundstücks durch den Erben[10]) hingewiesen werden; hier ist das Behalten eines rechtmäßig erworbenen Grundstücks an die Genehmigung der zuständigen Behörde gebunden, bei deren Versagung das Grundstück innerhalb bestimmter Frist an eine zum Erwerb berechtigte Person zu veräußern ist.

Nach nationalsozialistischer Rechtsauffassung ist das Grundstück nicht Gegenstand eines Warenverkehrs. Grund und Boden sind die Grundlagen völkischer Entwicklung. Der Rechtsbegriff des Grundstücks wird nach Überwindung überkommenen Rechtsdenkens dem Begriff des Bodens Platz machen müssen und an die Stelle des Grundstückrechts wird das deutsche Bodenrecht treten, dessen Grundzüge in den nachfolgenden Gesetzen und Verordnungen des Grundstückverkehrsrechts bereits zu erkennen sind. Darüber hinaus wird in anderen Rechtsnormen immer mehr und mehr der Grundgedanke verwirklicht, daß jede Nutzung des Bodens den Gesetzen der Gemeinschaft unterworfen ist[11]).

Nicht als[12]) räumlich abgegrenzter Abschnitt der Erdoberfläche, der im Grundbuch eine besondere Stelle hat und als selbständiges Grundstück im Grundbuch vorgetragen ist, sondern als lebendiger und lebenspendender Boden ist das Grundstück Mittelpunkt zahlreicher Rechtsbeziehungen. Nationalsozialistische Rechtsauffassung will und wird dem Boden in seiner lebendigen Beziehung zum Menschen, zu dessen Dasein und dessen wirtschaftlicher Betätigung im Rahmen der Volksgemein-

---

[10]) §§ 3, 4, 5 DVO.ReichsgrenzSichG.

[11]) Staudinger-Kiefersauer, Vorbem. 1 zu § 535.

[12]) RGZ. 73, 125. Als Grundstücke im Rechtssinn gelten auch Flächen, die, ohne im Grundbuchblatt dem Stammgrundstück als Bestandteil zugeschrieben oder infolge Vereinigung mit ihm als ein Grundstück mit dem Stammgrundstück eingetragen zu sein, unter einer besonderen Nummer im Bestandsverzeichnis aufgeführt sind, RGZ. 84, 270. Grundstücke sind auch Flächen, die, wie z. B. die öffentlich-rechtlichen Grundstücke gemäß § 90 GBO. fr. F. buchungsfähig, aber nicht buchungspflichtig sind.

schaft eine über den bloßen Sachbegriff des Grundstücks hinausreichende Stellung im deutschen Bodenrecht einräumen. Diese neue Rechtsauffassung wird insbes. der bäuerlichen, aber auch jeder anderen Nutzung des Bodens bei aller Sicherung des Eigentums Pflichten gegen die Volksgemeinschaft ganz ebenso auferlegen[13]), wie der Grundstückverkehr als solcher im Interesse des Volkes bestimmten Einschränkungen unterworfen ist.

Zur Durchführung des Vierjahresplanes auf dem Gebiete der Preisbildung hat die Reichsregierung einen Reichskommissar für die Preisbildung bestellt und ihn durch Gesetz vom 29. Okt. 1936 (RGBl. I S. 927) mit besonderen Vollmachten ausgestattet. Die Tätigkeit des Reichskommissars wird gerade die Preisbildung auf dem Grundstücksmarkt in erheblichem Maße beeinflussen. Auch die Preisgestaltung für Grundstücke ist grundsätzlich dem Verbot von Preiserhöhungen nach Maßgabe der Preisstopverordnung vom 26. Nov. 1936 (RGBl. I S. 955) unterworfen. Darüber hinaus sind der Reichskommissar für die Preisbildung und die von ihm beauftragten Stellen befugt, von sich aus die Preisbildung im Grundstücksververkehr zu regeln. Aufgabe der Preisbildungsbehörde ist daher die Preisbildung und Preisüberwachung auf dem Gebiete des Grundstückverkehrs. Bei der überragenden Bedeutung der Preisbildung für die Durchführung des Vierjahresplanes ist das Rechtsgebiet der Preisbildung und Preisüberwachung bei Grundstücken an die Spitze der nachfolgenden Darstellung gestellt worden.

---

13) Staudinger-Kiefersauer, Vorbem. 16 ff. zu § 581.

I. Preisbildung und Preisüberwachung bei Grundstücken

Eines der wichtigsten Ziele nationalsozialistischer Staatsführung ist die Aufrechterhaltung der gegenwärtigen Preisgrundlage. Spekulative Preiserhöhungen müssen unter allen Umständen verhindert werden. Die Beibehaltung der Preisgrundlage bildet eine wesentliche Voraussetzung für die erfolgreiche Durchführung des Vierjahresplanes. Auf dem Gebiete des Preisbildungsrechts wurde durch Gesetz vom 29. Okt. 1936 (RGBl. I S. 927) ein eigener Reichskommissar für die Preisbildung (RfP.) bestellt, dessen Aufgabengebiet der Führer selbst mit den Worten umrissen hat, „daß es besser ist, wenn wir unsere Wirtschaft so aufbauen, daß zwischen Lohn und Preis ein stabiles Verhältnis besteht, als daß wir Löhne und Preise einfach laufen lassen". Dem RfP. obliegt gemäß §§ 1, 2 des Gesetzes vom 29. Okt. 1936 (PBG.)

1. die Überwachung der Preisbildung für Güter und Leistungen jeder Art — Preisüberwachung — und
2. der Erlaß aller zur Sicherung volkswirtschaftlich gerechtfertigter Preise und Entgelte erforderlichen Maßnahmen — Preisbildung —.

Preisüberwachung und Preisbildung erstrecken sich auch auf die Preise im Grundstückverkehr. Die Tätigkeit des RfP. und der von ihm beauftragten Stellen beschränkt sich nicht etwa auf die Festsetzung von Höchstpreisen für bestimmte Güter und Leistungen und deren Überwachung. Der RfP. hat vielmehr, wie der Beauftragte für den Vierjahresplan, Generalfeldmarschall Göring, am 28. Okt. 1936 in der Kundgebung im Berliner Sportpalast sich ausdrückte, „die Aufgabe, immer wieder festzustellen, ob der Preis berechtigt ist, oder Eigennutz und Ichsucht entspringt. Ist dies der Fall, dann wird rücksichtslos durchgegriffen". Der Schwerpunkt der Gesetzgebung auf dem Gebiete der Preisbildung ruht also nicht in den einzelnen Gebots- und Verbotsvorschriften, sondern in der aktiven Tätigkeit des RfP. und der von ihm beauftragten Stellen.

Dieser hervorragenden Aufgabe entsprechend sind auch die Maßnahmen des RfP. und der von ihm beauftragten Stellen mit besonderen Wirksamkeiten ausgestattet. Diese bestehen

1. in der Möglichkeit, jeden Rechtsvorgang hinsichtlich der Preisgestaltung der Nachprüfung zu unterziehen und im Rahmen der Preisüberwachung und der Preisbildung die erforderlichen Anordnungen zu treffen;
2. in der alleinigen Zuständigkeit des RfP. und der von ihm beauftragten Stellen auf dem Gebiete des Preisbildungsrechts mit der Folge, daß die auf Grund des Gesetzes vom 29. Okt. 1936 ergehenden Anordnungen für die Verwaltungsbehörden und für die Gerichte bindend sind, d. h. von ihnen nicht einer Nachprüfung und Änderung unterworfen werden können (§ 6 Abs. 1 PBG.).

1. Die Aufgaben des Reichskommissars für die Preisbildung.

a) Preisbildung (PBG.)

Gesetz zur Durchführung des Vierjahresplans — Bestellung eines Reichskommissars für die Preisbildung —.

Vom 29. Oktober 1936 (RGBl. I S. 927).

Die Reichsregierung hat zur Durchführung des Vierjahresplans auf dem Gebiete der Preisbildung das folgende Gesetz beschlossen, das hiermit verkündet wird:

Im Lande Österreich ist das PBG. „sinngemäß anzuwenden". Zweite Verordnung zur Einführung des Vierjahresplans im Lande Österreich vom 27. März 1938 (RGBl. I S. 315).

§ 1

(1) Zur Überwachung der Preisbildung[1] für Güter und Leistungen jeder Art, insbesondere für alle Bedürfnisse des täglichen Lebens, für die gesamte landwirtschaftliche, gewerbliche und industrielle Erzeugung und für den Verkehr mit Gütern und Waren jeder Art sowie für sonstige Entgelte[2] wird ein Reichskommissar bestellt.

(2) Die gesetzlichen Vorschriften über die Überwachung und Gestaltung der Löhne und Gehälter, im besonderen die Vorschriften des Gesetzes zur Ordnung der nationalen Arbeit bleiben unberührt.

(3) Der Reichskommissar wird vom Führer und Reichskanzler ernannt. Er untersteht dem Beauftragten für den Vierjahresplan, Preußischen Ministerpräsidenten Generaloberst Göring. Der Reichskommissar hat seinen Sitz in Berlin.

1. Die Tätigkeit des RfP. umfaßt nicht nur die Preisüberwachung, sondern auch die Preisbildung selbst. § 2 Abs. 2 überträgt dem RfP. die Wahrnehmung der Aufgaben und Befugnisse „auf dem Gebiete der Genehmigung, Festsetzung, Überwachung und Bildung von Preisen und Entgelten". Von der bloßen Überwachung der Entwicklung (Bildung) der Preise, die der Aufgabe der früheren Reichskommissare für die Preisüberwachung entsprochen hat, ist das PBG. zur unmittelbaren Gestaltung der Preise übergegangen.

2. Preise (Entgelte) für Güter und Leistungen jeder Art unterliegen der Überwachung durch den RfP. Die Grundstückpreise unterliegen deshalb der Kontrolle des RfP. ebenso wie die Entgelte für die Nutzung der Grundstücke (Miete, Pacht, Nießbrauch). Da das wirkliche Entgelt für die Überlassung eines Grundstücks nur aus der Gesamtheit der vertraglichen Bestimmungen zu ermitteln ist, unterliegen auch die sonstigen Bestim-

mungen der Grundstückverträge der Nachprüfung durch den RfP.

§ 2

(1) Der Reichskommissar ist ermächtigt, die zur Sicherung volkswirtschaftlich gerechtfertigter Preise und Entgelte[1] erforderlichen Maßnahmen zu treffen[2].

(2) Der Reichskommissar für die Preisbildung hat die den Obersten Reichsbehörden auf dem Gebiete der Genehmigung, Festsetzung, Überwachung oder Bildung von Preisen und Entgelten zugewiesenen Aufgaben und Befugnisse wahrzunehmen.

(3) Der Reichskommissar kann mit Zustimmung des Beauftragten für den Vierjahresplan die ihm nach diesem Gesetz zustehenden Aufgaben und Befugnisse ganz oder teilweise auf andere Stellen übertragen[3] [4].

1. Die Sicherung volkswirtschaftlich gerechtfertigter Preise (Entgelte) ist das Ziel aller Maßnahmen, zu denen § 2 den RfP. ermächtigt. Die Rechtfertigung des Preises muß eine volkswirtschaftliche sein, d. h. sie darf nicht ausschließlich nach privatwirtschaftlichen Gesichtspunkten erfolgen. Dies gilt insbesondere für die Überlassung des Eigentums an Grund und Boden. Eigentum ist sozial gebundenes Recht; jede Nutzung des Bodens ist den Gesetzen der Gemeinschaft unterworfen, vgl. Staudinger-Kiefersauer, Vorbem. 1 zu § 535. Für die Entwicklung der Grundstückspreise und deren Lenkung durch die Preisbildungsbehörden sind deshalb neben den allgemeinen volkswirtschaftlichen Gesichtspunkten in besonderem Maße die nationalpolitischen Ziele des künftigen Bodenrechts zu beachten. Es gilt nicht nur die Grundstückspreise aus der vielfach beobachteten Verkrampfung in Spekulationsgeschäften herauszuschälen, sondern darüber hinaus den Grundstücksverkehr in Bahnen zu lenken, die der Bedeutung des Grund und Bodens als der Grundlage völkischen Lebens entsprechen. Es muß erreicht werden, daß deutscher Grund und Boden nicht mehr als Handelsware gewertet wird und daß er deutschen Volksgenossen — nur diesen, vgl. 1 zu § 5 GVB. — zur Verfügung steht.

Der **volkswirtschaftlich gerechtfertigte Preis bei Grundstücken** entspricht dem Nutzungswert. Bei landwirtschaftlichen Grundstücken entspricht die Nutzung dem Ertrag — vgl. 6 zu § 5 GVB. —, bei bebauten Grundstücken dem Raumnutzungswert, vgl. Kiefersauer, DWohnA. 1938, 5. Raumnutzung ist meist Miete oder Pacht. Da die Erhaltung der gegenwärtigen Mietpreisgrundlage als eines wesentlichen Teiles der allgemeinen Preisgrundlage Sinn und Zweck des RE. Nr. 184/37 über Preisüberwachung und Preisbildung bei Mieten — vgl. Kiefersauer, Reichsmietengesetz, 6. Aufl. — ist, muß die Führung der Entwicklung der Grundstückspreise in erster Linie den Zusammenhang zwischen Nutzungswert und Grundstückspreis beachten. Daraus ergibt sich aber die Schlußfolgerung, daß eine wirkliche Gestaltung der Grundstückspreise im Sinne des Abs. 1 solange nicht möglich ist, als an den Grundlagen der gesetzlichen Miete, der Friedensmiete, festgehalten wird; denn die Friedensmiete im Sinne des § 2 RMG. ist das Ergebnis einer liberalistischen Wirtschaftsauffassung, die nach Angebot und Nachfrage die Mietpreisbildung gewähren ließ. Deren zufälliges Ergebnis am 1. Juli 1914 sollte nach der grundlegenden Umgestaltung aller Wertbegriffe durch die nationalsozialistische Weltanschauung und nach einem Zeitablauf von fast 25 Jahren nicht mehr Anspruch auf Gegenwartsgeltung erheben dürfen.

2. Art und Umfang der zu ergreifenden **Maßnahmen** zu bestimmen, ist Sache des RfP.; er kann allgemeine Anordnungen treffen oder im Einzelfalle eingreifen. Unmittelbarer Eingriff in Vertragsrechte ist möglich; insbesondere kann der RfP. der Preisüberwachungsstelle das Recht übertragen, im Einzelfall den Verkauf zu dem gesetzlich vorgeschriebenen Preis zu erzwingen. Ob solche Eingriffe vom RfP. beabsichtigt sind, kann lediglich

lich aus dem Inhalt der Anordnung oder des Erlasses entnommen werden. Auf dem Gebiet der Preisbildung und Preisüberwachung bei Grundstücken — RE. Nr. 155/37 — sind unmittelbare Eingriffe in die Vertragsbestimmungen grundsätzlich nicht vorgesehen. Die Vorschriften dieses RE. sind als bedeutsamer Übergang von der Preisüberwachung zur Preisbildung anzusehen, Lampe, JW. 1937, 3004. Gleichwohl gehen die Mittel, die den Preisbildungsbehörden zur Durchführung ihrer Aufgaben in dem RE. zur Verfügung gestellt sind, grundsätzlich nicht über den Rahmen der Befugnisse der Genehmigungsbehörden hinaus. Die **Beanstandung** stellt fest, daß der vereinbarte Preis mit den Grundsätzen der Preisbildung oder Preisüberwachung nicht im Einklang steht; eine unmittelbare Einflußnahme auf die vertragliche Regelung steht der Preisbildungsbehörde grundsätzlich ebensowenig zu wie der Genehmigungsbehörde, vgl. 9 zu § 2, 6 zu § 5 GVB. Die Beanstandung des Rechtsgeschäfts hat die Nichtigkeit des Rechtsgeschäfts gemäß § 134 BGB. zur Folge, gleichviel, ob ein Verstoß gegen § 1 PStopV. vorliegt (Lent, DJ. 1938, 412) oder nicht; vgl. Kiefersauer, DWohnA. 1938, 185. Der RfP. empfiehlt in der grundsätzlichen Entscheidung vom 16. März 1938 (s. unten) durch Versagung der Genehmigung — 1 zu § 3 PStopV.; 6 zu § 5 GVB. — die Durchführung des Vertrages zu verhindern bzw. da, wo eine Genehmigungspflicht nicht besteht, die Durchführung des Vertrages zu dem beanstandeten Preis zu verbieten. „Eine solche Anordnung hat die Nichtigkeit des Vertrages zur Folge. Wenn es zweckmäßig erscheint, kann den Parteien gleichzeitig mitgeteilt werden, daß die Behörde voraussichtlich zu einem Kaufpreis bis zu .... *RM* ihre Zustimmung geben werde."

Vor Abschluß des Vertrages können die Vertragsteile die Festsetzung des für den Höchstfall zulässigen Preises beantragen; wird der hiernach festgesetzte Preis beim Vertragsabschluß überschritten, so ist der Vertrag gemäß § 134 BGB. in vollem Umfang nichtig. Für Bauland kann die Preisbildungsbehörde mit Zustimmung der Aufsichtsbehörde Richtpreise für Grundstücke festsetzen, die nach Art und Lage gleichwertig sind und mit deren Bebauung in absehbarer Zeit mit Wahrscheinlichkeit zu rechnen ist, vgl. Ziff. II 4 Abs. 4 RE. 155/37.

Über den Rahmen des RE. 155/37 hinaus erachtet der RfP. in einer grundsätzlichen Entscheidung vom 16. März 1938 (Mitteilungsblatt 1938 I Nr. 6 S. 7) in **Ausnahmefällen** im öffentlichen Interesse es für geboten, die Durchführung des Eigentumsüberganges bei gleichzeitiger Herabsetzung des Kaufpreises zu fordern. In solchen Fällen „kann die Behörde den **Kaufpreis unmittelbar** auf das volkswirtschaftlich gerechtfertigte Maß **herabsetzen**. Eine solche Anordnung beeinträchtigt die Gültigkeit des Vertrages im übrigen nicht und gibt dem Verkäufer auch kein Rücktrittsrecht; sie kommt aber nur in besonderen Ausnahmefällen in Betracht"; vgl. Anm. 14 zum RE. 155/37. Da die Herbeiführung des Eigentumsübergangs in erster Linie Aufgabe der Enteignungsgesetzgebung ist, zu deren Grundsätzen die „Feststellung der Zulässigkeit der Enteignung" — vgl. § 9 Abs. 1 StädtebauG. — zählt, sollte die vom RfP. als zulässig bezeichnete Festhaltung der Vertragsteile an einem Vertrag, dessen Grundlagen durch die Preisherabsetzung völlig beseitigt ist, nur unter ganz bestimmten Voraussetzungen und nur im öffentlichen Interesse erfolgen dürfen. Eine Ausdehnung der Enteignungsmöglichkeit zugunsten privater Interessen ist auch unter dem Gesichtspunkt der Preisbildung nicht zu rechtfertigen; vgl. 2 zu § 1 PStopV.

3. Die Übertragung der Preisüberwachung und Preisbildung für Grundstücke auf die unteren Verwaltungsbehörden ist durch die Fünfte Anordnung vom 6. Okt. 1937 erfolgt, s. unten S. 29.

4. Verordnung über die Zurückweisung von Geboten in der **Zwangsversteigerung** vom 6. April 1938 (RGBl. I S. 374) s. unten S. 52.

§ 3

Der Reichskommissar schlägt dem Beauftragten für den Vierjahresplan die zur Durchführung dieses

Gesetzes erforderlichen Rechtsverordnungen und allgemeinen Verwaltungsvorschriften vor [1] [2].

1. Die wichtigste Verordnung ist die Verordnung über das Verbot von Preiserhöhungen vom 26. Nov. 1936 (RGBl. I S. 955) — PStopV. —.

2. Vgl. auch die Überleitungsverordnung zum PBG. vom 26. Nov. 1936 (RGBl. I S. 955); nach Art. III dieser VO. ist der RfP. ermächtigt, durch allgemeine Verwaltungsvorschriften Abänderungen der bisherigen, noch fortgeltenden organisatorischen und verwaltungsrechtlichen Bestimmungen vorzunehmen.

§ 4

(1) Zuwiderhandlungen gegen Anordnungen, die auf Grund dieses Gesetzes erlassen sind, können [1] mit Zuchthaus, Gefängnis, Haft oder Geldstrafe, letztere in unbegrenzter Höhe, oder mit einer oder mehreren dieser Strafen bedroht werden. Dabei kann die Einziehung derjenigen Gegenstände, auf die sich die strafbare Handlung bezieht, sowie die öffentliche Bekanntmachung des Urteils vorgesehen werden. Wegen einer solchen Zuwiderhandlung kann Anklage vor den auf Grund der Verordnung der Reichsregierung vom 21. März 1933 (Reichsgesetzbl. I S. 136) errichteten Sondergerichten erhoben werden.

(2) Der Reichskommissar kann Ordnungsstrafen in Geld, deren Höhe unbegrenzt ist, androhen und verhängen [2].

(3) Er ist ermächtigt, bei Zuwiderhandlung gegen seine Anordnungen und Maßnahmen die Schließung von Betrieben, in denen eine Zuwiderhandlung erfolgt ist, zu verfügen oder die Weiterfüh-

rung des Betriebes von Auflagen abhängig zu machen. Er kann auch Einzelpersonen auf dem Gebiete, auf dem die Zuwiderhandlung erfolgt ist, jede Tätigkeit untersagen oder sie von Auflagen abhängig machen[3 4].

1. Abs. 1 Satz 1 und 2 stellt lediglich eine Ermächtigung des RfP. zur Strafandrohung dar. Die Bestrafung selbst kann auf diese Vorschriften nicht gestützt werden.

Verstöße gegen veröffentlichte Durchführungsanordnungen werden gemäß Ziff. II der Zweiten Verordnung zur Durchführung des Vierjahresplans vom 5. Nov. 1936 (RGBl. I S. 936) mit Gefängnis oder mit Geldstrafe, letztere in unbegrenzter Höhe, oder mit einer dieser Strafen bestraft. Bei Verstößen gegen die PStopV. ist § 4 Abs. 1 PStopV. Rechtsgrundlage für die Bestrafung.

2. Das Ordnungsstrafrecht des Abs. 2 stellt eine eigene Strafbefugnis des RfP. und der von ihm beauftragten Stellen dar; über das Ordnungsstrafrecht im allgemeinen vgl. Rietzsch JW. 1938, 773 und Meeske DJ. 1938, 404.

Soweit in den einzelnen Verordnungen Strafvorschriften nicht enthalten sind, kann die zuständige Preisüberwachungsstelle bei Zuwiderhandlungen Ordnungsstrafen — grundsätzlich in unbegrenzter Höhe (s. unten 4) — verhängen, auch wenn die Anordnung selbst — allgemein oder im Einzelfall — eine Strafandrohung nicht enthält, § 1 der Verordnung über Ordnungsstrafen bei Zuwiderhandlungen gegen Preisschildervorschriften und Preisfestsetzungen vom 8. Jan. 1935 (RGBl. I S. 10); für das Verfahren gelten die Bestimmungen des Abschnittes IV der VO. über Preisüberwachung vom 11. Dez. 1934 (RGBl. S. 1245).

3. Die Schließung von Betrieben war bisher schon möglich; vgl. hiezu die VO. vom 8. Dez. 1931 (RGBl. I S. 747). Einschneidend ist die Befugnis des RfP., Einzelpersonen die Ausübung ihrer Berufstätigkeit zu untersagen; auf dem Gebiete des Grundstückverkehrs

kommt insbes. die Maklertätigkeit in Frage. Auch die Vermietung von Grundstücken kann bei groben Verstößen des Vermieters insbes. gegen die Verpflichtung zur Hausgemeinschaft — Kiefersauer, DWohnA. 1937, 252 — untersagt werden; diese Maßnahme hätte zur Folge, daß der Hausbesitzer sein Haus verkaufen muß (vgl. die ähnliche Rechtslage des Erben nach § 3 DVO. ReichsgrenzSichG.). Die Erzwingung erfolgt hier durch Ordnungsstrafen.

4. Wegen der Ausdehnung der Strafbestimmungen des § 4 auf die bisher erlassenen Verordnungen und Anordnungen, soweit sie nicht durch das PBG. aufgehoben worden sind, vgl. Ziff. II der Überleitungsverordnung (2 zu § 3). Hiernach ist bei Verstößen nicht nur wie bisher der Verkäufer, sondern auch der Käufer strafbar, der einen höheren Preis bietet oder in Kenntnis des festgesetzten oder höchstzulässigen Preises zahlt. Ordnungsstrafen sind in unbegrenzter Höhe möglich. Unmittelbar auf früheres Recht anzuwenden sind nur die Abs. 2 und 3, während das Strafrecht des Abs. 1 nur bei ausdrücklicher Anordnung des RfP. frühere Bestimmungen zu ersetzen oder zu ergänzen vermag, s. oben 1.

§ 5

Die Verwaltungsbehörden und Gerichte haben dem Reichskommissar Amts- und Rechtshilfe zu leisten.

§ 6

(1) Die auf Grund dieses Gesetzes ergehenden Anordnungen sind für die Verwaltungsbehörden und Gerichte bindend[1].

(2) Wegen eines Schadens, der durch eine Anordnung oder Maßnahme auf Grund dieses Gesetzes entsteht, wird eine Entschädigung nicht gewährt[2, 3].

1. Die Anordnungen des RfP. und der von ihm beauftragten Stellen sind hiernach — auch im Einzelfall —

der **Nachprüfung durch andere Behörden**, insbes. durch die Gerichte, in vollem Umfang **entzogen**. Das gilt insbes. auch für die Feststellung, daß ein Verstoß gegen Preisvorschriften nicht vorliegt: der dem § 4 GVB. zugrunde liegende Gedanke gilt in erhöhtem Maße für das Preisbildungsrecht: die Unbedenklichkeitserklärung der Preisbildungsbehörde — Lent DJ. 1938, 413 — schließt jede spätere Anfechtung der Preisbildung des Rechtsgeschäfts durch die Parteien und die Nachprüfung der Preisbildung durch andere Behörden aus, Kiefersauer, DWohnA. 1938, 185.

2. Eingriffe des RfP. könnten unter Umständen als Enteignungen, die zur Schadloshaltung verpflichten, anzusehen sein; Abs. 2 schließt auch für diese Fälle jeden Entschädigungsanspruch aus, vgl. § 12 WohnSG., § 10 DVO. ReichsgrenzSichG.

3. Wegen der Ausdehnung des § 6 auf das frühere, aber noch gültige Preisüberwachungsrecht vgl. Ziff. I der ÜberleitungsVO. (2 zu § 3).

b) Preisüberwachung (PStopV.)

Verordnung über das Verbot von Preiserhöhungen.

Vom 26. November 1936 (RGBl. I S. 955).

Auf Grund des Gesetzes zur Durchführung des Vierjahresplans — Bestellung eines Reichskommissars für die Preisbildung — vom 29. Oktober 1936 (RGBl. I S. 927) wird auf Vorschlag des Reichskommissars für die Preisbildung folgendes verordnet:

§ 1

(1) Preiserhöhungen für Güter und Leistungen jeder Art, insbesondere für alle Bedürfnisse des täglichen Lebens, für die gesamte landwirtschaftliche, gewerbliche und industrielle Erzeugung und für den Verkehr mit Gütern und Waren jeder Art

sowie für sonstige Entgelte sind verboten[1]. Dieses Verbot gilt rückwirkend vom 18. Oktober 1936 ab. Verträge, die von beiden Vertragspartnern erfüllt sind, bleiben von der Rückwirkung unberührt.

(2) Als eine Preiserhöhung ist es auch anzusehen[2], wenn die Zahlungs- und Lieferungsbedingungen zum Nachteil der Abnehmer verändert werden.

1. Das Preiserhöhungsverbot gilt grundsätzlich auch für **Grundstückspreise**. Vgl. auch RE. 155/37 Anm. 1. Der RJM. hat durch AV. vom 14. Juni 1937 (DJ. 1937, 954 = JW. 1937, 1766) ausdrücklich darauf hingewiesen mit dem Beifügen, daß die Gerichte und Notare die Beurkundung von Grundstücksveräußerungsgeschäften abzulehnen haben, wenn sie erkennbar einen Verstoß gegen die PStopV. enthalten. Die Ermittlung des Stichtagpreises wird aber in der Regel — anders z. B. bei Teilveräußerungen — nicht möglich sein. Die Preisüberwachung bei Grundstücken kann nur in Ausnahmefällen auf den Stichtagpreis vom 17. Okt. 1936 zurückgreifen; wo dies möglich ist, ist die Überschreitung dieses Preises ohne Genehmigung gemäß § 3 nicht zulässig. Wenn aber — wie dies regelmäßig der Fall sein wird — ein Stichtagpreis fehlt, so wäre zu prüfen, zu welchem Preis voraussichtlich im Oktober 1936 das Grundstück verkauft worden wäre. Es ist also der **gemeine Wert des Grundstücks** (§ 10 RBewG.) zu ermitteln. Die Einheitswerte nach der Ermittlung im Jahre 1935 dürften nicht immer maßgebend sein; sie liegen in vielen Fällen unter dem gemeinen Wert. § 10 Abs. 3 StädtebauG. schreibt deshalb auch nur die „Würdigung" des Einheitswertes bei der Beurteilung der Angemessenheit der Enteignungsentschädigung vor. Mietgrundstücke werden nach ihrem **Ertrag** zu bewerten sein, vgl. 25 zu RE. 155/37. Das gleiche gilt grundsätzlich für landwirtschaftliche Grundstücke, vgl. 6 zu § 5 GVB.; 28 zu RE. 155/37.

Der hiernach festzustellende Stichtagpreis darf nicht überschritten werden; dies gilt auch dann, wenn etwa aus besonderen Gründen, die oft gerade auf dem Grundstücksmarkt eine besondere Rolle spielen, der Stichtagpreis mehr oder weniger erheblich unter dem volkswirtschaftlich gerechtfertigten Preis (§ 2 PBG.) liegt. Im Einzelfall kann gemäß § 3 die Angleichung des Grundstückspreises an den volkswirtschaftlich gerechtfertigten Preis genehmigt werden. Diese Rechtslage wäre aber unbefriedigend, wenn nicht die Möglichkeit bestünde, an Stelle der engbegrenzten Preisüberwachung bei Grundstücken die Preisbildung treten zu lassen. Die Beurteilung der Vereinbarung über den Grundstückspreis soll in erster Linie von dem volkswirtschaftlich gerechtfertigten Preis ausgehen, Lampe JW. 1937, 3004. Das ist auch der Zweck des RE. 155/37. Die Schwierigkeit dieser Aufgabe darf nicht davon abhalten, ihre Lösung zu versuchen, vgl. 1 zu § 2 PBG.

Auch die Veräußerung von Hypotheken oder Grundschulden fällt unter die PStopV., wenn sich der Erwerb — infolge der Belastung des Grundstücks über den wirklichen Wert hinaus — wirtschaftlich als Erwerb des Grundstücks darstellt, z. B. wenn ein Grundstück zum Stichtagwert von 250000 *RM* mit 350000 *RM* Hypotheken (Grundschulden) belastet ist. Hier darf die Hypothek (Grundschuld) ohne Genehmigung nach § 3 nur zum Höchstbetrag von 250000 *RM* veräußert werden, also unter dem Nominalwert von 350000 *RM*, vgl. Bosch JW. 1938, 1151.

2. Das Preiserhöhungsverbot umfaßt alle Vereinbarungen, die auf die Höhe des Entgelts von Einfluß sind. Jede mittelbare oder unmittelbare Umgehung des Verbots ist durch § 2 ausdrücklich untersagt; auch die Nichterfüllung vertraglicher Verpflichtungen, durch die auf Kosten des anderen Vertragsteiles Ausgaben erspart werden sollen, ist als Verstoß gegen § 1 anzusehen, z. B. Nichterfüllung der Instandsetzungspflicht durch den Vermieter. Das gleiche gilt für die Absicht, Vertragsverpflichtungen aufzulösen, um bessere Preisbedingungen zu erzielen, z. B. Kündigung von Mietverhältnissen zum Zwecke der Mietzinssteigerung, vgl. Staudinger-Kiefersauer, 28 zu § 564. Die österreichische PStopV. — 1 zu § 6 — stellt in § 2 Abs. 2 der Preiserhöhung gleich „jede unmittelbare oder mittelbare Verschlechterung der Gegenleistung, insbes. der Zahlungs- und Lieferungsbedingungen, sowie die ungerechtfertigte Weigerung, Waren herzustellen oder zu liefern".

Schwierig zu beurteilen ist die Frage, inwieweit das Fordern überhöhter Preise für Grundstücke unter § 2 fällt. Das Angebot von Grundstücken zu überhöhtem Preise ist jedenfalls dann eine Umgehung im Sinne des § 2, wenn damit ein nach § 1 verbotener Vertragsabschluß bezweckt wird. Dagegen wird in der Erklärung, das Grundstück nur zu einem bestimmten — überhöhten — Preis verkaufen zu wollen, nicht ohne weiteres eine strafbare Handlung erblickt werden können. Die Ablehnung des Grundstücksverkaufs ist, auch wenn sie der Absicht entspringt, später höhere Preise zu erzielen, nicht der Zurückhaltung von Waren zum Zwecke der Preissteigerung (s. oben) gleichzustellen. Die Erzwingung des Verkaufs ist grundsätzlich Aufgabe der Enteignungsgesetzgebung, vgl. Anm. 35 zu RE. 155/37. Zu diesem Problem vgl. auch 2 zu § 2 PBG.

§ 2

Es ist verboten, Handlungen vorzunehmen, durch die mittelbar oder unmittelbar die Vorschriften des § 1 umgangen werden oder umgangen werden sollen[1].

1. Vgl. 2 zu § 1.

§ 3[1]

Soweit[2] aus volkswirtschaftlichen Gründen oder zur Vermeidung besonderer Härten eine Ausnahme dringend erforderlich erscheint, können der Reichskommissar für die Preisbildung oder die von ihm beauftragten Stellen Ausnahmen zulassen oder anordnen.

1. Die ausnahmslose Durchführung des Preiserhöhungsverbots (§§ 1, 2) würde zu einer unerträglichen Erstar-

rung des Wirtschaftslebens führen. § 3 läßt daher in engbegrenztem Rahmen Ausnahmebewilligungen zu. Der RfP. kann diese Ausnahmebewilligung allgemein oder für den Einzelfall erteilen; für Grundstückspreise ist die untere Verwaltungsbehörde zuständig.

Die Erteilung einer **Ausnahmebewilligung** nach § 3 setzt voraus, daß das Grundstücksgeschäft gegen das Preiserhöhungsverbot mittelbar (§ 2) oder unmittelbar (§ 1) verstößt. Die Feststellung dieses Verstoßes im Einzelfall ist ausschließlich Aufgabe der Preisbildungsbehörde; insoweit gelten die Grundsätze des § 4 GVV. auch für das Preisüberwachungsverfahren. Die Entscheidung der Preisbildungsbehörde ist für Gerichte und Verwaltungsbehörden bindend, mag es sich um eine positive oder negative Feststellung handeln. Durch die sog. Unbedenklichkeitserklärung stellt die Preisbildungsbehörde fest, daß ein Verstoß gegen die PStopV. nicht vorliegt; diese Feststellung hat zur Folge, daß die Gültigkeit der Preisvereinbarung unter dem Gesichtspunkt der Preisbestimmungen weder von den Vertragsteilen noch sonst (von einer Behörde) in Zweifel gezogen werden kann, vgl. Lent DJ. 1938, 413; Kiefersauer DWohnA. 1938, 185.

Stellt die Preisbildungsbehörde dagegen einen Verstoß gegen die §§ 1, 2 fest und ist Antrag auf Ausnahmebewilligung gestellt, so kann sie die Ausnahmebewilligung entweder erteilen oder ablehnen. Die Rechtswirkung der Entscheidung ist in beiden Fällen eine verschiedene. Zunächst ist davon auszugehen, daß die Tatsache eines Verstoßes gegen die PStopV. einen rechtlichen Schwebezustand erzeugt, dessen Beendigung nur durch die Entscheidung der Preisbildungsbehörde herbeigeführt wird. Da die Entscheidung darüber, ob ein solcher Verstoß vorliegt, ausschließlich in die Hände der Preisbildungsbehörde gelegt ist, empfiehlt es sich für den beurkundenden Notar oder die sonst zur Beurkundung zuständige Stelle (Vorstand der Vermessungsbehörde, § 1 des Gesetzes vom 15. Nov. 1937, RGBl. I S. 1257) im Interesse der Rechtssicherheit des Grundstückverkehrs, alle Grundstücksgeschäfte dieser Behörde vorzulegen, Kiefersauer, DWohnA. 1938, 185. Die Rechtswirkungen während des Schwebezustands sind die gleichen wie beim Genehmigungsverfahren, vgl. 5 zu § 2 GVB.

Die **Erteilung** der Ausnahmebewilligung beendet den Schwebezustand und macht das Rechtsgeschäft vollwirksam. Diese Wirksamkeit gilt rückwirkend auf den Zeitpunkt des Abschlusses des Rechtsgeschäfts. Die **Versagung** der Ausnahmebewilligung stellt die Verbotswidrigkeit des Rechtsgeschäfts endgültig fest, beendet daher gleichfalls den Schwebezustand, aber in negativem Sinn: das Rechtsgeschäft ist in vollem Umfang und zwar von Anfang an nichtig; die Nichtigkeit ist eine absolute im Sinne des § 134 BGB. Die zu der früheren Preistreibereiverordnung entwickelten Gesichtspunkte, daß die Nichtigkeit nur die über dem Stichtagpreis liegende Preisvereinbarung erfaßt, im übrigen aber die Gültigkeit des Rechtsgeschäfts unberührt läßt — vgl. Staudinger-Riezler 21 zu § 134 — können hier nicht zur Anwendung kommen, vgl. Lent DJ. 1938, 412; Kiefersauer, DWohnA. 1938, 188; LG. Berlin GrundE. 1938, 305; a. M. Scholl, Preisrecht S. 36; LG. Berlin GrundE. 1938, 306.

2. Die Voraussetzungen für die Erteilung der Ausnahmebewilligung sind eng begrenzt — vgl. aber die mildere Fassung des § 3 der PStopV. für Österreich, 1 zu § 6 — weil eine möglichst umfassende Aufrechterhaltung der geltenden Preisgrundlage im Interesse der Durchführung des Vierjahresplanes gelegen ist. Die Ziele der Preiserhöhung auf Grund des § 3 haben daher mit der Zubilligung des volkswirtschaftlich gerechtfertigten Preises im Sinne des § 2 PBG. grundsätzlich nichts zu tun. Der Ausnahmepreis des § 3 darf diesen Preis nicht überschreiten, er wird aber regelmäßig hinter dem volkswirtschaftlich gerechtfertigten Preis zurückbleiben. Bei Grundstückspreisen wird die Beobachtung des Grundstücksmarktes von besonderer Bedeutung sein, vgl. 3 zu RE. 155/37.

§ 4

(1) Wer den Bestimmungen dieser Verordnung oder den zu ihrer Durchführung erlassenen Anordnungen vorsätzlich oder fahrlässig zuwiderhandelt,

wird mit Gefängnis[1] und Geldstrafe, letztere in unbegrenzter Höhe, oder mit einer dieser Strafen bestraft. Dabei kann die Einziehung des erzielten Entgeltes und der Gegenstände, auf die sich die strafbare Handlung bezieht, sowie die öffentliche Bekanntmachung des Urteils verfügt werden.

(2) Die Strafverfolgung tritt nur auf Antrag ein[2].

(3) Die Bestimmungen der §§ 14, 15, 16 (mit Ausnahme von Abs. 2 Satz 2) und § 17 der Verordnung über Preisüberwachung vom 11. Dezember 1934 (Reichsgesetzbl. I S. 1245) finden entsprechende Anwendung; jedoch kann die im § 15 der Verordnung vom 11. Dezember 1934 angedrohte Ordnungsstrafe[3] in unbegrenzter Höhe verhängt werden. Über die Beschwerden gegen die Festsetzung von Ordnungsstrafen entscheidet der Reichskommissar für die Preisbildung oder die von ihm bestimmten Stellen endgültig.

1. Zuchthausstrafe ist, abweichend von der Ermächtigung in § 4 PBG., nicht angedroht.

2. Zur Antragstellung ist bei Verstößen durch Grundstückspreisvereinbarungen und -angeboten nicht die Preisbildungsbehörde befugt, sondern die Preisüberwachungsstelle gemäß Ziff. 3 des OrgErl. vom 12. Dez. 1936. Antrag auf Verhandlung vor dem Sondergericht kann im Rahmen der PStopV. nicht gestellt werden. Der Strafantrag nach Abs. 2 kann zurückgenommen werden (§ 14 Abs. 2 der VO. über Preisüberwachung vom 11. Dez. 1934, s. unten 3).

3. An Stelle der Strafverfolgung kann die Preisüberwachungsstelle Ordnungsstrafen in unbegrenzter Höhe verhängen; bei Übertragung nach Ziffer 4 des Org.-Erl. kann die Preisbildungsbehörde Ordnungsstrafen bis zu 500 *RM* verhängen, vgl. unten S. 50.

Die gegen die Festsetzung der Ordnungsstrafe nach § 16 VO. zulässige Beschwerde ist binnen einer Woche nach Zustellung des Bescheids bei der Behörde, die die Strafe verhängt hat, schriftlich einzureichen; die Behörde kann der Beschwerde abhelfen, wenn sie als begründet anzusehen ist. Die Beschwerde hat keine aufschiebende Wirkung. Über Beschwerden gegen die Preisbildungsbehörde (Ordnungsstrafe bis zu 500 *RM*) entscheidet die Preisüberwachungsstelle; wird die Strafe von dieser verhängt, dann entscheidet über die Beschwerde endgültig in Preußen der Oberpräsident, in Bayern die oberste Landesbehörde, Ziff. 3 Abs. 3 OrgErl. Die Beitreibung der Ordnungsstrafe erfolgt nach Landesrecht (§ 17 VO.).

§ 5[1]

Bei Zuwiderhandlungen gegen die Bestimmungen dieser Verordnung kann die Schließung von Betrieben, in denen die Zuwiderhandlung begangen worden ist, auf Zeit oder auf Dauer verfügt oder die Weiterführung des Betriebes von Auflagen abhängig gemacht werden. Auch kann den schuldigen Einzelpersonen auf dem Gebiete, auf dem die Zuwiderhandlung erfolgt ist, jede Tätigkeit untersagt oder die weitere Tätigkeit von Auflagen abhängig gemacht werden.

1. Vgl. § 4 Abs. 3 PBG. Zuständig ist die Preisüberwachungsstelle; das Recht der Schließung von Geschäften und Betrieben bei Erzeugerbetrieben hat sich der RfP. selbst vorbehalten. Für das Beschwerde- und das Einspruchsrecht gelten die Vorschriften der Ziff. 3 Abs. 3 OrgErl. Ziff. 5.

§ 6

Diese Verordnung[1] tritt mit dem Tage ihrer Verkündung[2] in Kraft.

1. Für das Land Österreich gilt die der PStopV. nachgebildete Verordnung über das Verbot von Preiserhöhungen vom 29. März 1938 (RGBl. I S. 340). Stichtag für Österreich ist der 17. März 1938, doch kann an Stelle des Stichtagpreises für bestimmte Gegenstände und Leistungen ein Durchschnittspreis zugelassen werden (§ 1 Abs. 2).

2. T. i. den 1. Dez. 1936.

2. Zuständigkeit der Preisbildungsbehörde bei Grundstücken.

Fünfte Anordnung über die Wahrnehmung der Aufgaben und Befugnisse des Reichskommissars für die Preisbildung

Vom 6. Oktober 1937 (Deutscher Reichsanzeiger Nr. 238).

Auf Grund des Absatzes III der Überleitungsverordnung zum Gesetz zur Durchführung des Vierjahresplans — Bestellung eines Reichskommissars für die Preisbildung — vom 26. November 1936 (RGBl. S. 955) wird folgendes bestimmt:

Die in Ziffer 1 Abs. 2 der Ersten Anordnung über die Wahrnehmung der Aufgaben und Befugnisse des Reichskommissars für die Preisbildung vom 12. Dezember 1936 (Reichsanzeiger Nr. 291) bezeichneten Befugnisse [1] sowie die Erteilung von Ausnahmebewilligungen auf Grund von § 3 der Verordnung über das Verbot von Preiserhöhungen vom 26. November 1936 (RGBl. S. 955) [2] werden bei Grundstücken [3] den unteren Verwaltungsbehörden [4] — in Preußen den Landräten und Oberbürgermeistern, in den anderen Ländern den entsprechenden Behörden — übertragen.

Gegen die Entscheidungen dieser Behörden ist binnen zwei Wochen die Beschwerde [5] an die [6] Auf-

sichtsbehörde — im Siedlungsverband Ruhrkohlenbezirk an den Verbandspräsidenten — zulässig.

1. Es handelt sich um die Festsetzung von Preisen für einen räumlich begrenzten Bezirk, also um Aufgaben der Preisbildung im Sinne des § 2 PBG., die bei Grundstücken in jedem Fall räumlich begrenzte Wirkung haben.

2. Neben der Preisbildung ist auch die Preisüberwachung der Preisbildungsbehörde übertragen.

3. **Grundstücke** aller Art, bebaute und unbebaute Grundstücke, ohne Rücksicht auf ihre Größe und die Art ihrer Bewirtschaftung kommen für die Preisbildung und Preisüberwachung in Betracht.

Die Nutzungsentgelte für Grundstücke (Miete, Pacht) sind gesondert geregelt: für landwirtschaftliche Pachten und Fischereien gilt der RE. Nr. 95/37 vom 22. Mai 1937 (Anhang Nr. 1) und für Mieten bei Wohn- und Geschäftsräumen der RE. 184/37 vom 12. Dez. 1937, erl. bei Kiefersauer, Reichsmietengesetz, 6. Aufl.

Die Grundstückspreisüberwachung beschränkt sich nicht nur auf den rechtsgeschäftlichen Verkehr mit Grundstücken, sie gilt vielmehr auch für das Enteignungsverfahren; für das Zwangsversteigerungsverfahren ist eine besondere Mitwirkung der Preisbildungsbehörde in der VO. über die Zurückweisung von Geboten in der Zwangsversteigerung vom 6. April 1938 (RGBl. I S. 374) vorgesehen, unten S. 52.

4. Die unteren Verwaltungsbehörden sind **Preisbildungsbehörden**; es sind die gleichen Behörden, die für das Genehmigungsverfahren nach der GVB. und dem WohnSG. zuständig sind. Nach Ziff. 4 des OrgErl. vom 12. Dez. 1936 kann den unteren Verwaltungsbehörden das Recht, Ordnungsstrafen bis zu 500 *RM* zu verhängen, übertragen werden; diese Übertragung wird vom RfP. nach Ziff. III (Anm. 33) RE. 155/37 gewünscht. Die ablehnende oder abändernde Entscheidung der Preisbildungsbehörde ist nach allgemeinen Verwaltungsgrundsätzen zu begründen, mit einer Rechtsmittelbelehrung zu versehen und dem Antragsteller zuzustellen, vgl. 2 zu § 7 GVB.; der RfP. hat auf diese Pflicht ausdrück-

lich hingewiesen, Mitteilungsblatt 1938 I Nr. 7 S. 4. Mangelnde Beschwerdebelehrung verhindert hiernach den Eintritt der Rechtskraft, vgl. 2 zu § 7 GVB.; a. M. Scholl S. 146.

Örtlich zuständig ist, soweit die Preisüberwachung nicht im Rahmen eines Genehmigungsverfahrens erfolgt (vgl. 6 zu § 2 GVB.; 6 zu § 4 WohnSG), die Preisbildungsbehörde, in deren Bezirk das Grundstück liegt (Grunds. Entscheidung vom 5. Febr. 1938 MittBlatt 1938 I Nr. 1 S. 7). Liegt eine oder mehrere der zu einem Grundstück gehörenden Flächen in den Bezirken mehrerer Preisbildungsstellen, so wird jede der Preisbildungsbehörden für die Entscheidung über das ganze Rechtsgeschäft als zuständig zu erachten sein, vgl. 6 zu § 2 GVB.

Das Verfahren vor der Preisbildungsbehörde ist, soweit nicht ein Genehmigungsverfahren z. B. nach der GVB., nach dem WohnSG. in Frage kommt, kein Parteiverfahren. Der Antragsgegner hat nicht die Stellung einer Partei; dennoch empfiehlt es sich, ihn vor der Entscheidung zu hören. Im Gegensatz zu dem auf dem Parteibetrieb beruhenden Parteiverfahren kann und darf die übereinstimmende Erklärung der Vertragsteile für die Entscheidung der Behörde nicht maßgebend sein, da es Aufgabe der Preisbildungsbehörde ist, über die Parteiinteressen hinaus die volkswirtschaftlich gerechtfertigten Preise zu ermitteln und sicherzustellen. Deshalb ist auch das Vorbringen des Antragstellers (tatsächlicher und rechtlicher Art) für die Genehmigungsbehörde nicht maßgebend.

5. Das Rechtsmittel der befristeten Beschwerde, das sonst dem Preisbildungsrecht fremd ist, ist dem Genehmigungsverfahren nachgebildet, vgl. 7 GVB., § 8 WohnSG. Aufsichtsbehörden sind — abgesehen von Berlin — die **Preisüberwachungsstellen**, d. h. in Preußen die Regierungspräsidenten, in Bayern die Kreisregierungen, in Sachsen die Kreishauptleute, im übrigen meist die obersten Landesbehörden. Soweit im Genehmigungsverfahren nach der GVB. und dem WohnSG. andere Behörden über Beschwerden entscheiden, haben sie mit den Preisüberwachungsstellen enge Fühlung zu halten; bei Meinungs-

verschiedenheiten ist die Entscheidung des RfP. einzuholen, vgl. Ziff. I, 2 (Anm. 73) RE. 155/37.

6. Die örtliche Zuständigkeit der Preisüberwachungsstellen richtet sich gemäß grundsätzlicher Entscheidung vom 5. Febr. 1935 (MittBl. 1938 I Nr. 1 S. 7) nach dem Wohnsitz des Eigentümers (Verkäufers), also nicht nach dem Ort des Grundstücks (oben 4). Liegt gleichzeitig ein Verstoß des Käufers vor, dann ist für beide Verstöße die zuerst damit befaßte Preisüberwachungsstelle zuständig. Im Rahmen des Genehmigungsverfahrens richtet sich die Zuständigkeit nach den hierfür geltenden Bestimmungen.

3. Runderlaß Nr. 155/37 des Reichskommissars für die Preisbildung vom 6. Okt. 1937. Preisbildung und Preisüberwachung bei Grundstücken

I.

1. Die mir durch das Gesetz zur Durchführung des Vierjahresplans — Bestellung eines Reichskommissars für die Preisbildung — vom 29. Oktober 1936 (RGBl. I S. 927) übertragenen Befugnisse umfassen auch die Preisbildung für bebaute und unbebaute Grundstücke. Insbesondere gilt also die Verordnung über das Verbot von Preiserhöhungen vom 26. November 1936 (RGBl. I S. 955) auch für alle Grundstückspreise [1]. Da der Boden die Grundlage jeder gewerblichen und landwirtschaftlichen Produktion sowie des Wohnungsbaues ist, muß nicht nur jede weitere ungerechtfertigte Erhöhung der Bodenpreise verhindert, sondern es muß auch dort, wo die Bodenpreise bereits am 17. Oktober 1936 als überhöht anzusehen waren, versucht werden, sie nach Möglichkeit wieder auf eine

volkswirtschaftlich gerechtfertigte Höhe[2] zurückzuführen.

Auf der anderen Seite ist aber die Überwachung und Regelung der Grundstückspreise nicht Selbstzweck, sondern erfolgt in erster Linie zur Vermeidung von Rückwirkungen auf das Preisniveau und vor allem auf die Höhe der Mieten[2]. Sie darf deshalb nicht weiter ausgedehnt werden, als es mit Rücksicht auf diesen Zweck erforderlich ist. Insbesondere kann es also nicht Aufgabe[3] der mit der Preisprüfung beauftragten Behörden sein, in jedem Falle eingehende Ermittlungen über den wirklichen Wert eines verkauften Grundstückes anzustellen oder ihre eigenen Wertschätzungen an die Stelle derjenigen der Vertragsparteien zu setzen. Es kommt vielmehr vor allem darauf an, zu verhindern, daß die Grundstückspreise durch spekulative oder anderweitig wirtschaftlich anormale, den Interessen der Allgemeinheit abträgliche Beweggründe in die Höhe getrieben werden. Auf eine laufende und sorgfältige Beobachtung des Grundstücksmarktes ist deshalb der allergrößte Wert zu legen. Zeigen sich unbegründete Auftriebstendenzen, so muß die Preisüberwachung schärfer gehandhabt werden, als es sonst notwendig ist.

1. Vgl. 1 zu § 1 PStopV.

2. Vgl. 1 zu § 2 PBG.

3. Die Beschränkung des Aufgabenkreises der Preisbildungsbehörden bedeutet zugleich eine Konzentration auf die wichtigste Aufgabe, die Bekämpfung der Bodenspekulation. Das nächste Ziel, die Lenkung der Preiswirtschaft kann erst angestrebt werden, wenn das Preis-

erhöhungsverbot aufgehoben oder erheblich gelockert werden kann, vgl. 1 zu § 2 PVG.

2. Eine Überwachung der bei den Grundstücksverkäufen gezahlten Preise auf ihre volkswirtschaftliche Berechtigung besteht schon jetzt für den größten Teil[4] der land- und forstwirtschaftlich genutzten Grundstücke auf Grund der Grundstücksverkehrsbekanntmachung vom 26. Januar 1937 (RG.-Bl. I S. 35). Nach § 5 Abs. 1 Ziff. 5 dieses Gesetzes kann die Genehmigung eines über ein Grundstück abgeschlossenen Kaufvertrages versagt werden, wenn der vereinbarte Kaufpreis in einem groben Mißverhältnis zum Wert des Grundstückes steht[5]. Statt der Verweigerung der Genehmigung ist nach § 2 Abs. 4 a. a. O. auch die Erteilung der Genehmigung unter einer Auflage[6] zulässig, die sich auch auf den Preis beziehen kann. Eine ähnliche Regelung besteht ohne Beschränkung auf die Art des Grundstücks in allen denjenigen Gebieten, die auf Grund des Gesetzes vom 22. September 1933 (RG.-Bl. I S. 659) zu Wohnsiedlungsgebieten erklärt worden sind oder noch in Zukunft dazu erklärt werden. Hier sieht § 7 Abs. 2 des Wohnsiedlungsgesetzes die Möglichkeit vor, die Genehmigung eines Grundstücksgeschäfts unter der Auflage zu erteilen, daß bei der Veräußerung oder Überlassung des Grundstücks ein bestimmter Preis nicht überschritten werden darf[7]. Zuständig für die hiernach zu treffenden Entscheidungen ist sowohl nach der Grundstücksverkehrsbekanntmachung wie auch nach dem Wohnsiedlungsgesetz die untere Verwaltungsbehörde, gegen deren Entscheidung binnen zwei

Wochen die Beschwerde an die Aufsichtsbehörde erhoben werden kann[8].

Im Interesse der Einheitlichkeit der Verwaltung ist es geboten, mit der sich aus dem Gesetz vom 29. Oktober 1936 und der Preisstopverordnung ergebenden Überwachung und Gestaltung der Grundstückspreise dieselben Behörden zu betrauen. Durch die in Abschrift beigefügte 5. Anordnung über die Wahrnehmung der Aufgaben und Befugnisse des Reichskommissars für die Preisbildung habe ich deshalb den Landräten und Oberbürgermeistern insoweit die Aufgaben und Befugnisse der Preisbildungsstelle übertragen einschließlich des Rechtes, Ausnahmebewilligungen auf Grund von § 3 der Preisstopverordnung zu erteilen[9]. Eine auf Grund der Grundstücksverkehrsbekanntmachung und des Wohnsiedlungsgesetzes erteilte Genehmigung gilt[10] nunmehr gleichzeitig als Ausnahmebewilligung nach § 3 der Preisstopverordnung für den Fall, daß diese erforderlich sein sollte. Mit der vorstehend getroffenen Regelung sind, wie ich zur Klarstellung bemerke, die in dem Erlaß des Herrn Reichs- und Preußischen Wirtschaftsministers vom 27. Juni 1934 (Reichsarbeitsblatt I S. 161) hinsichtlich der Anwendung des § 7 Abs. 2 des Wohnsiedlungsgesetzes gemachten Einschränkungen[11] für die von mir mit der Preisbildung betrauten Behörden im Augenblick gegenstandslos.

Das Beschwerderecht ist ebenso geregelt wie in der Grundstücksverkehrsbekanntmachung und im Wohnsiedlungsgesetz[12]. Soweit die über die Beschwerde entscheidenden Behörden nicht gleichzeitig mit der Preisüberwachung betraut sind[13], haben sie mit den Preisüberwachungsstellen enge Fühlung zu halten. Bei Meinungsverschiedenheiten ist meine Entscheidung einzuholen.

4. Vgl. 4 zu § 1 GVB.

5. Vgl. 6 zu § 5 GVB.

6. Über Begriff und Auswirkung der Genehmigung unter Auflage vgl. 9 zu § 2 GVB.

7. Vgl. 3 zu § 7 WohnSG.

8. Vgl. 2 zu § 10 GVB.; 6 zu § 4, 3 zu § 8 WohnSG.

9. Abgedruckt oben S. 29.

10. Die Genehmigungsbehörde hat deshalb in jedem Falle zu prüfen, ob die Gestaltung der Preisbestimmungen mit den Vorschriften der PStopV. in Einklang steht; eingehende Ermittlungen brauchen nicht angestellt zu werden, s. oben Anm. 3. Unterläßt die Genehmigungsbehörde diese Prüfung, so verletzt sie zwar ihre Amtspflicht, die Genehmigung schließt aber gleichwohl jede spätere Einwendung wegen Verletzung von Preisvorschriften aus, vgl. 1 zu § 3 PStopV.

11. Gemeint sind offenbar die Ausführungen des Rundschreibens, daß Auflagen zur Erreichung anderer als siedlungspolitischer Ziele (Ausschließung von Wohnsiedlungsgebieten oder Schutz der Siedler) auf Grund des § 7 Abs. 2 WohnGS. nicht gemacht werden dürfen. Der RfP. will offenbar im Wege der Auflage preispolitische Ziele verfolgen. Da aber die Nichtbefolgung der Auflage des Genehmigungsbescheids die Rechtswirksamkeit dieses Bescheides nicht berührt, erscheint die Genehmigung unter Auflage nicht als das geeignete Hilfsmittel, vgl. 1 zu § 7 WohnSG. Zweckmäßiger ist es die Genehmigung zu versagen, wenn die Vertragsteile es ablehnen, die Preisvereinbarung entsprechend den Wünschen der Genehmigungsbehörde abzuändern, vgl. 3 zu § 7 WohnSG.

12. Vgl. § 7 GVB., § 8 WohnSG.

13. Vgl. 5 zur Fünften Anordnung, oben S. 31.

3. Wenn die Vereinbarung eines Grundstückspreises gegen das öffentliche Interesse verstößt, so

sehen, wie bereits erwähnt, die Grundstücksverkehrsbekanntmachung und das Wohnsiedlungsgesetz die Möglichkeit vor, die Genehmigung des Vertrages zu versagen oder nur unter einer bestimmten Auflage zu erteilen. Auch für die nicht unter diese Bestimmung fallenden Grundstücke werden in erster Linie dieselben[14] Maßnahmen in Frage kommen. Darüber hinaus ist es aber auch zulässig, aus besonderen Gründen auf Antrag einer Partei den im Höchstfall zulässigen Preis schon vor Abschluß eines Vertrages zu bestimmen[15] (vgl. II, 2) oder allgemein Richtpreise[16] für bestimmte Grundstücke festzusetzen (vgl. II, 4). Da ich nach Möglichkeit vermeiden möchte, eine allgemeine Genehmigungspflicht für alle Grundstücksgeschäfte, wie sie in der Inflationszeit in fast allen deutschen Ländern bestand, wieder einzuführen, haben die unteren Verwaltungsbehörden die Überprüfung der nicht genehmigungspflichtigen Grundstücksverkäufe auf Grund der ihnen in ihrer Eigenschaft als Grunderwerbssteuerstellen[17] gemäß § 189 b AO. zugehenden Anzeigen vorzunehmen. Falls der vereinbarte Kaufpreis zu Beanstandungen Anlaß bietet, ist die Unbedenklichkeitsbescheinigung gemäß § 189 d AO. bis zur endgültigen Erledigung der Angelegenheit zurückzuhalten, um zu vermeiden, daß etwa der Erwerber, solange das Beanstandungsverfahren noch schwebt, im Grundbuch als Eigentümer eingetragen wird. Findet sich nichts zu beanstanden oder sind die erhobenen Beanstandungen erledigt, ist die Unbedenklichkeitsbescheinigung auszuhändigen. Sie gilt dann gleichzeitig als Ausnahmebewilligung gemäß § 3 der Preisstopverordnung für den Fall, daß eine solche erforderlich sein sollte. In denjenigen Ländern, in denen die Grunderwerbsteuer nicht von den unteren Verwaltungsbehörden veranlagt wird, ersuche ich die Obersten Landesbehörden, in ihrer Eigenschaft als Preisbildungsstellen Anordnungen zu treffen, die eine ausreichende Überwachung aller Grundpreise sicherstellen. Diese Anordnungen sind mir vor Erlaß zur Zustimmung vorzulegen.

14. Diese Maßnahmen sind: Versagung der Genehmigung und Genehmigung unter Auflage. Der Versagung der Genehmigung entspricht auf dem Gebiete der Preisbildung und Preisüberwachung in der Regel die Beanstandung (2 zu § 2 PBG.) und die Versagung der Ausnahmebewilligung nach § 3 PStopV. (1 zu § 3 PStopV.). Da die Auflage die Rechtswirksamkeit der Genehmigung nicht berührt, ihre Nichterfüllung also den beanstandeten Preis nicht beeinflußt, erscheint die Genehmigung unter Auflage nicht zweckmäßig, 9 zu § 2; 6 zu § 5 GVB. Der RfP. hat in einer grundsätzlichen Entscheidung vom 16. März 1938 (MittBl. 1938 I Nr. 6 S. 7 = JW. 1938, 1084) ersucht, von der Erteilung von Auflagen — ausgenommen den Fall II Ziff. 2 Abs. 2, unten 24 — Abstand zu nehmen.

Unmittelbare Eingriffe in das Vertragsrecht sind im Rahmen des Genehmigungsverfahrens nach der GVB. (9 zu § 2; 6 zu § 5) und dem WohnSG. nicht als zulässig zu erachten, vgl. Kiefersauer, Grundstücksmiete II, 228. Wenn RE. 155/37 dieselben Maßnahmen zur Anwendung bringen will, so dürfte dieser Grundsatz in aller Regel auch für die Durchführung dieses RE. gelten, obgleich ein Eingriff in die Vertragsrechte auf Grund der Ermächtigung in § 2 PBG. durchaus zulässig wäre, 2 zu § 2 PBG. Die grundsätzliche Entscheidung vom 16. März 1938 läßt es in Ausnahmefällen zu, daß die Preisbildungsbehörde „den Kaufpreis unmittelbar auf das volkswirtschaftlich gerechtfertigte Maß" herabsetzt; das Recht des Rücktritts wird hier den Vertragsteilen — entgegen den Grundsätzen des Genehmigungsverfahrens, vgl. 9 zu § 2 GVB. — ohne Ausnahme aberkannt. Bei dieser Rechtsauffassung der zuständigen Stelle — vgl. hiezu meine grundsätzliche Stellungnahme 2 zu § 2 PVG. — empfiehlt es sich, vor dem endgültigen Vertragsabschluß die Stellungnahme der Preisbildungsbehörde herbeizuführen; wegen der „besonderen Gründe" vgl. Anm. 15.

15. Abweichend von der Regelung im Genehmigungsverfahren (5 zu § 2 GVB.) kann bereits vor Abschluß des Vertrages die Festsetzung des höchstzulässigen Preises beantragt werden; die „besonderen Gründe" liegen immer vor, wenn ein ernsthafter Wille zum Vertragsabschluß besteht, vgl. auch Anm. 14.

16. Vgl. unten 30.

Zu **17.** Zur Sicherung der Preisüberwachung bei rundstücken sind die Grunderwerbsteuerstellen verpflichtet, e Grundstücksveräußerung den Preisbildungsbehörden itzuteilen, VO. vom 8. Juli 1938 (RGBl. I S. 850); ıs Verfahren zwischen Finanzämtern und Preisbildungsbehörden ist im einzelnen durch den RE. Nr. 72/38 (Mitt. l. 1938 I Nr. 20 S. 3) geregelt.

1. Land- und forstwirtschaftlich genutzte Grundstücke[18] werden fast[19] durchweg unter die Grundstücksverkehrsbekanntmachung vom 26. Januar 1937 fallen, zumal der Geltungsbereich dieser Verordnung durch die Ausführungsverordnung vom 22. April 1937 (RGBl. I S. 534) noch weiter ausgedehnt worden ist. Ich will infolgedessen insoweit zunächst von der Aufstellung eigener Richtlinien absehen und beschränke mich auf einen Hinweis auf die zu § 5 GVB. erlassenen Richtlinien[20] des Herrn Reichsministers für Ernährung

und Landwirtschaft und des Reichsnährstandes (vgl. Riecke-v. Manteuffel: Der ländliche Grundstücksverkehr S. 78—80). Ich ersuche jedoch, dem Verkauf kleinerer, nicht mehr unter die Grundstücksverkehrsbekanntmachung fallender Parzellen[19] besondere Aufmerksamkeit zu schenken, sofern er für nicht landwirtschaftliche Zwecke erfolgt. In derartigen Fällen werden erfahrungsgemäß häufig verhältnismäßig hohe Preise erzielt, die dann das gesamte Grundstückspreisniveau ungünstig beeinflussen.

18. Gemeint sind land- und forstwirtschaftliche Grundstücke im Sinne des § 1 GVB.; auf die tatsächliche Nutzung kommt es nicht an, vgl. 2 zu § 1 GVB.

19. Wegen der Mindestgröße vgl. 4 zu § 1 GVB.; Grundstücke unter der Mindestgröße unterliegen gleichwohl der Preisüberwachung und zwar ohne Rücksicht auf den Zweck des Grundstückrechtsgeschäfts. Wegen des „Wertes" landwirtschaftlicher Grundstücke vgl. 6 zu § 5 GVB.; 1 zu § 1 PStopV.

20. Abgedruckt in Anhang Nr. 3.

2. Bei bebauten und unbebauten Grundstücken, die industriellen Zwecken dienen sollen, wird im allgemeinen[21] erwartet werden können, daß der Käufer selbst richtig beurteilen kann, welcher Preis unter den gegenwärtigen wirtschaftlichen Verhältnissen für ihn tragbar ist. Ein Eingriff der Preisbildungsbehörde wird deshalb im allgemeinen nur dann in Betracht kommen, wenn ein Grundstückseigentümer unter Ausnutzung einer Monopolstellung für ein Grundstück erheblich überhöhte Preise fordert oder aus anderen Gründen ein offensichtlich unangemessener Preis

vereinbart ist. Am häufigsten dürfte das bei unbebauten Grundstücken vorkommen, die zur Erweiterung vorhandener Anlagen oder zur Ausbeutung für industrielle Zwecke benötigt[22] werden. In solchen Fällen kann auf Antrag der volkswirtschaftlich gerechtfertigte Preis unter billiger Berücksichtigung der Interessen beider Parteien festgesetzt werden[23]. Mein Erlaß vom 29. Januar 1937 Nr. 18/37 betr. „Preise, Pachten und sonstige Entgelte bei Grundstücken, die zur Ausbeutung für im Bauwesen verwendbare Rohstoffe geeignet sind", ist hiermit überholt und wird aufgehoben.

Beim Verkauf von unbebautem Gelände, das bisher nicht industriell genutzt wurde, für industrielle Zwecke wird außerdem darauf zu achten sein, daß nicht durch überhöhte Kaufpreise der Preis des umliegenden, für Bauzwecke in Frage kommenden Landes in die Höhe getrieben wird. Wenn es, um das zu vermeiden, notwendig ist, zugunsten eines als Käufer auftretenden Industrieunternehmens eine Ermäßigung des Kaufpreises zu verlangen, so kann daran die Auflage[24] geknüpft werden, daß der betreffende Unternehmer zur Verbilligung gemeinnütziger Siedlungsvorhaben, insbesondere hinsichtlich der Aufschließungskosten, einen angemessenen Betrag als Ausgleich an den Kreis oder die Gemeinde zahlt.

21. Die Preisgestaltung bei Industriegelände, gleichviel, ob es sich um bebaute oder unbebaute Grundstücke handelt, wird grundsätzlich sich selbst überlassen werden können; nur bei erheblicher Überschreitung des üblichen Preises ist ein Einschreiten der Preisbildungsbehörde geboten.

22. Im MittBl. 1938, I Nr. 6 S. 7 ist der Fall erwähnt, daß eine Ziegelei zur Weiterführung ihres Betriebes ein benachbartes Lehmgrundstück braucht.

23. Die Preisfestsetzung erfolgt auf Antrag eines Vertragsteiles vor Abschluß des Vertrages (oben 15), Kiefersauer, DWohnA. 1938, 185. Wegen der Möglichkeit, in Ausnahmefällen nach Abschluß des Vertrages von Amts wegen den vereinbarten Preis auf das volkswirtschaftlich gerechtfertigte Maß herabzusetzen, vgl. oben 14.

24. Genehmigung, d. h. Preissenkung unter Auflage, bildet die Ausnahme, oben 14; es ist immer zu prüfen, ob nicht durch Versagung der Genehmigung, d. h. durch Beanstandung dieses Preises das öffentliche Interesse ausreichend gewahrt ist. Die grundsätzliche Entscheidung vom 16. März 1938 empfiehlt die Genehmigung unter Auflage in jedem Falle auf § 2 PBG. zu stützen.

3. Bei bebauten Grundstücken[25]) mit zur Vermietung bestimmten Wohnungen oder Geschäftsräumen wird sich der volkswirtschaftlich gerechtfertigte Preis im allgemeinen aus dem unter den heutigen Verhältnissen erzielbaren Ertrage ergeben, neben dem selbstverständlich das Alter und der bauliche Zustand der betr. Häuser mit zu berücksichtigen sind. Auch hier kann es nicht Aufgabe der behördlichen Preisüberwachung sein, in jedem Falle bis ins einzelne festzustellen, ob ein vereinbarter Preis mit dem Ertragswert übereinstimmt oder nicht. Die zuständigen Stellen haben vielmehr nur dann einzuschreiten, wenn aus volkswirtschaftlich unerwünschten Motiven Preise gefordert und gezahlt werden, die offensichtlich in dem Ertrage des Grundstücks keine Rechtfertigung finden. Insbesondere ist also der infolge des in weiten Kreisen vorhandenen Bedürfnisses, flüssige Mittel in Immobilien anzu-

legen, teilweise hervorgerufenen ungesunden Übersteigerung der Grundstückspreise entgegenzutreten. Die Hausbesitzer, die ihre Grundstücke zu teuer erworben haben, versuchen erfahrungsgemäß, die Rentabilität durch Mietsteigerung herzustellen. Werden ihnen diese untersagt, so besteht die Gefahr, daß ihnen dann die Mittel fehlen, das Haus ordnungsmäßig zu unterhalten, und daß dadurch wertvolles Volksvermögen verlorengeht. Bei Einfamilienhäusern[26] (außer Kleineigenheimen und Kleinsiedlungen), bei denen derartige Gefahren nicht oder in geringerem Maße bestehen, ist deshalb im allgemeinen nur einzugreifen, wenn offensichtliche Preistreiberei vorliegt. Auch sonst soll, wenn die Verhältnisse am Grundstücksmarkt normal sind und keine besonderen Gründe vorliegen, von einer weiteren Nachprüfung der getroffenen Preisvereinbarungen abgesehen werden.

25. Unter den bebauten Grundstücken werden die Miethäuser besonders hervorgehoben; in Betracht kommen sowohl die Mietwohngrundstücke, d. h. bebaute Grundstücke, die zu mehr als 80 v. H. Wohnzwecken dienen (mit Ausnahme der Einfamilienhäuser, unten 26) als auch die Geschäftsgrundstücke d. s. bebaute Grundstücke, die zu mehr als 80 v. H. unmittelbar eigenen oder fremden gewerblichen oder öffentlichen Zwecken dienen. Gruppenbildung und Begriffsbestimmung entspricht § 33 DB. RBewG. Die Wertermittlung hat von dem Mietertrag (Mietwert) auszugehen; daneben sind Alter und baulicher Zustand des Gebäudes zu berücksichtigen. Zwischen Neubauten und Altbauten ist zu unterscheiden. Hinsichtlich der Ertragsberechnung wird auf die Anweisungen in Ziff. 35, 51 ff. des RE. 184/37 betr. Preisüberwachung und Preisbildung bei Mieten verwiesen, vgl. Kiefersauer, DWohnA. 1938, 1, 49.

26. Als Einfamilienhäuser gelten nach § 32 Abs. 1 Ziff. 4 DV. RBewG. solche Wohngrundstücke, die nach ihrer baulichen Gestaltung nicht mehr als eine Wohnung enthalten. Die vorübergehende Schaffung weiterer Wohnungen durch Abtrennung von Räumen steht der Annahme der Eigenschaft als Einfamilienhaus nicht entgegen. Kleineigenheime und Kleinsiedlungen sind von der Preisüberwachung nicht in gleichem Umfang wie Einfamilienhäuser auszuschließen.

4. Ganz besonders großen Wert lege ich auf die Sicherung volkswirtschaftlich gerechtfertigter Preise für Bauland[27], da das eine der Grundbedingungen ist, um bei Neubauten zu tragbaren Mieten oder Wohnlasten zu kommen, was unter den bisherigen Verhältnissen vielfach nicht zu erreichen war. Dabei werden die Preise, die am Stichtag der Preisstopverordnung gezahlt wurden, vielfach nur sehr bedingt als Maßstab dienen können. Auf dem Baulandmarkt haben sich dadurch, daß man die Preisentwicklung im wesentlichen sich selbst überließ, teilweise seit langem Preise herausgebildet, bei denen den Grundeigentümern kraft ihrer Monopolstellung erhebliche, nicht durch eigene Leistungen gerechtfertigte Gewinne zuflossen und die deshalb nationalsozialistischem Rechtsgefühl und dem Interesse der Volksgesamtheit in gleicher Weise widersprechen.

Schon der Erlaß des Herrn Reichsarbeitsministers vom 31. Oktober 1936 (RABl. I S. 928) wendet sich mit Recht gegen die vielfach übliche, aber sachlich nicht begründete Ausweitung des Begriffs „Bauland" und weist darauf hin, daß außerhalb der geschlossenen Ortslage als Bauland nur solches Land angesehen werden kann, mit dessen Bebauung in naher Zeit mit Sicherheit zu rechnen ist. Diese Voraussetzung wird im allgemeinen erst dann gegeben sein, wenn mit der Geländeaufschließung bereits begonnen worden ist. In demselben Erlaß und in einem früheren Erlaß vom 19. Februar 1936 (RABl. I S. 42) weist der Herr Reichsarbeitsminister auch darauf hin, daß an der ungesunden Überbewertung des angeblichen „Baulandes" häufig überspannte und viel zu weit gegriffene Fluchtlinien- und Bebauungspläne der Gemeinden mit schuld sind und fordert deshalb, daß die Gemeinden derartige Pläne mit möglichster Beschleunigung einer sorgfältigen Prüfung unterziehen und sie den wirklichen Verhältnissen und Entwicklungsmöglichkeiten sowie den heutigen Anschauungen über die Bebauung anpassen. Auf die Ausführungen beider Erlasse weise ich auch meinerseits besonders hin.

Für Grundstücke, die nach den vorstehenden Ausführungen nicht als Bauland anzusehen sind, wird eine über dem landwirtschaftlichen Nutzungswert[28] liegende Bewertung im allgemeinen nicht gerechtfertigt sein. Aber auch für die Höhe der Baulandpreise[29] darf in Zukunft grundsätzlich nicht mehr das Verhältnis von Angebot und Nachfrage entscheidend sein, sondern in erster Linie der Gesichtspunkt, daß durch sie die Bildung volkswirtschaftlich gerechtfertigter Mieten nicht gefährdet werden darf. Als Mindestwert wird andererseits der angemessene landwirtschaftliche Ertragswert zuzüglich etwa aufgewendeter notwendiger Kosten für die Geländeaufschließung anzusehen sein. Im Falle eines freihändigen Verkaufs wird auch gegen die Zubilligung eines gewissen Zuschlages zu diesem Mindestpreis nichts einzuwenden sein, um dem Grundstückseigentümer einen Anreiz zum Verkauf zu lassen. Ich bin mir bewußt, daß es zur Vermeidung von Härten möglicherweise erforderlich werden wird, auch darüber hinaus auf bisherige höhere Bewertungen, soweit sie nicht nur spekulativer Natur waren, im angemessenen Umfang Rücksicht zu nehmen. Insbesondere gilt das dann, wenn auch die Steuer längere Zeit auf Grund solcher höherer Bewertungen gezahlt worden ist. Eine über den von der Steuerbehörde festgesetzten Einheitswerten liegende Bewertung der Grundstücke wird jedoch in der Regel nicht gerechtfertigt sein. Soweit die mit der Preisbildung beauftragten Behörden eine von den Einheitswerten abweichende Bewertung für notwendig halten, haben sie sich alsbald mit den Finanzämtern in Verbindung zu setzen, damit sobald als möglich eine übereinstimmende Bewertung erfolgt.

Um für den Grundstücksverkehr eine feste Grundlage zu schaffen und der Spekulation auf ein weiteres Steigen der Bodenpreise ein für allemal ein Ende zu machen, ersuche ich zu prüfen, inwieweit es sich empfiehlt, unter Berücksichtigung der vorstehend entwickelten Gesichtspunkte für Grundstücke, die nach Art und Lage gleichwertig sind, und mit deren Bebauung in absehbarer Zeit mit Wahrscheinlichkeit zu rechnen ist, Richtpreise[30] festzusetzen und u. U. auch öffentlich bekanntgeben. Bevor das geschieht, haben die unteren Verwaltungsbehörden die Zustimmung der Aufsichtsbehörde einzuholen. Zu diesem Zweck ist dieser eine an Hand des Bebauungsplans aufgestellte Übersichtskarte zu übersenden, in die die in der Bauordnung vorgeschriebenen Bauklassen und die vorgesehenen Preise eingetragen sind und das der Gemeinde gehörige unbebaute Gelände besonders kenntlich gemacht ist. Ferner ist eine eingehende Beschreibung des Geländes und eine Begründung der vorgesehenen Preisregelungen beizufügen. Im übrigen haben die Aufsichtsbehörden auch von sich aus für eine gleichmäßige und gerechte Baulandpreisfestsetzung innerhalb ihres Bezirkes besorgt zu sein und dabei insbesondere auch darauf zu achten, daß die Entscheidungen der unteren Verwaltungsbehörden nicht durch privatwirtschaftliche Interessen der Gemeinden als Grundstückseigentümer beeinflußt werden.

27. Der Begriff des „Baulandes" ist nicht weit zu fassen.

28. Der landwirtschaftliche Nutzungswert ist der Normalwert für landwirtschaftliche Grundstücke, vgl. 6 zu zu § 5 GBB.; 1 zu § 1 PStopV.

29. Für Baugelände ist der landwirtschaftliche Ertragswert zuzüglich Aufschließungskosten der Mindestpreis. Angemessener Gewinnzuschlag ist gestattet. Höchstpreis soll in der Regel der steuerliche Einheitswert sein, der nach § 10 RBewG. dem gemeinen Wert entspricht, vgl. aber auch 1 zu § 1 PStopV. Bei einer von den Einheitswerten abweichenden Bewertung ist auf eine Berichtigung des Einheitswertes durch das Finanzamt hinzuwirken; dies dürfte auch für Preisermittlungen bei anderen Grundstücken als Bauland zweckentsprechend sein.

30. Die Festsetzung von Richtpreisen für Baugelände würde sich besonders günstig im Rahmen einer allgemeinen Nutzungswertfeststellung auf der Grundlage des objektiven Wertes auswirken, vgl. Kiefersauer, Zur Reform des Wohnungswesens, H. 15 der Schriften des Bayerischen Landesvereins zur Förderung des Wohnungswesens, München 1919. Die Ergebnisse dieser Nutzungswertfeststellung wären in besonderen Wohnungskatastern festzuhalten, die auch für Baugelände anzulegen wären, Kiefersauer, DWohnA. 1938, 5.

Über alle bei Durchführung dieses Erlasses und in Sonderheit der Preisregelung für Bauland auftauchenden Schwierigkeiten und grundsätzlichen Fragen ist mir mit möglichster Beschleunigung zu berichten. Ferner sind mir etwaige Preisfestsetzungen für Bauland bei Städten über 50000 Einwohner mit einem Erläuterungsbericht in doppelter Ausfertigung zu übersenden.

III.

Zuwiderhandlungen gegen die von den unteren Verwaltungsbehörden in ihrer Eigenschaft als Preisbildungsbehörden hinsichtlich der Grundstückspreise allgemein oder in Einzelfällen erlassenen Anordnungen können von den Preisüberwachungsbehörden auf Grund der Verordnung vom 8. Januar 1935 (RGBl. I S. 10) i. d. F. d. Ziff. II der Überleitungsverordnung vom 26. November 1936 (RGBl. I S. 955) bestraft werden[31]. Als Zuwiderhandlung ist jede Handlung anzusehen, durch die mittelbar oder unmittelbar die erlassenen Anordnungen umgangen werden oder umgangen werden sollen[32]. Um eine möglichst enge Verbindung von Preisbildung und Preisüberwachung herzustellen, ersuche ich die Preisüberwachungsstellen, von der in Ziffer 4 des Organisationserlasses vom 12. Dezember 1936 (RAnz. Nr. 291) zugelassenen Delegationsbefugnis bei Grundstücken in vollem Umfange Gebrauch zu machen[33].

31. Vgl. 2, 4 zu § 4 PVG.

32. Vgl. 2 zu § 1 PStopV.

33. Die Ziffern 2, 3, 4, 5, 7 und 8 des OrgErl. lauten:

Ziffer 2:

(1) *Die Preisüberwachung wird übertragen in Preußen den Regierungspräsidenten — in Berlin, Altona-Wandsbek und Harburg-Wilhelmsburg den Polizeipräsidenten —, in Bayern den Kreisregierungen, in Sachsen den Kreishauptleuten, in Hamburg der Behörde für Wirtschaft, in den übrigen Ländern der Obersten Landesbehörde, im Saarland dem Reichskommissar für das Saarland.*

(2) *Die zuständigen Dienststellen bedienen sich ....*
Im Lande Österreich ist die Preisüberwachung den Landeshauptmännern (in Wien dem Polizeipräsidenten) übertragen, vgl. Erste und Zweite Anordnung vom 22. März und 1. April 1938 (RGBl. I S. 341, 354).

Ziffer 3:

(1) *Die Befugnis bei Zuwiderhandlungen Strafantrag zu stellen, Verhandlung vor dem Sondergericht zu beantragen und Ordnungsstrafen zu verhängen, wird den Preisüberwachungsstellen übertragen.*

(2) *In der Ordnungsstrafverfügung ist festzusetzen, daß der Betroffene die durch das Verfahren verursachten baren Auslagen zu erstatten hat.*

(3) *Gegen die von den Preisüberwachungsstellen verhängten Ordnungsstrafen steht dem Betroffenen innerhalb einer Ausschlußfrist von einer Woche in*

Preußen, Bayern, Sachsen und Hamburg das Recht der Beschwerde, in den übrigen Ländern und in Berlin der Einspruch zu. Über die Beschwerde entscheiden in Preußen die Oberpräsidenten, in Bayern, Sachsen und Hamburg die Oberste Landesbehörde. Über den Einspruch entscheidet der Leiter der Obersten Landesbehörde, der Reichskommissar für das Saarland, der Polizeipräsident von Berlin und der Regierungspräsident in Sigmaringen persönlich oder durch seinen ständigen Vertreter.

(4) *Die Beschwerde und der Einspruch haben keine aufschiebende Wirkung.* ....

Ziffer 4:

Die Preisüberwachungsstellen können die ihnen nach Ziffer 3 zugewiesenen Befugnisse auf die nachgeordneten unteren Verwaltungsbehörden — in Preußen Landräte, Oberbürgermeister, Polizeipräsidenten, staatliche Polizeiverwalter, in den außerpreußischen Ländern die entsprechenden Behörden — übertragen. Dies gilt jedoch nicht für das Recht, Ordnungsstrafen über 500 RM. zu verhängen und Verhandlung vor dem Sondergericht zu beantragen. .... *Soweit hiernach eine Übertragung erfolgt ist, entscheidet über die Beschwerde gegen Ordnungsstrafen die Preisüberwachungsstelle.*

Ziffer 5:

Das Recht der Schließung von Geschäften und Betrieben übt bei Erzeugerbetrieben der Reichskommissar für die Preisbildung selbst aus. Im übrigen sind für die Geschäftsschließung die Preisüberwachungsstellen zuständig. Hinsichtlich der Beschwerde und des Einspruchs gegen eine Geschäftsschließung gilt das zu Ziffer 3 Gesagte entsprechend. Das Reichswirtschaftsgericht kann nicht angerufen werden.

Ziffer 7:

Der RfP. behält sich das Recht vor, den schuldigen Einzelpersonen auf dem Gebiet, auf dem die Zuwiderhandlung erfolgt ist, jede Tätigkeit zu unter-

sagen oder die weitere Tätigkeit von Auflagen abhängig zu machen.

Ziffer 8:

Die Rechte aus der VO. über die Auskunftspflicht vom 13. Juli 1923 (RGBl. I S. 723) stehen auch den nach Ziff. 1 u. 3 zuständigen Behörden zu.

Im übrigen weise ich noch darauf hin, daß der vorstehende Erlaß nicht nur für die als Preisbildungsbehörden bestimmten Verwaltungsbehörden, sondern inhaltlich auch für alle anderen Behörden gilt, die von Aufsichts wegen über die Genehmigung von Grundstücksgeschäften[34] zu entscheiden haben. Er gilt ferner für die Festsetzung von Enteignungsentschädigungen[35], soweit diese Entschädigung für das enteignete Grundstück gezahlt wird. In Zweifelsfällen haben sich die in Frage kommenden Stellen mit den Preisbildungsbehörden in Verbindung zu setzen.

34. Für das Genehmigungsverfahren nach dem WohnSG., der GVB. und der Veräußerungsverordnung gelten die einschlägigen Bestimmungen mit dem Abmaße, daß über die eigentlichen Ziele dieser Bestimmungen hinaus die Grundsätze der Preisbildung und Preisüberwachung zu verwirklichen sind, vgl. Entscheid vom 16. März 1938, oben 14. Die Maßnahmen zur Sicherung volkswirtschaftlich gerechtfertigter Preise sind in allen Fällen, soweit erforderlich, durchzuführen.

Wegen des Genehmigungsverfahrens für Gebote bei der Zwangsversteigerung von landwirtschaftlichen oder forstwirtschaftlichen Grundstücken vgl. § 2 Abs. 3 GVB.

Hinsichtlich der Mitwirkung der Preisbildungsbehörde bei der Feststellung der Gebote im Zwangsversteigerungsverfahren vgl. unten S. 54.

35. Zum Begriff der Enteignungsentschädigung vgl.

Entsch. d. RfP. vom 26. März 1938, MittBl. 1938 I Nr. 8 S. 3 = JW. 1938, 1383; Hettlage ZAkDR. 1938, 11; Boyens DWohnA. 1938, 233; Scheuermann GrundE. 1938, 109, 375.

Über Enteignungen auf dem Gebiete des Städtebaues vgl. Zweite VO. d. RPr. vom 5. Juni 1931 (RGBl. I S. 279, 309) i. d. F. vom 29. März 1935 (RGBl. I S. 455) und vom 7. April 1937 (RGBl. I S. 442); über vereinfachtes Enteignungsverfahren in Preußen das Ges. vom 26. Juli 1922 (GS. S. 211) und das Wohnungsgesetz vom 20. Dez. 1937 (GS. S. 165), in Bayern das Zwangsabtretungsgesetz i. d. F. vom 14. März 1938 (GVBl. S. 117).

4. Verordnung über die Zurückweisung von Geboten in der Zwangsversteigerung.

Vom 6. April 1938 (RGBl. I S. 374).

Auf Grund des § 25 der Verordnung über Maßnahmen auf dem Gebiete der Zwangsvollstreckung vom 26. Mai 1933 (Reichsgesetzbl. I S. 302) und — mit Zustimmung des Beauftragten für den Vierjahresplan — auf Grund des § 2 des Gesetzes zur Durchführung des Vierjahresplans vom 29. Oktober 1936 (Reichsgesetzbl. I S. 927) wird folgendes verordnet:

Einziger Artikel

(1) Bei Zwangsversteigerungen nach dem Gesetz über die Zwangsversteigerung und Zwangsverwaltung[1] hat das Vollstreckungsgericht Gebote zurückzuweisen[2], die offensichtlich den Betrag überschreiten, zu dem der Bieter den zur Versteigerung stehenden Gegenstand nach den über die Preisbildung erlassenen Vorschriften käuflich erwerben könnte.

(2) Die Zurückweisung nach Abs. 1 verliert ihre

Wirkung[3], wenn der Bieter oder ein Beteiligter ihr sofort widerspricht (§ 72 Abs. 2 des Zwangsversteigerungsgesetzes) und die Zustimmung des Reichskommissars für die Preisbildung oder der von ihm beauftragten Stelle beigebracht wird.

(3) Ist der Zurückweisung eines Gebots nach Abs. 2 widersprochen, so soll die Entscheidung über den Zuschlag[4] erst zwei Wochen nach dem Schluß der Versteigerung getroffen werden.

1. Die Verordnung beschränkt sich nicht auf das Zwangsversteigerungsverfahren bei Grundstücken, sondern gilt auch für bewegliche Sachen, z. B. Schiffe. Sie gilt für das Vollstreckungsverfahren auf Betreiben eines Gläubigers ebenso wie für das Verfahren zwecks Aufhebung einer Gemeinschaft (§§ 180 ff. ZVG.).

Für land- und forstwirtschaftliche Grundstücke bestimmter Mindestgröße (§ 1 GVB.) gilt der Genehmigungszwang für die Abgabe von Geboten (§ 2 Abs. 3, § 5 Abs. 2 GVB.); ist hiernach für die Abgabe des Gebots ein Höchstpreis bestimmt, so kann dieses Gebot nicht nach Abs. 1 zurückgewiesen werden. Liegen mehrere genehmigte, auf einen Höchstpreis beschränkte Gebote vor, so muß das zweite Gebot, weil es kein Übergebot ist, zurückgewiesen werden (§ 72 ZVG.); nur bei gleichzeitiger Abgabe mehrerer Gebote entscheidet das Los, vgl. LG. Aurich, JW. 1938, 464. Ist das Gebot ohne Höchstbetrag nach § 2 Abs. 3 GVB. genehmigt, so hat das Vollstreckungsgericht von sich aus die Preisgestaltung zu überwachen und gegebenenfalls nach Abs. 1 zu verfahren.

2. Die **Zurückweisung des Gebots** (§ 71 ZVG.) ist dem Vollstreckungsgericht zur Pflicht gemacht. Die Zulassung des Gebots trotz Vorliegens der Voraussetzungen des Abs. 1 hindert nicht den Eigentumsübergang nach Rechtskraft des Zuschlags, vgl. 8 zu § 2 GVB. Voraussetzung für die Zurückweisung des Gebots ist ein offensichtlich überhöhter Preis; die Unzulässigkeit des Preises muß also erheblich und dem Gericht ohne weiteres erkennbar sein. Bei der Beurteilung ist von dem Stichtagpreis am 17. Okt. 1936 auszugehen, ohne daß aber hierüber besondere Ermittlungen anzustellen wären (AB. d. RJM. vom 6. April 1938 DJ. 1938, 577 = JW. 1938, 1088). Die PStopV. gilt nicht, sie ist durch diese Sonderregelung in Abs. 1 für die unmittelbare Anwendung ersetzt; deshalb ist auch die Abgabe des über dem Stichtagpreis liegenden Angebots nach § 4 PStopV. nicht strafbar. Die mittelbare Anwendung der Bewertungsgrundsätze der PStopV. — vgl. 1 zu § 1 PStopV. — folgt aber aus der im Abs. 1 vorgeschriebenen Beachtung „der über die Preisbildung erlassenen Vorschriften"; daneben können ausnahmsweise noch andere Preisfestsetzungen auf Grund des § 2 PBG., z. B. Richtpreise für Bauland, in Frage kommen, Lampe JW. 1938, 1082. Die Grundsätze des RE. 155/37 sind sinngemäß zur Anwendung zu bringen (RfP. MittBl. 1938, I Nr. 7 S. 4); wenn daher ein Grundstück für einen bestimmten Betrieb einen besonders hohen wirtschaftlichen Wert hat, kann über den Stoppreis hinausgegangen werden.

Die Bekanntgabe einer Höchstgrenze, bis zu der Gebote zugelassen werden, empfiehlt sich für das Vollstreckungsgericht nicht, vgl. AB. d. RJM. v. 6. April 1938. Gebote, die innerhalb der normalen Grundstücksbelastung liegen, sind regelmäßig nicht zu beanstanden; deshalb erübrigt sich die nähere Prüfung bei Geboten von Pfandbriefanstalten, Sparkassen usw., die dem Zwecke dienen, innerhalb der vorgeschriebenen Beleihungsgrenzen ausgegebene Hypotheken auszubieten. Von der Preisbildungsbehörde bereits genehmigte Gebote — vgl. 8 zu § 2 GBB. — können nicht zurückgewiesen werden, oben 1.

3. Die Gültigkeit des Gebots bleibt also in Schwebe, bis die Entscheidung der Preisbildungsbehörde erfolgt ist. Die Zuständigkeit bemißt sich nach der Fünften Anordnung; auf Beschwerde, die binnen zwei Wochen einzulegen ist, entscheidet die Aufsichtsbehörde, oben S. 29. Die Entscheidung der Preisbildungsbehörde entspricht ihrem Wesen und ihrer Rechtswirkung nach der Ausnahmebewilligung des § 3 PStopV. Der Wirkungsbereich ist aber hier insofern weiter, als die Preisbildungsbehörde durch Auswahl unter mehreren Bietern die besonderen Interessen einzelner Bieter, z. B. bei Teilungsversteigerungen, berücksichtigen kann, vgl. 8 zu § 2 GVB. Die Erteilung der Zustimmung durch die Preisbildungsbehörde bewirkt, daß die Zurückweisung unwirksam wird; bei Versagung erlischt das Gebot. Dies gilt nur, wenn die Entscheidung rechtskräftig ist, d. h. nach Ablauf der Beschwerdefrist oder bei Entscheidung durch die Beschwerdestelle. Die Ausnahmegenehmigung gilt nur für den Bieter, dem sie erteilt worden ist. Will daher der Bieter nach erteilter Genehmigung sein Recht aus dem Gebot an einen anderen abtreten, so ist — wie nach § 2 Abs. 3 GVB. — eine neue Entscheidung notwendig, vgl. MittBl. 1938 I Nr. 7 S. 4.

4. Die Entscheidung über den Zuschlag (§§ 79 ff. ZVG.) soll mit Rücksicht auf die Notwendigkeit der Herbeiführung der Entscheidung der Preisbildungsbehörde um zwei Wochen hinausgeschoben werden. Innerhalb dieser Zeit kann unter normalen Verhältnissen die Entscheidung der Preisbildungsbehörde getroffen sein. Liegt sie dem Vollstreckungsgericht bei der Entscheidung über den Zuschlag nicht vor, so verbleibt es bei der Zurückweisung des Gebots, sofern das Vollstreckungsgericht nicht dem Widerspruch Rechnung trägt (§ 79 ZVG.). Die Frist des Abs. 3 ist für die möglicherweise notwendige Durchführung des Beschwerdeverfahrens gegen die Entscheidung der Preisbildungsbehörde in den meisten Fällen zu kurz bemessen.

Die Zurückweisung eines Gebots nach Abs. 1 hindert grundsätzlich nicht die Fortsetzung des Versteigerungstermins; spätere Gebote müssen dann freilich alle zurückgewiesen werden. Die Bieter müssen sich an die Preisbildungsbehörde wenden, sofern sie Widerspruch gegen die Zurückweisung erhoben haben. Da nach § 72 Abs. 1 ZVG. auch jeder Beteiligte gegen das höhere Gebot eines anderen Bieters Widerspruch erheben kann, wird das Gericht, wenn es die Annahme eines Überpreises teilt, dem Bieter des beanstandeten Gebots Gelegenheit geben, die Entscheidung der Preisbildungsbehörde einzuholen. Wird die Zustimmung erteilt, so wird der Widerspruch gegenstandslos und der Zuschlag kann erteilt werden, vgl. Lampe JW. 1938, 1082.

Wird ein offensichtlich zu hohes Gebot vom Gericht zugelassen und erst anläßlich der Entscheidung über den Zuschlag der Irrtum bemerkt, so ist der Richter nicht verpflichtet, den Zuschlag zu versagen, vgl. Armstroff DJ. 1938, 270.

II. Bekanntmachung über den Verkehr mit landwirtschaftlichen oder forstwirtschaftlichen Grundstücken — Grundstückverkehrsbekanntmachung. —

Im Lande Österreich ist die Grundstückverkehrsbekanntmachung — unter Anpassung an das österreichische Recht durch die VO. vom 20. Juli 1938 (RGBl. I S. 906) — am 1. August 1938 in Kraft getreten; auch die Zweite Ergänzungsverordnung (unten S. 58) hat in Österreich Geltung.

Band II S. 220 —, konnte in ihrer ursprünglichen Fassung die Ziele nationalsozialistischer Agrargesetzgebung nicht verwirklichen helfen. Durch das Gesetz zur Änderung der Bekanntmachung über den Verkehr mit landwirtschaftlichen Grundstücken vom 26. Jan. 1937 (RGBl. I S. 32) wurde deshalb die Bundesratsbekanntmachung in wesentlichen Punkten geändert und gleichzeitig der Reichsminister für Ernährung und Landwirtschaft zur Bekanntgabe des neuen Wortlautes ermächtigt. Die Bekanntmachung des Wortlauts der „Bekanntmachung über den Verkehr mit landwirtschaftlichen oder forstwirtschaftlichen Grundstücken (Grundstückverkehrsbekanntmachung)" erfolgte am 26. Jan. 1937 (RGBl. I S. 35).

Ausgangspunkt der Neuregelung bildet die veränderte Auffassung von der Bedeutung des Grund und Bodens für die Gemeinschaft des Volkes.

„Der Besitzwechsel des landwirtschaftlichen oder forstwirtschaftlichen Grund und Bodens ist nicht lediglich ein Grundstücksverkehr zwischen Veräußerer und Erwerber, sondern ein **Vorgang, der die Gemeinschaft angeht** und an den der Staat und der Stand bestimmte **Anforderungen** stellen müssen, damit der Besitzwechsel nicht die Ordnung im landwirtschaftlichen Bereich gefährdet. Der Besitzwechsel soll vielmehr der Verwirklichung dieser Ordnung dienen" (Begründung zum Abänderungsgesetz).

2. Das Abänderungsgesetz ist durch zwei Verordnungen ergänzt worden.

a) Die Erste Ergänzungsverordnung vom 26. Jan. 1937 (RGBl. I S. 34), die am 1. Febr. 1937 in Kraft getreten ist, ordnete an:

Artikel 1

Das Erfordernis der Genehmigung nach der Bekanntmachung über den Verkehr mit landwirtschaftlicher oder forstwirtschaftlichen Grundstücken in der Fassung des Gesetzes vom 26. Januar 1937 (Reichsgesetzbl. I S. 35) — Grundstückverkehrsbekanntmachung — entfällt nicht deshalb, weil der Reichsminister für Ernährung und Landwirtschaft unter den Gesichtspunkten der Verordnung über die Veräußerung von Entschuldungsbetrieben vom 6. Januar 1937 (Reichsgesetzbl. I S. 5) die Genehmigung erteilt oder die Bescheinigung nach Artikel 4 Abs. 2 dieser Verordnung ausgestellt hat. § 3 Abs. 1 Nr. 3 der Grundstückverkehrsbekanntmachung ist sofern nicht anwendbar.

Artikel 2

(¹) *Die Genehmigung nach der Grundstückverkehrsbekanntmachung ist nicht erforderlich bei Rechtsgeschäften der Deutschen Reichsbahn und des Unternehmens „Reichsautobahnen".*

(²) *Der Reichsminister für Ernährung und Landwirtschaft wird die Befreiung nach Abs. 1 in die Neufassung der Grundstückverkehrsbekanntmachung (Artikel 2 Abs. 3 des Gesetzes zur Änderung der Bekanntmachung über den Verkehr mit landwirtschaftlichen*

Grundstücken vom 26. Januar 1937 (Reichsgesetzbl. I S. 32) aufnehmen.

b) Die Zweite Ergänzungsverordnung vom 29. März 1938 (RGBl. I S. 361) bestimmt:

Artikel 1

Liegt eine oder liegen mehrere zu einem Grundstück gehörende Flächen, die Gegenstand eines genehmigungsbedürftigen Rechtsvorgangs sind, in den Bezirken mehrerer Genehmigungsbehörden, so ist jede von diesen für die Genehmigung des ganzen Rechtsvorgangs zuständig. Die Entscheidung soll von der Genehmigungsbehörde getroffen werden, in deren Bezirk der größte Teil der Grundflächen liegt. Hat eine zuständige Behörde entschieden, so sind spätere Entscheidungen anderer Genehmigungsbehörden unwirksam.

Artikel 2

Liegen die Voraussetzungen des Artikels 1 vor und bedarf der Rechtsvorgang auch der Genehmigung nach der Ersten Durchführungsverordnung zum Gesetz über die Sicherung der Reichsgrenze und über Vergeltungsmaßnahmen vom 17. August 1937 (Reichsgesetzbl. I S. 905), so ist die Genehmigung von der nach dieser Verordnung zuständigen Genehmigungsbehörde zu erteilen. Ist auch insoweit die Zuständigkeit mehrerer Genehmigungsbehörden gegeben, so gilt Artikel 1 sinngemäß.

Artikel 3

Sind Genehmigungsbehörden verschiedener Länder zuständig, so bestimmt in Zweifelsfällen der Reichsminister für Ernährung und Landwirtschaft, welche Genehmigungsbehörde die Entscheidung treffen soll.

Artikel 4

Die Artikel 1 bis 3 gelten sinngemäß für eine Entscheidung nach § 4 und für Anordnungen nach § 8 der Grundstückverkehrsbekanntmachung vom 26. Januar 1937 (Reichsgesetzbl. I S. 35).

Artikel 5

Abweichende landesrechtliche Vorschriften treten außer Kraft.

Die Ergänzungsverordnung regelt reichsrechtlich die Zuständigkeit mehrerer Genehmigungsbehörden (Art. 1, 3—5); darüber hinaus wird im Verhältnis zu der nach § 9 DVO. ReichsgrenzSichG. zuständigen Behörde dieser der Vorrang eingeräumt (Art. 2).

§ 1

Der Verkehr[1] mit landwirtschaftlichen oder forstwirtschaftlichen[2] Grundstücken[3] im Umfang von 2 ha aufwärts[4] unterliegt den nachstehenden Vorschriften[5] [6].

1. Der **Verkehr** umfaßt nicht nur die im § 2 Abs. 1 bezeichneten Rechtsvorgänge, sondern — in Erweiterung der bisherigen Rechtslage — auch den Erwerb des Grundstücks im Zwangsversteigerungsverfahren nach Maßgabe des § 2 Abs. 3. Darüber hinaus gilt auch die Veräußerung oder Entfernung von Grundstücksinventar, wenn hierdurch die ordnungsmäßige Bewirtschaftung des Grundstücks zum Schaden der Volksernährung gefährdet wird, als „Verkehr" im Sinne des § 1 (§ 8).

Andere als die in § 2 bezeichneten Rechtsvorgänge sind nicht genehmigungspflichtig, also z. B. der Erwerb von Grundstücken im Wege der gesetzlichen oder testamentarischen Erbfolge, im Enteignungsverfahren, nach den Vorschriften des ehelichen Güterrechts. Die Auseinandersetzung unter Miterben über ein Nachlaßgrundstück ist dagegen ebenso genehmigungspflichtig wie der Erwerb auf Grund eines Vermächtnisses (§ 2174 BGB.). Ebenso bedarf die in bäuerlichen Kreisen übliche Vorwegnahme der Erbfolge durch Übergabe des Anwesens an einen erbberechtigten Abkömmling (vgl. 6 zu § 3) der Genehmigung, sofern nicht die Befreiungsvorschriften des § 3 Abs. 1 Ziff. 5 und 10 Platz greifen.

Die Veräußerung von Erbanteilen an einem ungeteilten Nachlaß, zu dem landw. Grundstücke gehören, bedarf keiner Genehmigung, es sei denn, daß die Veräußerung ein Umgehungsgeschäft darstellt, RG. JW. 1938, 887.

2. Die Neufassung der GVB. beschränkt das Verfahren von vornherein auf **landwirtschaftliche** und **forstwirtschaftliche** Grundstücke. Andere Grundstücke, z. B. Parkanlagen, Sportplätze usw., kommen nicht in Betracht. Es kommt nicht auf die Zweckbestimmung des Grundstücks im Einzelfalle an, sondern darauf, ob — unabhängig von dem Willen des Beteiligten — das Grundstück nach seiner Beschaffenheit und Lage objektiv landwirtschaftlichen oder forstwirtschaftlichen Zwecken zu dienen geeignet ist. Auch die rein tatsächliche Nutzung des Grundstücks durch den Eigentümer im Zeitpunkt der Vornahme des Rechtsgeschäfts ist nicht ausschlaggebend. „Entscheidend ist, ob das Grundstück seiner Natur nach den üblicherweise landwirtschaftlich oder forstwirtschaftlich zu nutzenden Grundstücken zuzurechnen ist. Andererseits fallen unter die Genehmigungspflicht nicht Grundstücke, die anderen Zwecken dienen. Hierzu rechnen insbesondere bebaute städtische Grundstücke, brachliegende Bauplätze, Fabrikgelände, Lagerplätze und ähnliche weder landwirtschaftlich noch forstwirtschaftlich genutzte Flächen. Die Entscheidung, ob das Rechtsgeschäft mit Rücksicht auf die Art des Grundstücks der Genehmigung unterliegt, trifft im Zweifelsfalle auf Grund des § 4 die Genehmigungsbehörde" (Richtlinien).

Zu den landwirtschaftlichen Grundstücken zählen in erster Linie die Grundstücke, die der Acker-, Wiesen- und Weidewirtschaft dienen, weiterhin aber auch die Grundstücke, „die durch Sonderkulturen, wie Weinbau, Gärtnerei, Teichwirtschaft und Fischerei genutzt werden" (Richtlinien des RdErl. vom 26. Jan. 1937/25. Jan. 1938 LwRMBl. 1937 S. 73, 1938 S. 85), ferner Grundstücke, auf denen Obstbau, Hopfen- und Tabakbau, Bienen- oder Fischzucht betrieben wird. Moorflächen, Heideflächen, Ödländereien können, auch wenn sie ohne planmäßige Bewirtschaftung im wesentlichen sich selbst überlassen sind, den landwirtschaftlichen Grundstücken zugezählt werden, sofern nur überhaupt eine Umwandlung in Acker, Wiese oder Weide unter Erzielung landwirtschaftlicher Erträge möglich ist.

Gemischtwirtschaftliche Grundstücke rechnen zu den landwirtschaftlichen Grundstücken, wenn dem Betrieb der Landwirtschaft ertragsmäßig oder flächenmäßig die überwiegende wirtschaftliche Bedeutung zukommt. Nach diesen Gesichtspunkten ist z. B. bei Geflügelfarmen, Viehmästereien, Pelztierfarmen die Zugehörigkeit zur Landwirtschaft oder zum Gewerbe zu beurteilen. Das gleiche gilt bei gemischtwirtschaftlichen Betrieben, z. B. Landwirtschaft und Brauerei (Brennerei, Molkerei, Ziegelei).

3. Unter **Grundstück** im Sinne der GVB. ist — wie bisher, vgl. Kiefersauer, Grundstücksmiete II, 223 — nicht die grundbuchmäßige Bezeichnung — vgl. Einl. Anm. 12 — zu verstehen. „Der Begriff ‚Grundstück' ist im wirtschaftlichen Sinne zu verstehen und umfaßt jeden einheitlich bewirtschafteten land- oder forstwirtschaftlichen Grund und Boden. Nicht der Umstand ist also entscheidend, wie das den Gegenstand des Rechtsgeschäfts bildende Grundstück im Grundbuch, insbesondere, ob es auf einem oder mehreren Grundbuchblättern eingetragen ist, sondern allein die wirtschaftliche Zusammengehörigkeit. Das Grundstück kann ein selbständiger Wirtschaftsbetrieb und daher mit Gebäuden und Inventar versehen sein, es braucht aber eine solche wirtschaftliche Selbständigkeit nicht zu haben. Um ein Grundstück handelt es sich nicht nur dann, wenn sich der Grundstückskomplex aus mehreren örtlich zusammenhängenden Parzellen zusammensetzt, sondern auch dann, wenn die einzelnen Parzellen mit fremden Grundstücken im Gemenge liegen, von dem Eigentümer aber von einer Hofstelle aus bewirtschaftet werden" (Richtlinien).

Die Zugehörigkeit zu einem einheitlichen Wirtschaftsbetrieb geht nicht dadurch verloren, daß die Art der Bewirtschaftung der zusammengehörenden Grundstücke eine verschiedene ist, sei es, daß neben der Eigenbewirtschaftung eine Verpachtung stattfindet, sei es, daß mehrere Einzelverpachtungen an verschiedene Personen vorliegen. Auch räumlicher Zusammenhang der einheitlich bewirtschafteten Grundstücke ist nicht erforderlich, Schanz, BayNotZ. 1920, 45. Dagegen ist die Vereinigung der Grundstücke in der Hand eines Eigentümers notwendig;

es können aber Grundstücke im Miteigentum der Ehegatten unter Umständen bei einheitlicher Bewirtschaftung als Grundstück im Sinne des § 1 anzusehen sein, Hopp, 3 b zu § 1. An Stelle der einheitlichen Bewirtschaftung von einer gemeinsamen Hofstelle aus kann die einheitliche Verwaltung treten, wie dies z. B. bei juristischen Personen und Körperschaften des öffentlichen Rechts häufig der Fall ist, Manteuffel, RdRN. 1937, 358.

4. Nur Grundstücke von einer **Mindestgröße** an unterliegen der GVB. Die Abänderung der gesetzlichen Mindestgröße von 2 ha ist auf Grund des § 12 erfolgt durch

a) die Ausführungsbestimmung vom 26. Jan. 1937 (RGBl. I S. 38). Hiernach war die Grundstücksgröße festgesetzt.

a) auf 5 ha für die preußischen Regierungsbezirke Lüneburg, Potsdam und Stettin; die Grundstücksgröße von 2 ha bleibt jedoch auch in diesen Gebieten bestehen, wenn es sich um Teile eines über 5 ha großen Grundstücks handelt;

b) auf 1 ha für die Länder Baden, Hessen, Oldenburg ohne Landesteil Birkenfeld, Württemberg, für das Hamburgische Staatsgebiet und die preußischen Regierungsbezirke Aurich, Kassel, Marienwerder, Schleswig, Schneidemühl, Sigmaringen und Wiesbaden.

Diese Regelung galt nur für die Zeit vom 1. Februar bis 30. April 1937. Vom 1. Mai ab gilt

b) die Ausführungsverordnung vom 22. April 1937 (RGBl. I S. 534). Die §§ 1, 2 lauten:

§ 1

Die Vorschriften der Grundstückverkehrsbekanntmachung beziehen sich auch auf Teile der im § 1 näher bezeichneten Grundstücke, sofern die Größe des Teilgrundstücks ½ Hektar oder darüber beträgt.

§ 2

(1) *Die Grundstücksgröße wird abweichend von den §§ 1 und 3 Abs. 1 Ziffer 9 der Grundstückverkehrsbekanntmachung festgesetzt:*

a) auf 5 Hektar für die preußischen Regierungsbezirke Lüneburg, Potsdam und Stettin;
b) auf 1 Hektar für die Länder Hamburg, Oldenburg, Thüringen, Württemberg und die preußischen Regierungsbezirke Aachen, Allenstein, Aurich, Düsseldorf, Kassel, Koblenz, Köln, Marienwerder, Oppeln, Schleswig, Schneidemühl, Sigmaringen, Trier und Wiesbaden;
c) auf ½ Hektar für die Länder Baden, Hessen sowie für das Saarland und den bayerischen Regierungsbezirk Pfalz.

(²) Die im § 1 festgesetzte Mindestgröße des Teilgrundstücks beträgt in den Fällen des Absatzes 1 unter b und c ¼ Hektar.

Diese Neuregelung hat die Ausdehnung des GVB. auch auf Teilgrundstücke unter der Mindestgröße gebracht. Bis zum 1. Mai 1937 konnten Teilgrundstücke unter dem gesetzlichen Mindestmaß von 2 ha — von der Sonderregelung für die preußischen Regierungsbezirke Lüneburg, Potsdam und Stettin abgesehen — nur dann erfaßt werden, wenn eine planmäßige Zerstückelung eines größeren Grundstücks nachgewiesen werden konnte, da nur die Größe des aufzulassenden Grundstücks (Teilstück), nicht die Größe des Stammgrundstücks maßgebend war, Kiefersauer, Grundstücksmiete II, 224; RG. V 58/24; LZ. 1925, 601; KG. JW. 1919, 50. Für Teilgrundstücke ist nunmehr die Genehmigung bereits dann erforderlich, wenn die Größe des Teilgrundstücks ½ ha (§ 1), in den Fällen des § 2 Abs. 1 Buchst. b und c ¼ ha und mehr beträgt. Unter dieser Mindestgröße bedarf das Rechtsgeschäft nur bei Zerstückelung der Genehmigung.

Weitergehende landesrechtliche Bestimmungen sind gemäß § 11 Abs. 1 mit dem 30. April 1937 außer Kraft getreten.

5. Die GVB. ist am 1. Febr. 1937 in Kraft getreten (Art. 2 Abs. 4 des Gesetzes zur Änderung des GVB. vom 26. Jan. 1937 RGBl. I S. 32).

Die Entscheidung der Frage, ob die Voraussetzungen der GVB. im einzelnen vorliegen, z. B. die erforderliche Mindestgröße, die Eigenschaft eines landwirtschaftlichen Grundstücks usw., steht der Genehmigungsbehörde (§ 10) zu (§ 4). Die Entscheidung der Genehmigungsbehörde ist für Gerichte und Verwaltungsbehörden bindend.

6. Unberührt bleibt das **Vorkaufsrecht**, das nach § 4 des Reichssiedlungsgesetzes vom 11. Aug. 1919 (RGBl. S. 1429) dem gemeinnützigen Siedlungsunternehmen an den in seinem Bezirk belegenen landwirtschaftlichen Grundstücken bestimmter Größe zusteht; zur Sicherung der Ausübung des Vorkaufsrechts sind in § 6 des Gesetzes zur Ergänzung des Reichssiedlungsgesetzes vom 4. Jan. 1935 (RGBl. I S. 1) und durch die Verordnung über das Vorkaufsrecht nach dem Reichssiedlungsgesetz vom 15. April 1937 (RGBl. I S. 546) besondere Vorschriften erlassen worden. Die Frist zur Ausübung des Vorkaufsrechts beträgt nunmehr auch für Grundstücke bis zu 200 ha sechs Wochen. Soweit das Rechtsgeschäft genehmigungsbedürftig ist, beginnt der Lauf der Frist erst mit der Mitteilung des geschlossenen Vertrages und der erfolgten Genehmigung, da die Ausübung des Vorkaufsrechts die Rechtswirksamkeit des Kaufvertrages voraussetzt, die erst mit der Erteilung der Genehmigung eintritt, RGZ. 106, 321; KG. Rspr. 41, 172. Der Kaufvertrag über ein genehmigungspflichtiges landwirtschaftliches Grundstück, für das ein Vorkaufsrecht in Betracht kommt, ist daher zunächst bei der Genehmigungsbehörde einzureichen; erst wenn die Genehmigung erteilt ist, kann die Entschließung des vorkaufsberechtigten Siedlungsunternehmens über die Ausübung des Vorkaufsrechts herbeigeführt werden. Für die Geltendmachung des Vorkaufsrechts ist entscheidend der Zeitpunkt der behördlichen Genehmigung, nicht der Tag der Beurkundung des Kaufvertrags, RGZ. 98, 47; 114, 158; 154, 308. Auch der Vormerkungsschutz des § 1098 Abs. 2 BGB. besteht nicht, solange das Vorkaufsrecht nicht ausübbar ist, RGZ. 154, 377.

Wegen des Vorkaufsrechts der Ausgeber von Reichsheimstätten vgl. § 11 des Reichsheimstättengesetzes in der Fassung der Bekanntmachung vom 25. Nov. 1937 (RGBl. I S. 1291).

§ 2

(1) Die Auflassung[1] eines Grundstücks oder die Bestellung eines dinglichen Rechts[2], das zum Genuß der Erzeugnisse eines Grundstücks berechtigt, bedarf zu ihrer Wirksamkeit der Genehmigung[5] der zuständigen Behörde (Genehmigungsbehörde)[6]. Das gleiche gilt für jede Vereinbarung[4], die den Genuß der Erzeugnisse oder die Verpflichtung[3] zur Übereignung eines Grundstücks zum Gegenstande hat.

(2) Wird das Verpflichtungsgeschäft genehmigt, so gilt die Genehmigung auch für das diesem Verpflichtungsgeschäft entsprechende Erfüllungsgeschäft als erteilt[7].

(3) Bei der Veräußerung eines Grundstücks im Wege der Zwangsversteigerung[8] bedarf das Gebot der Genehmigung. Die Vorschrift in § 71 des Zwangsversteigerungsgesetzes findet Anwendung. In den Fällen des § 81 Abs. 2 und 3 des Zwangsversteigerungsgesetzes darf der Zuschlag an einen anderen als den Meistbietenden nur erteilt werden, wenn dieser andere die Genehmigung beigebracht hat.

(4) Die Genehmigung kann unter Auflagen[9] erteilt werden.

(5) Vor Erteilung oder Versagung der Genehmigung ist der zuständige Kreisbauernführer zu hören.

1. **Die Auflassung** ist die zur Übertragung des Eigentums an einem Grundstück nach § 873 BGB. erforderliche Einigung des Veräußerers und des Erwerbers (§ 925 BGB.). Die Eintragung einer **Vormerkung** im Grund-

buch zur Sicherung des Anspruchs auf Auflassung (§ 883 BGB.) ist als solche nicht genehmigungspflichtig und daher bereits vor Erteilung der Genehmigung zulässig. Genehmigung ist auch nicht erforderlich zur Eintragung des neuen Eigentümers bei Berichtigung des Grundbuchs.

Der Eigentumsübergang kraft Gesetzes, also ohne Auflassung, bedarf, abgesehen von der Zwangsversteigerung, nicht der Genehmigung. Beispiele: Aneignung (§ 927 BGB.), Erbfolge (§ 1922 BGB.), eheliche Gütergemeinschaft (§§ 1438, 1485, 1519 BGB.). Die Auseinandersetzung eines Gemeinschaftsverhältnisses durch Übereignung von Grundstücken bedarf jedoch der Auflassung und ist deshalb genehmigungspflichtig. Ob die Einbringung eines Grundstücks in eine Personenvereinigung oder eine juristische Person der Genehmigung bedarf, hängt davon ab, ob eine Auflassung notwendig ist; soweit dies nicht der Fall ist, könnte eine Genehmigung noch für den die Eigentumsänderung bewirkenden Vertrag notwendig sein, sofern dieser den Genuß der Erzeugnisse eines land- oder forstwirtschaftlichen Grundstücks zum Gegenstande hat, vgl. Lais 2 zu § 2.

2. Die Bestellung **dinglicher Rechte**, die zum **Genuß der Erzeugnisse** des Grundstücks berechtigen. Der Nießbrauch an einem Grundstück berechtigt, die Nutzungen, insbes. die Früchte des Grundstücks zu ziehen (§ 1030 BGB.). Dieser Rechtsinhalt besteht nicht für Grunddienstbarkeiten und beschränkte persönliche Dienstbarkeiten, die die Nutzung nur in einzelnen Beziehungen gestatten; auch die Bestellung eines Erbbaurechts (VO. vom 15. Jan. 1919, RGBl. S. 72) ist deshalb nicht genehmigungspflichtig. Das gleiche gilt für die Einräumung — nicht die Ausübung — eines dinglichen Vorkaufsrechts.

3. Die **Verpflichtungsgeschäfte** sind genehmigungsbedürftig nicht nur, soweit die Übereignung eines Grundstücks in Frage kommt, sondern auch hinsichtlich der Bestellung dinglicher Rechte, soweit diese genehmigungspflichtig ist. Die der Auflassung zugrunde liegenden schuldrechtlichen Verträge bedürfen ohne Rücksicht auf die Rechtsform (Kauf, Tausch, Gesellschaftsvertrag, Schenkung, Übergabevertrag)

und die Bezeichnung (Auseinandersetzung, Ausstattung von Kindern) der Genehmigung nach der GBV.

4. Die **Vereinbarungen**, die den **Genuß der Erzeugnisse** eines Grundstücks zum Gegenstand haben, umfassen alle Verträge, die dem Berechtigten — entgeltlich oder unentgeltlich — durch Gebrauchsüberlassung und Besitz- (Mitbesitz-) einräumung den Genuß der Erzeugnisse des Grundstücks verschaffen. Dies ist der Fall bei den sog. Abholzungsverträgen, bei denen der Berechtigte das Einschlagen und die Verwertung des Holzes übernimmt, RGZ. 109, 191; 130, 94. Das gleiche gilt von den Aberntungsverträgen, durch die der Eigentümer das Ackerfeld zum Abernten dem Berechtigten überläßt. Die Rechtslage ändert sich aber, wenn die Forst- oder Ackerflächen von dem Eigentümer selbst abgeholzt bzw. abgeerntet werden und nur der Holzanfall bzw. die Ernte verkauft wird; diese Verkaufsverträge sind nicht genehmigungspflichtig, vgl. RGZ. 120, 165; OLG. Rostock, MecklZ. 46, 264. Nicht der Genehmigung bedürfen ferner die Anbau- und Lieferungsverträge, ferner die sog. Vermehrungsverträge, d. h. die Verträge zwischen Originalzüchtern und Landwirten über Vermehrung von Saatgut, Staudinger-Kiefersauer, Vorbem. 18 zu § 581.

Die wichtigste Vereinbarung über den Genuß der Erzeugnisse eines Grundstücks ist die Pacht. Pachtverträge über Grundstücke sind auch dann genehmigungspflichtig, wenn sie entgegen der Formvorschrift des § 566 BGB. mündlich abgeschlossen werden; mündliche Pachtverträge, die für längere Zeit als ein Jahr abgeschlossen sind, sind gültig, gelten aber als auf unbestimmte Zeit abgeschlossen.

Der Genehmigung unterliegt nicht nur der Abschluß des Pachtvertrages, sondern auch jede Änderung wesentlicher Vereinbarungen bereits genehmigter Verträge. Dies gilt insbes. hinsichtlich der Vereinbarung des Pachtzinses oder der Dauer des Pachtverhältnisses. Auch die tatsächliche Fortsetzung des Pachtverhältnisses bedarf der Genehmigung, andernfalls der Pächter bei Beibehaltung des Pachtbesitzes nach § 9 Abs. 1 Ziff. 1 strafbar ist. Ein Pachtvertrag mit Verlängerungsklausel kann ohne Genehmigung fortgesetzt werden, da

— entgegen RGZ. 97, 79; 107, 300 — in der Unterlassung der Kündigung nicht der Abschluß eines neuen Pachtvertrages zu erblicken ist; es liegt vielmehr ein einheitliches Pachtverhältnis vor, das zunächst auf bestimmte Zeit eingegangen ist, dessen Fortsetzung auf weitere bestimmte oder unbestimmte Zeit von dem weiteren, im Vertrag näher festgelegten Verhalten eines Vertragsteils abhängig gemacht ist, Kiefersauer, Die Miete S. 53. War der Pachtvertrag vor Erlaß des GBB. nicht genehmigungspflichtig, so ist auch die Fortsetzung des Pachtverhältnisses auf Grund der Verlängerungsklausel nicht genehmigungspflichtig, Riecke-v. Manteuffel II 3 zu § 2; a. M. Hopp II D 2 zu § 2. Ist einem Vertragsteil bei einem Pachtvertrag auf bestimmte Zeit das Recht eingeräumt, die Verlängerung des Vertrags zu fordern — Optionsrecht —, so ist die Ausübung des Optionsrechts genehmigungspflichtig; denn das in der Optionsklausel liegende, verpflichtende Angebot zur Verlängerung des Pachtverhältnisses wird erst durch die Erklärung des Berechtigten angenommen, der Verlängerungsvertrag kommt damit also erst zustande.

Festsetzungen der Pachtbedingungen, insbes. Änderungen des Pachtzinses, Verlängerung der Pachtdauer, die das Pachteinigungsamt auf Grund der Pächterschutzgesetzgebung — vgl. Staudinger-Kiefersauer, Vorbem. 10 ff. zu § 581 — vornimmt, sind als Hoheitsakte nicht der Genehmigung durch die Genehmigungsbehörde, wohl aber unter Umständen der Genehmigung der Preisbildungsbehörde — vgl. RE. 95/37, Anhang Nr. 1 — unterworfen. Wegen der Kleingartenpacht vgl. § 3 Abs. 1 Ziff. 8.

Die Grundstücksüberlassung, die in sog. Heuerlingsverträgen — vgl. Staudinger-Kiefersauer, Vorbem. 11 zu § 581 — und ähnlichen Dienstverträgen mit landwirtschaftlichen Arbeitern üblicherweise verbunden ist, bedarf nicht der Genehmigung.

Die Beendigung des Pachtverhältnisses unterliegt nicht dem Genehmigungszwang, auch wenn sie durch Vertrag erfolgt.

Zur Frage der Angemessenheit des Pachtpreises und der Pachtbedingungen vgl. die Anordnung des Reichsbauernführers betr. Leistungsrichtlinien für Hof- und Einzelpacht vom 7. Juni 1937, Anhang Nr. 2.

5. Das Erfordernis der **Genehmigung** gilt für alle in § 2 bezeichneten Rechtsvorgänge. Rechtsgeschäfte, die in anderer Form einen wirtschaftlichen Erfolg anstreben, für den die Genehmigung vorgeschrieben, aber nicht zu erlangen ist, bleiben genehmigungspflichtig, vgl. § 2 AO. unten S. 181. Rechtsgeschäfte, die z. B. wegen wissentlich falscher Beurkundung des wirklichen Kaufpreises gemäß § 117 BGB. nichtig sind, können durch die Erteilung der Genehmigung nicht rechtliche Wirksamkeit erlangen, RG. V 227/25 LZ. 1926, 695; a. M. KG. JW. 1928, 2472. Auch der durch das Scheingeschäft verdeckte Kaufvertrag ist nichtig, weil die Formvorschrift des § 313 Satz 1 BGB. verletzt ist und weil die Genehmigung sich nicht auf das verdeckte Geschäft erstreckt, RG. JW. 1925, 2234; für die Auflassung könnte aber trotzdem die Genehmigung beantragt werden, RGZ. 117, 23. In solchen Fällen wird die Genehmigung aber grundsätzlich zu versagen sein.

Die im Rahmen der GVB. erforderliche Genehmigung ist Voraussetzung für die Rechtswirksamkeit, d. h. für die zivilrechtliche Gültigkeit des Rechtsgeschäfts. Der Mangel der notwendigen Genehmigung hat folgende bürgerlich-rechtliche Folgen:

a) Solange die Genehmigung der Genehmigungsbehörde — gleichviel, aus welchem Grunde — noch nicht erteilt ist und auch die Versagung der Genehmigung noch nicht feststeht, ist das Rechtsgeschäft in Schwebe. Dieser Schwebezustand äußert Rechtswirkungen nach zwei Richtungen: Das Rechtsgeschäft ist, da die erforderliche Genehmigung noch aussteht, rechtsunwirksam in dem Sinne, daß keine der Parteien die Bewirkung der von der anderen Partei versprochenen Leistung verlangen kann, RG. LZ. 1920, 693; RGZ. 106, 321. Gleichwohl kann der Anspruch auf Auflassung durch Eintragung einer Vormerkung im Grundbuch gesichert werden, RGZ. 108, 94; LG. Berlin KGBl. 1934, 28. Andererseits sind aber die Parteien bis zur Beendigung des Schwebezustandes an das Rechtsgeschäft in dem Sinne gebunden, daß sie sich nicht einseitig — wohl aber durch beiderseitiges Übereinkommen — vom Vertrag lossagen können, RGZ. 103, 104; 98, 48; 75, 406; 64, 154. Die Vertragsteile sind vielmehr verpflichtet, zur Herbeiführung der Genehmigung mitzuwirken; sie haben alles zu unterlassen, was die Erteilung der Genehmigung hindern könnte, RGZ. 115, 38. Unter Umständen macht sich ein Vertragsteil, der, um sich vom Vertrag loszulösen, die Genehmigungserteilung vereitelt, schadenersatzpflichtig, RGZ. 110, 357. Auch fahrlässiges Verhalten, insbes. die Verletzung der Offenbarungspflicht über solche Tatsachen, die für die Entschließung des anderen Teils erkennbar von Bedeutung sein können (RGZ. 120, 252) verpflichtet zu Schadenersatz, Neumann, GrundE. 1938, 326. Die Einhaltung bestimmter Ratenzahlungen kann während des Schwebezustandes nicht durch Vereinbarung von Vertragsstrafen gesichert werden, wohl aber kann das vereinbarte Recht des Rücktritts vom Vertrag für diesen Fall verwirklicht werden, RG. JRdsch. 1926 Nr. 370. Die Zurücknahme des Antrages auf Genehmigung kann während des Schwebezustandes nicht einseitig durch eine Partei erfolgen, RGZ. 130, 407.

b) Durch die Entscheidung der Genehmigungsbehörde wird dieser Schwebezustand beendigt, RG. JW. 1924, 831; BayObLG. 22, 328. Die Erteilung der Genehmigung macht das Rechtsgeschäft endgültig (RG. JW. 1922, 491) rechtswirksam und zwar rückwirkend auf den Zeitpunkt des Vertragsabschlusses, RGZ. 123, 327; 125, 53; 154, 307; Staudinger-Kober 67 zu § 925. Dies gilt auch dann, wenn nach § 5 statt Erteilung die Versagung der Genehmigung hätte erfolgen müssen, 1 zu § 5. Wird die Genehmigung versagt, so steht fest, daß aus dem Rechtsgeschäft keinerlei Ansprüche und Verbindlichkeiten erwachsen sind. Die Versagung wirkt ebenso wie die Erteilung der Genehmigung auf den Zeitpunkt des

Vertragsabschlusses zurück, RG. V 251/36 RdRN. 1937, 431. Ansprüche aus ungerechtfertigter Bereicherung können nur dann entstanden sein, wenn etwa während des Schwebezustandes der Vertrag teilweise vollzogen worden ist, RGZ. 103, 104; RG. BayZ. 1922, 47. Ein Zurückbehaltungsrecht wegen Verwendungen auf das Grundstück oder wegen Bewirkung von Leistungen (§§ 273, 1000 BGB.) wird dem Käufer (Pächter) nach Versagung der Genehmigung nicht zuzuerkennen sein, da die Beibehaltung des Besitzes nach § 9 strafbar ist, Hoppe, 8 d zu § 1; a. M. RG. JRdsch. 1926 Nr. 679; OLG. Königsberg JW. 1925, 2232.

Der Widerruf erteilter Genehmigung ist nach verwaltungsmäßigen Grundsätzen an sich zulässig. Die Genehmigungsbehörde ist aber zur Zurücknahme der Genehmigung dann nicht mehr befugt, wenn — wie hier — für die Beteiligten aus der erteilten und bekanntgegebenen (2 zu § 7) Genehmigung bereits Rechte und Pflichten erwachsen sind, RGZ. 103, 104; 106, 142; RG. III 52/24 LZ. 1925, 600. Das gilt grundsätzlich auch dann, wenn durch unvollständige oder unrichtige Angaben der Genehmigungsbehörde der wahre Sachverhalt nicht oder nicht vollständig bekannt geworden ist, RG. III 52/24 JW. 1925, 1117. Haben aber die Beteiligten zum Zwecke der Täuschung die Unrichtigkeit oder Unvollständigkeit der Unterlagen selbst veranlaßt, so ist die Genehmigung hinsichtlich des wirklich gewollten Rechtsgeschäfts unwirksam, RG. 1925, 2234; 1929, 438; a. M. KG. JW. 1928, 2472. Die Genehmigung des Scheingeschäfts kann in diesem Falle zurückgenommen werden, Kiefersauer, Grundstücksmiete II, 226; ferner 2 zu § 4 und RGZ. 154, 304.

Verpflichtungsgeschäfte — oben 3, 4 — können nur genehmigt werden, wenn **formgültige rechtswirksame Verträge**, die die bindenden Verpflichtungen in ihrem ganzen Umfang ersehen lassen, vorliegen. Vorverträge und unverbindliche Vertragsentwürfe eignen sich nicht zur Genehmigung, sie sind von der Genehmigungsbehörde zurückzuweisen, Philipp, RdRN. 1937, 609; a. M. Hopp II 1 zu § 7. Die Kosten der Beurkundung fallen den Vertragsteilen zur Last; diese können für den Fall der Versagung der Genehmigung eine Regelung der Kostentragung vorsehen und über die Rückgabe des etwa vorher überlassenen Grundstücks Bestimmungen treffen.

Vor Abschluß des Rechtsgeschäfts kann die Genehmigungsbehörde nur eine unverbindliche Auskunft erteilen; das gilt auch dann, wenn der Notar entsprechend § 34 Abs. 2 der Dienstanweisung einen Entwurf der wesentlichen Bestimmungen des Vertrags einreicht, vgl. 3 zu Art. 1 VeräußVO. § 4 findet keine Anwendung, 1 zu § 4.

Mit dem Antrag auf Genehmigung ist gleichzeitig ein ausgefüllter Fragebogen vorzulegen, dessen Muster durch RdErl. des RuPrMfEuL. vom 12. März 1938 (LwRMBl. 1938 S. 309) — abgedruckt im Anhang Nr. 5 — vorgeschrieben ist. Der Fragebogen enthält alle für die erste Beurteilung des Rechtsvorgangs notwendigen Angaben; eingehende Ermittlungen sollen, soweit in wichtigen Fällen notwendig, dadurch nicht ersetzt werden.

Das Grundbuchamt hat in Fällen, in denen die Genehmigung nicht vorliegt, die Genehmigungspflicht der Auflassung des Grundstücks aber anzunehmen ist, dem Antragsteller nach § 18 GBO. entweder die Beibringung der Genehmigung oder den Nachweis der Genehmigungsfreiheit (§ 4 Abs. 1) aufzugeben; für Teilfragen kann auch die Beibringung einer Bescheinigung nach § 4 Abs. 3 gefordert werden. Bei Genehmigung unter Auflage — unten 9 — steht der Eintragung der Auflassung ein Hindernis nicht entgegen, da die Erfüllung der Auflage die Rechtswirksamkeit der Genehmigung nicht berührt. Bei bedingter Genehmigung kann die Eintragung im Grundbuch erst nach Eintritt der Bedingung erfolgen, Hopp 6 zu § 4. Wegen Eintragung eines Widerspruchs im Grundbuch vgl. § 6.

6. Genehmigungsbehörde ist die untere Verwaltungsbehörde, § 10. Diese hat vor Erteilung oder Versagung der Genehmigung den zuständigen Kreisbauernführer zu hören. Die Verletzung der Vorschrift des Abs. 5 berührt jedoch die Rechtsgültigkeit der Entscheidung nicht. Der Reichsminister legt, wie die Richtlinien hervorheben, größten Wert auf die rechtzeitige Einschaltung des

Vertreters des Reichsnährstandes, dessen Mitwirkung in landwirtschaftlichen Fragen auch in anderen Gesetzen an Ausdehnung gewinnt, Staudinger-Kiefersauer, Vorbem. 19, 23 zu § 581.

Bei forstwirtschaftlichen Grundstücken ist die zuständige Forstaufsichtsbehörde (RE. vom 7. Mai 1937 Lw.-RMBl. 1937 S. 421), bei Berührung wesentlicher fischereiwirtschaftlicher Belange in Preußen der Oberfischmeister, in den übrigen Ländern die entsprechende Stelle zu hören. (Erl. vom 25. Jan. 1938 LwRMBl. 1938 S. 85).

Wegen der Anhörung der Beteiligten vgl. 1 zu § 7.

Örtlich zuständig ist die Verwaltungsbehörde, in deren Bezirk das Grundstück liegt. Liegt eine oder liegen mehrere zu einem Grundstück gehörende Flächen in den Bezirken mehrerer Genehmigungsbehörden, so ist — abweichend vom Landesrecht — nach der zweiten ErgänzungsVO. — Vorbem. 2 — jede der Genehmigungsbehörden für die Genehmigung des ganzen Rechtsvorgangs zuständig. Hat eine zuständige Behörde entschieden, so sind spätere Entscheidungen anderer Genehmigungsbehörden unwirksam. Grundsätzlich soll die Behörde entscheiden, in deren Bezirk der größte Teil der Grundflächen liegt. Bei Beteiligung mehrerer Länder bestimmt in Zweifelsfällen der Reichsminister für Ernährung und Landwirtschaft die zuständige Behörde.

Diese Zuständigkeitsregelung gilt nicht nur für das Genehmigungsverfahren im eigentlichen Sinn, sondern auch für Entscheidungen nach § 4 und Anordnungen nach § 8 GVB. (Artikel 4 der Zweiten ErgänzungsVO.).

Das Genehmigungsverfahren nach der Grundstücksbekanntmachung kann mit Genehmigungsverfahren nach anderen Gesetzen und Verordnungen zusammentreffen. Hierfür gelten folgende Grundsätze:

a) Die nach § 4 WohnSG. erforderliche Genehmigung eines Rechtsgeschäftes darf, wenn dieses nach der GVB. genehmigungspflichtig ist, nur erteilt werden, wenn auch die Voraussetzungen für eine Genehmigung nach der GVB. gegeben sind. Eine besondere Erteilung der Genehmigung nach der GVB. ist in diesem Falle nicht notwendig (§ 4 Abs. 2 WohnSG.). Eine

Verweigerung der Genehmigung nach der GVB. hat auch Versagung der Genehmigung nach dem WohnSG. zur Folge. Die Zuweisung von Flächen, die bisher landwirtschaftlich oder forstwirtschaftlich genutzt waren, zur Verwendung für Wohnungszwecke oder industrielle Zwecke, ist lediglich nach dem WohnSG. genehmigungspflichtig, § 3 Ziff. 9 GVB. Genehmigungspflichtig ist das Rechtsgeschäft nach der GVB., wenn das Grundstück auch künftig der landwirtschaftlichen Nutzung erhalten bleiben oder wenn es einer anderen als der im Wirtschaftsplan vorgesehenen Bestimmung zugeführt werden soll. Nach § 3 Ziff. 9 Satz 2 GVB. besteht die Genehmigungspflicht unter bestimmten Voraussetzungen auch für Grundstücke, die nur teilweise im Wohnsiedlungsgebiet liegen, vgl. 10 zu § 3 GVB.

b) Das gemäß § 2 der Ersten DurchführungsVO. zum Gesetz über die Sicherung der Reichsgrenze erforderliche Genehmigungsverfahren kann mit der Notwendigkeit der Genehmigung nach der GVB. oder nach dem WohnSG. zusammentreffen. Auch für diese Fälle ist die Prüfung der Voraussetzungen nach diesen Verordnungen vorgeschrieben; nach § 2 Abs. 5 darf der Genehmigungsbescheid nur erteilt werden, wenn die Voraussetzungen nach diesen Vorschriften erfüllt sind; fehlen sie, so kann von der Erteilung des Bescheids nach der DurchfVO. zum ReichsgrenzSichG. abgesehen werden, sind sie erfüllt, so bedarf es nur eines einheitlichen Genehmigungsbescheids.

Bei Zuständigkeit mehrerer Behörden im Genehmigungsverfahren nach der GVB. und der Notwendigkeit der Genehmigung nach der DVO. ReichsgrenzSichG. ist der Genehmigungsbescheid von der nach § 9 DVO. zuständigen Behörde zu erteilen (Art. 2 Zweite ErgVO., Vorbem .2).

7. Das schuldrechtliche und das dingliche Rechtsgeschäft bedarf nach Abs. 1 der Genehmigung. In der Praxis der VRBek. wurde das Genehmigungsverfahren in der Regel auf das schuldrechtliche Rechtsgeschäft beschränkt; es wurde angenommen, daß die **Genehmigung des Verpflichtungsgeschäfts** sich auch auf das entsprechende Erfüllungsgeschäft erstrecke. Diesen Grundgedanken hat Abs. 2 ausdrücklich anerkannt; ebenso § 5 Abs. 1 AusfVO. WohnSG.; § 33 Abs. 2 EHRV.; § 2 Abs. 3 DVO. ReichsgrenzSichG.; § 1 Abs. 2 AO.

Aus Abs. 2 ist zu folgern, daß nur einer der beiden Rechtsvorgänge, z. B. beim Grundstückskauf der Kaufvertrag oder die Auflassung zur Genehmigung von den Beteiligten vorzulegen ist. Da die Auflassung aber nur den abstrakten Eigentumsübergang enthält, muß der Kaufvertrag mit vorgelegt werden, da die Entscheidung der Genehmigungsbehörde von der Kenntnis der Vertragsbedingungen, insbes. des Vertragspreises, sowie der Absichten der Vertragsteile abhängt. Die Genehmigung des abstrakten Erfüllungsgeschäfts ohne Kenntnis des Verpflichtungsgeschäfts wird deshalb praktisch wohl nicht vorkommen; wäre es der Fall, so müßte die Genehmigung des Verpflichtungsgeschäfts nachträglich herbeigeführt werden, da die Genehmigung des Erfüllungsgeschäfts nicht ohne weiteres das Verpflichtungsgeschäft erfaßt, vgl. amtl. Erl. zu § 5 Abs. 1 AusfVOzWohnSG. (RE. vom 26. Febr. 1935 RArbBl. 1936 S. I 99).

Der Grundsatz der Erstreckung der Genehmigung auf das Erfüllungsgeschäft (Abs. 2) hat weiterhin zur Folge, daß

a) die Erteilung der Genehmigung zu dem Verpflichtungsgeschäft grundsätzlich die Versagung der Genehmigung des Erfüllungsgeschäfts ausschließt; eine Ausnahme gilt nur für den Fall, daß die Grundlage des Verpflichtungsgeschäfts bei dem Erfüllungsgeschäft verlassen worden ist. Die Erfüllung muß der Verpflichtung „entsprechen".

b) die Versagung der Genehmigung zu dem Verpflichtungsgeschäft nicht unter allen Umständen die Genehmigung des Erfüllungsgeschäfts ausschließt, nämlich dann nicht, wenn beide Vertragsteile trotz Versagung der Genehmigung am Vertrag festhalten. In diesem Verhalten der Vertragsteile kann unter Umständen der Abschluß eines neuen Vertrages liegen, dessen Erfüllung von der Behörde unter neuen Gesichtspunkten genehmigt werden kann, Hopp IV 2 zu § 2.

Wegen der Notwendigkeit der Genehmigung von wesentlichen Änderungen des Verpflichtungsgeschäfts vgl. oben 4.

Das Grundbuchamt kann sich damit begnügen, daß das für die Eigentumsübertragung maßgebende Verpflichtungsgeschäft genehmigt ist, es sei denn, daß Gründe vorliegen, die die Nichtanwendung des Grundsatzes in Abs. 2 rechtfertigen. In diesem Falle kann es dem Antragsteller nach § 18 GBO. die Beibringung der Genehmigung der Auflassung oder einer Bescheinigung nach § 4 Abs. 3, daß die Auflassung der Genehmigung nicht bedürfe, aufgeben. Vgl. auch oben 5.

8. Über die Regelung der BRBek. vom 15. März 1918 hinaus ist in Abs. 3 GBB. die Veräußerung eines Grundstücks im Wege der **Zwangsversteigerung** in das Genehmigungsverfahren in der Weise einbezogen worden, daß die **Abgabe eines Gebotes** der vorherigen Erlaubnis der Genehmigungsbehörde bedarf. Zur Sicherung dieser Vorschrift hat der Versteigerungsrichter der Genehmigungsbehörde von der Terminsbestimmung nach § 37 ZVG. unverzüglich Mitteilung zu machen; auf das Erfordernis der vorherigen Einholung der Erlaubnis soll in der Terminsbestimmung hingewiesen werden und zwischen Terminsbestimmung und Versteigerungstermin soll ein ausreichend bemessener Zeitraum liegen, AV. RJM. vom 4. Febr. 1937 (DJ. 1937, 217). Verspätet eingereichte Anträge auf Erteilung der Genehmigung, die im normalen Geschäftsgang nicht rechtzeitig vor dem Versteigerungstermin erledigt werden können, müssen nicht sofort erledigt werden; die Gefahr der Verspätung trägt der Antragsteller. Nach Ablauf des Versteigerungstermins sind die Anträge dem Antragsteller als gegenstandslos zurückzugeben, LwRMBl. 1938, 468.

Genehmigungspflichtig ist die Abgabe des Gebots, nicht die Erteilung des Zuschlages. Da in der Regel mehrere Bieter für ein Grundstück vorhanden sind, erwächst aus dieser Regelung der Genehmigungsbehörde unter Umständen eine erhebliche Arbeitsbelastung, zumal nicht nur die Höhe des Gebots, sondern auch die Verhältnisse des Bieters zu prüfen sind. Auch die Interessen der als Bieter auftretenden dinglichen Gläubiger sind zu berücksichtigen, § 5 Abs. 2. Bei Abtretung des Rechts aus dem Meistgebot an einen Dritten (§ 81 Abs. 2 ZVG.) muß auch der Dritte im Besitz der Erlaubnis der Genehmigungsbehörde sein; in diesem Falle sind auch die Verhältnisse des Dritten zu prüfen.

Da die Genehmigung zur Abgabe des Gebots Voraussetzung der Rechtswirksamkeit des Gebots — oben 5 — ist, muß ein Gebot ohne die Genehmigung als unwirksames Gebot zurückgewiesen werden (§ 71 Abs. 1 ZVG.). Die Zurückweisung hat nach § 71 Abs. 2 ZVG. weiterhin — trotz etwa erteilter Genehmigung — dann zu erfolgen, wenn die Erteilung der Genehmigung dem Gericht nicht offenkundig ist oder wenn die Erteilung der Genehmigung nicht sofort (im Bietungstermin, eine spätere Nachholung ist auch nicht im Beschwerdeverfahren — v. Spreckelsen DJ. 1937, 311 — möglich) durch eine öffentlich beglaubigte Urkunde, d. h. durch den Genehmigungsbescheid nachgewiesen wird. Wegen der Zurückweisung eines offensichtlich überhöhten Gebotes vgl. 6 zu § 5.

Erteilung der Genehmigung unter Auflage (Abs. 4) ist möglich; die Auflage ist jedoch auch hier — s. unten 9 — ohne Einfluß auf das Versteigerungsverfahren. Möglich ist dagegen die Beschränkung des Gebots auf eine bestimmte Höhe (Mindestgebot, Höchstgebot) oder auf ein Gebot für das Gesamtausgebot unter Ausschluß des Einzelausgebots (§ 63 ZVG.). Die allgemeinen Vorschriften über die Mindestgröße der Grundstücke gelten auch für die Versteigerung von Teilgrundstücken durch Einzelausgebot; auch wenn hierbei die Mindestgröße für das Teilgrundstück nicht erreicht wird, kann das Gebot genehmigungspflichtig sein, wenn anzunehmen ist, daß der Beschlagnahmegläubiger alle Grundstücke versteigern lassen will, Hopp II E 2 zu § 2; von Spreckelsen DJ. 1937, 1195.

Die Erteilung des Zuschlags trotz fehlender Genehmigung des Gebots bewirkt gleichwohl den Übergang des Eigentums am Grundstück auf den Ersteigerer, wenn der Zuschlag rechtskräftig geworden ist. Die Rechtskraft des Zuschlags heilt den Mangel der Genehmigung oder der Nichtbeachtung der Beschränkung des Gebots, Riecke-v.

Manteuffel III zu § 2; Hopp II E 2 zu § 2; v. Spreckelsen DJ. 1937, 213. Die Genehmigungsbehörde kann in diesem Falle auch nicht das Grundbuchamt um Eintragung eines Widerspruchs ersuchen; § 6 Abs. 1 betrifft nur Rechtsgeschäfte, 1 zu § 6. Solange der Zuschlag nicht rechtskräftig ist, kann er wegen Nichtgenehmigung des Gebots (§ 71 ZVG.) durch Beschwerde angefochten werden.

Wegen der Sonderregelung — Zurückweisung überhöhter Gebote durch das Vollstreckungsgericht — vgl. die VO. vom 6. April 1938 (RGBl. I S. 374), oben S. 52.

9. Die Erteilung der **Genehmigung unter Auflage** ist eine rechtswirksame Erteilung der Genehmigung; die Nichterfüllung der Auflage berührt die Rechtswirksamkeit der Genehmigung und damit des Rechtsvorganges nicht. Bereits vor Erfüllung der Auflage ist der Rechtsvorgang gültig. Die Nichterfüllung der Auflage ist nach § 9 strafbar. Da die Auflage eine Beschwerung darstellt, steht dem Beteiligten trotz erteilter Genehmigung das Rechtsmittel der Beschwerde (§ 7) zu.

Von der Auflage ist die Bedingung zu unterscheiden. Die Genehmigung unter einer Bedingung verleiht dem genehmigten Rechtsvorgang die Wirksamkeit nur dann, wenn die Bedingung erfüllt; bis zu diesem Zeitpunkt erzeugt das Rechtsgeschäft trotz der Genehmigung nur eine rechtliche geschützte Anwartschaft, entbehrt also der vollen rechtsgeschäftlichen Wirksamkeit. In der GVB. ist die Erteilung der Genehmigung unter Bedingungen nicht vorgesehen; daraus zu folgern, daß eine bedingte Genehmigung unzulässig sei — so Lais S. 45; v. Spreckelsen DJ. 1937, 317 —, erscheint nicht richtig, Krautwig DNotZ. 1938, 10; wie hier anscheinend auch Hopp 6 zu § 4. Anders als bei der Genehmigung unter Auflage sind bei bedingter Genehmigung die Vertragsteile nicht ohne weiteres gehalten, die Bedingung zu erfüllen. Die Nichterfüllung der Bedingung hat aber zur Folge, daß die Genehmigung als nicht erteilt gilt; der genehmigungspflichtige Rechtsvorgang ist rechtsungültig. Es tritt also die gleiche Rechtslage ein wie bei Versagung oder Nichteinholung der Genehmigung innerhalb der Dreimonatsfrist; § 9 Abs. 1 Ziff. 1 Buchst. b ist deshalb entsprechend anzuwenden.

Bei der Genehmigung unter **Auflage** ist der Rechtsvorgang mit der Erteilung der Genehmigung **rechtswirksam**; zur Erfüllung der Auflage sind die Vertragsteile zwar verpflichtet, die Nichtbeachtung dieser nach § 9 Abs. 1 Ziff. 2 unter Strafe gestellten Verpflichtung ändert aber nichts an der Rechtswirksamkeit des genehmigten Rechtsvorganges. Wegen der Behandlung einer bedingten Genehmigung durch das Grundbuchamt vgl. oben 5.

Die Erteilung der Genehmigung unter Auflage steht nicht im freien Ermessen der Genehmigungsbehörde; die **Auflage darf nur zur Sicherung der Ziele der GVB.** (§ 5) gebraucht werden, insbes. dann, wenn „die künftige Schädlichkeit oder Unschädlichkeit des Rechtsgeschäfts im Sinne des § 5 nicht mit Sicherheit beurteilt werden kann. Die Auflage soll keinesfalls der Preis sein, den der Erwerber für die Genehmigung zahlt" (Richtlinien).

Die Auflage soll in der Regel zur Vermeidung der Gefahren im Sinne des § 5 einem der Vertragsteile eine Verpflichtung auferlegen, die den Vertragsinhalt nicht unmittelbar berührt, z. B. bei der Erlaubnis zur Abgabe des Gebots die Verpflichtung für den bietenden Bankgläubiger, das Grundstück binnen angemessener Frist an einen Bauern zu verkaufen; ein abgeholztes Waldgrundstück innerhalb bestimmter Zeit wieder aufzuforsten usw. Die Auflage an den Erwerber, einen Teil des Grundstücks für Siedlungszwecke zur Verfügung zu stellen, die sog. **Siedlungsauflage** ist nur in besonderen Ausnahmefällen zulässig, Hopp V 2 zu § 2.

Erscheint die Rechtmäßigkeit der Auflage zweifelhaft oder würde ihre Erfüllung den Inhalt des Rechtsgeschäfts **wesentlich** verschieben, so ist die **Versagung** der Genehmigung am Platze. Es ist unzulässig, z. B. durch Auflage die Herabsetzung des Kaufpreises oder die Auflassung an einen Dritten (RGZ. 126, 132) erzwingen zu wollen. Da die Nichterfüllung der Auflage die Wirksamkeit der Genehmigung nicht beeinflußt, ist die Auflage zur Erreichung dieser Ziele auch ungeeignet.

Mit Recht empfehlen die Richtlinien, **vor Erteilung der Auflage** in allen Fällen mit den Beteiligten eingehend zu verhandeln und festzustellen, ob den Beteiligten die durch die beabsichtigte Auflage etwa eintretende wesentliche Verschiebung des Inhalts des Rechtsgeschäfts und damit der Vertragsgrundlage zugemutet werden kann oder ob es nicht zweckdienlicher ist, die Genehmigung zu versagen, vgl. § 7.

Die Erteilung der Genehmigung unter Auflage ist nicht die Regel. Die Preisüberwachung und die Preisbildung bei Grundstücken ist über die Regelung des § 5 Ziff. 5 hinaus durch die Befugnisse der Preisbildungsbehörde gesichert, Kiefersauer, DWohnA. 1938, 185; vgl. aber Anm. 14, 24 zum RE. 155/37. Die Vertragsteile können vereinbaren, daß jeder Teil zum Rücktritt vom Vertrag berechtigt ist, wenn die Genehmigung unter Auflage erteilt wird. Diese Vertragsklausel ist zulässig; sie verstößt nicht gegen die GBB., Riecke-v. Manteuffel V zu § 2; a. M. Lais S. 46. Ohne solche Vereinbarung können aber die Vertragsteile bei Erteilung der Genehmigung unter Auflage nur dann vom Vertrag zurücktreten, „wenn ihnen im Hinblick auf die Auflage die Erfüllung des Vertrages nicht zugemutet werden kann". Diese Auffassung, die eine gesetzliche Regelung in Art. 1 Abs. 2 VeräußVO. erfahren hat, dürfte auch für die GBB. gelten; die Entscheidung über die Zumutbarkeit steht hier, weil es sich um den Bestand des Verhältnisses handelt, dem ordentlichen Gericht zu, Hopp V 3 zu § 2. Im Rahmen des Genehmigungsverfahrens steht es den Beteiligten frei, die Auferlegung der Auflage durch Einlegung der Beschwerde zu bekämpfen; bei Erfolglosigkeit der Beschwerde steht dem Beschwerten der ordentliche Rechtsweg zur Entscheidung über die Frage der Zumutbarkeit offen; a. M. Riecke-v. Manteuffel V zu § 2.

§ 3

(1) Die Genehmigung ist nicht erforderlich[1]

1. bei Rechtsgeschäften des Reichs, der Länder und der sonstigen öffentlichen Gebietskörperschaften und ihrer Zweckverbände[2],

2. bei Rechtsgeschäften der Nationalsozialistischen Deutschen Arbeiterpartei[3],
3. bei Rechtsgeschäften der Deutschen Reichsbahn und des Unternehmens „Reichsautobahnen"[4],
4. bei Rechtsgeschäften, die nach anderen Vorschriften der Genehmigung eines Reichsministers oder einer obersten Landesbehörde bedürfen und diese erhalten haben[5],
5. bei Rechtsgeschäften zwischen Ehegatten oder Personen, die untereinander in gerader Linie verwandt oder verschwägert oder in der Seitenlinie im zweiten Grade verwandt sind, sofern es sich nicht um die Veräußerung eines Grundstücks handelt[6],
6. bei Rechtsgeschäften, die der Durchführung eines Verfahrens zur Neubildung deutschen Bauerntums (Neusiedlungs- oder Anliegersiedlungsverfahren) auf Grund des Reichssiedlungsgesetzes vom 11. August 1919 (RGBl. S. 1429) und des Gesetzes über die Neubildung deutschen Bauerntums vom 14. Juli 1933 (RGBl. I S. 517) dienen[7],
7. bei Rechtsgeschäften, die der Errichtung von Kleinsiedlungen nach den hierfür geltenden Bestimmungen des Reichs dienen[8],
8. bei Rechtsgeschäften, die der Errichtung von Kleinwohnungen oder Kleingärten durch eine öffentlich-rechtliche Körperschaft oder ein gemeinnütziges Wohnungs- oder Kleingartenunternehmen dienen[9],
9. wenn ein Grundstück innerhalb einer Fläche, die in einem auf gesetzlicher Grundlage beruhen-

den Verfahren für andere als land- und forstwirtschaftliche Zwecke bestimmt ist, Gegenstand des Rechtsgeschäfts ist und das Rechtsgeschäft diesem anderen Zweck dient. Die Genehmigung ist jedoch erforderlich, wenn das Grundstück nur teilweise innerhalb der Fläche liegt und der außerhalb der Fläche liegende Grundstücksteil einen Umfang von 2 ha und mehr hat[10],

10. wenn das Grundstück zu einem Erbhof gehört[11],
11. wenn das Rechtsgeschäft mit Ermächtigung der Fideikommißbehörde vorgenommen oder von dieser genehmigt oder bestätigt ist[12].

(2) Abs. 1 gilt sinngemäß für Gebote im Zwangsversteigerungsverfahren (§ 2 Abs. 3).

1. Die Befreiung von der Genehmigungspflicht umfaßt alle Rechtsgeschäfte der in § 2 Abs. 1 bezeichneten Art und (Abs. 2) die Abgabe von Geboten im Zwangsversteigerungsverfahren. Zweifel über die Anwendung des § 3 entscheidet gemäß § 4 die zuständige Genehmigungsbehörde. Bei Rechtsgeschäften, die mit Rücksicht auf den Träger des Geschäfts befreit sind, z. B. in Ziffer 1, 2, 3, 5 genügt es, daß einer der beiden Vertragsteile zu diesen Trägern zählt.

Die Befreiung in Ziff. 1 bis 4, 11 ist erfolgt, weil die Berücksichtigung der mit der GVB. verfolgten Ziele für die befreiten Stellen selbstverständlich sein muß. Durch den RE. des RuPrMfEuL. vom 26. Jan. 1937, LwRMBl. S. 89, sind diese Stellen angewiesen, „bei der Entscheidung über die Billigung oder Durchführung des Rechtsgeschäfts stets auch zu prüfen, ob aus den Gründen der GVB. die Genehmigung zu versagen oder von der Durchführung des Rechtsgeschäfts abzusehen ist".

2. Verbandskörperschaften und öffentliche Anstalten, z. B. Kirchen, Orden, Kreditinstitute, Versicherungsanstalten, Stiftungen, sind nicht mehr befreit.

3. Befreit sind auch die Gliederungen der Partei (SA., SS., NSKK., NSFK., NS.-Studentenbund, NS.-Dozentenbund, NS.-Frauenschaft), nicht aber die ihr angeschlossenen Verbände, z. B. NS.-Lehrerbund, NS.-Volkswohlfahrt, vgl. DVO. zum Gesetz zur Sicherung der Einheit von Partei und Staat vom 29. März/5. Dez. 1935, RGBl. I S. 502, 1523.

4. Die Deutsche Reichsbahn ist als Reichsbehörde — Gesetz vom 10. Febr. 1937, RGBl. II S. 47 — von der Genehmigungspflicht gemäß Ziff. 1 befreit. Das Unternehmen „Reichsautobahnen" ist bereits durch Art. 2 Abs. 1 der Ersten ErgVO. — Vorbem. 2 — vom Genehmigungszwang ausgenommen; vgl. auch das Gesetz vom 27. Juni 1933 (RGlB. II S. 509) mit Änderungen vom 18. Dez. 1933 (RGBl. I S. 1081), 14. Mai 1936 (RGBl. I S. 440) und 1. Juni 1938 (RGBl. II S. 207) sowie die DVO. vom 7. Aug. 1933 (RGBl. I S. 521), 8. März 1935 (RGBl. II S. 177) und 1. Juni 1938 (RGBl. II S. 208).

5. Nur die Erteilung der Genehmigung durch den Reichsminister oder eine oberste Landesbehörde befreit von der Genehmigung nach der GVB. Diese Vorschrift findet nach Art. 1 der Ersten ErgVO. — Vorbem. 2 — keine Anwendung für eine Genehmigung nach der VeräußVO.; hier sind zur Wirksamkeit der Veräußerung zwei Genehmigungen notwendig. Wird auch nur eine Genehmigung versagt, so ist das Rechtsgeschäft unwirksam, auch wenn die andere Genehmigung erteilt ist.

6. Die Befreiung gilt nicht für Grundstücksveräußerungen, die auch zwischen Ehegatten und Verwandten stets genehmigungspflichtig sind, z. B. Übergabeverträge. In Betracht kommen für die Befreiung nach Ziff. 5 hauptsächlich Pachtverträge und Nießbrauchbestellungen. Verwandtschafts- und Schwägerschaftsverhältnis (§§ 1589, 1590 BGB.) besteht nur bei natürlichen Personen. Die Richtlinien des RuPrMfEuL. führen aus:

„Wenn auch durch die Ziffer 5 des Absatzes 1 sämtliche Rechtsgeschäfte zwischen Ehegatten und Verwandten, sofern es sich um die Veräußerung eines Grundstücks handelt, genehmigungspflichtig geworden sind, so ist damit nicht beabsichtigt, in die sog. Übergabeverträge, d. h.

in die Verträge, die im Wege der vorweggenommenen Erbfolge den landwirtschaftlichen Betrieb geschlossen in die Hand des Ehegatten oder eines Verwandten überführen, einzugreifen. Der Übergabevertrag wird also in der Regel ohne große Ermittlungen zu genehmigen sein. Die Genehmigung wird aber in all den Fällen zu versagen sein, in denen die Auseinandersetzung über ein land- oder forstwirtschaftliches Grundstück ohne Rücksicht auf die Grundgedanken des Erbhofrechts durchgeführt wird." Es können also Rechtsgeschäfte nicht genehmigt werden, die eine bevorstehende Erbhofbildung zerschlagen. Dazu führt der RE. des RuPrMfEuL. vom 31. Jan. 1938 (abgedruckt im Anhang Nr. 4) aus: „Es ist davon auszugehen, daß Auseinandersetzungen unter nahen Verwandten so wenig wie möglich beanstandet werden. Dort jedoch, wo eine sinnwidrige Zerschlagung eines bereits gefestigten landwirtschaftlichen Betriebs (schutzbedürftiger Betrieb) erfolgen soll, muß die Genehmigung versagt werden. Schutzbedürftige Betriebe sind selbständige landwirtschaftliche Betriebe, die vor der Erreichung der Ackernahrung stehen und deren Auffüllung auf Erbhofgröße herbeigeführt werden kann."

7. Wegen der Genehmigung (ohne Auflage) der Rechtsgeschäfte der Deutschen Siedlungsbank vgl. RE. vom 17. April 1937, LwRMBl. 1937 S. 341. Ähnliche Bestimmungen treffen die Richtlinien des RuPrMfEuL. für die Reichsumsiedlungsgesellschaft m. b. H. Berlin.

8. Dritte VO. des Reichspräsidenten zur Sicherung von Wirtschaft und Finanzen und zur Bekämpfung politischer Ausschreitungen vom 6. Okt. 1931 (RGBl. I S. 537, 551), Vierter Teil, Kapitel II mit den Änderungen der VO. vom 26. Febr. 1938 (RGBl. I S. 233); VO. zur vorstädtischen Kleinsiedlung und Bereitstellung von Kleingärten i. d. F. vom 15. Jan. 1937 (RGBl. I S. 17); VO. über die weitere Förderung der Kleinsiedlung vom 19. Febr. 1935 (RGBl. I S. 341).

9. Kleingarten- und Kleinpachtlandordnung vom 31. Juli 1919 (RGBl. S. 1371) und 26. Juni 1935 (RGBl. I S. 809), dazu Staudinger-Kiefersauer, Vorbem. 9 zu § 581. BO.

zur Behebung der dringendsten Wohnungsnot vom 9. Dez. 1919 (RGBl. S. 1968).

10. Hierher zählt die Aufstellung von Baustufenplänen, Fluchtlinienplänen und insbes. von Wirtschaftsplänen im Sinne des WohnSG., vgl. dazu 6 zu § 2 GBB. Die Genehmigungspflicht nach der GBB. besteht jedoch für Rechtsgeschäfte über ein Grundstück, das nur teilweise im Wohnsiedlungsgebiet liegt, sofern der außerhalb des Wohnsiedlungsgebiets liegende Grundstücksteil die im Bezirk geltende Mindestgröße — § 2 AusfBO. vom 22. April 1937, 4 zu § 1 — erreicht oder übersteigt (Satz 2).

11. Bei Rechtsgeschäften über Erbhofgrundstücke war neben der Genehmigung des Anerbengerichts auch noch die Genehmigung nach der BRBek. notwendig, RGZ. 149, 81. Die Erbhofrechtsverordnung vom 21. Dez. 1936 beseitigte die Doppelgenehmigung (§ 34 Abs. 1). Ziff. 10 entspricht dieser bereits gegebenen Rechtslage. Wegen der Anwendung des § 8 vgl. 2 zu § 8.

12. Vgl. RE. des RJM. vom 5. März 1937 an die Fideikommißsenate bei den Oberlandesgerichten, Riecke-v. Manteuffel S. 56.

§ 4

(1) Ob die Genehmigung nach dieser Bekanntmachung erforderlich ist, entscheidet die Genehmigungsbehörde[1]. Die Entscheidung ist für Gerichte und Verwaltungsbehörden bindend[2].

(2) Die Genehmigungsbehörde hat auf Antrag ein Zeugnis[3] darüber zu erteilen, daß die Genehmigung nicht erforderlich ist.

(3) Der Nachweis dafür, daß die Voraussetzungen des § 3 Abs. 1 Ziffern 6 bis 9 gegeben sind, und der Nachweis dafür, daß es sich nicht um ein landwirtschaftliches oder forstwirtschaftliches Grundstück handelt, soweit das beim Grundbuchamt nicht offenkundig ist, ist durch eine Bescheinigung[4] der Genehmigungsbehörde zu führen.

1. Aufgabe der Genehmigungsbehörde ist es in der Regel zu entscheiden, ob eine beantragte Genehmigung zu einem Rechtsgeschäft (§ 2 Abs. 1) oder zur Abgabe eines Gebots (§ 2 Abs. 3) erteilt oder versagt wird. § 4 Abs. 1 überträgt der Genehmigungsbehörde (§ 10) darüber hinaus die **Entscheidung** über die **Notwendigkeit der Genehmigung** überhaupt. Die Genehmigungspflicht erfordert nach § 1 das Vorhandensein eines land- oder forstwirtschaftlichen Grundstücks bestimmter Mindestgröße, das Vorliegen eines Rechtsgeschäfts der in § 2 Abs. 1 bezeichneten Art, das Nichtvorhandensein eines der in § 3 bezeichneten Befreiungsgrundes. Zweifel in dieser Richtung auszuräumen — und zwar **mit bindender Kraft für Gerichte und Verwaltungsbehörden** — ist die in Abs. 1 der Genehmigungsbehörde zugewiesene Aufgabe. Über den Rechtsbestand von Verträgen, über Eigentumsverhältnisse usw. haben nicht die Genehmigungsbehörden, sondern die ordentlichen Gerichte zu befinden. Vgl. hierher Art. 2 Abs. 1 der VeräußV.

Die Entscheidung nach Abs. 1 erfolgt auf Antrag oder von Amts wegen; in Zweifelsfällen kann z. B. das Grundbuchamt den Beteiligten nach § 18 GBO. die Beibringung der Entscheidung der Genehmigungsbehörde nach Abs. 1 aufgeben, sofern es sich mit der Bescheinigung nach Abs. 3 nicht zufrieden gibt. Vor Abschluß des Rechtsgeschäfts kann die Genehmigungsbehörde nur eine unverbindliche Auskunft erteilen, 5 zu § 2; diese Auskunft bindet weder die Genehmigungsbehörde selbst noch die Gerichte und Verwaltungsbehörden, Zeugnis oder Bescheinigung kann hierüber nicht ausgestellt werden (Abs. 2, 3); eine Verpflichtung zur Auskunfterteilung besteht für die Genehmigungsbehörde nicht. Die Entscheidung nach Abs. 1 kann der Entscheidung über Versagung oder Erteilung der Genehmigung vorausgehen, also gleichsam nur eine Vorentscheidung darstellen. Umgekehrt kann bei Versagung der Genehmigung nachträglich noch eine Entscheidung nach Abs. 1 notwendig werden, wenn keine Anhaltspunkte dafür vorliegen, daß die Frage der Genehmigungspflicht geprüft worden ist.

Die **Entscheidung** nach Abs. 1 kann nur im Rahmen

der GBB. getroffen werden; nicht genehmigungspflichtige Rechtsgeschäfte können nicht durch eine Entscheidung nach Abs. 1 einer Genehmigungspflicht unterworfen werden (Richtlinien). Begründung der Entscheidung ist erforderlich, Anhörung des Kreisbauernführers ist zweckmäßig. Die Entscheidung nach Abs. 1 ist nicht mit der Beschwerde anfechtbar. Dem steht nicht entgegen, daß bei Beschwerde gegen die Versagung der Genehmigung nach § 2 die Beschwerdeinstanz selbst Entscheidung nach Abs. 1 trifft, Riecke-v. Manteuffel II 3 zu § 4.

2. Die **bindende Wirkung** der Entscheidung nach Abs. 1 verpflichtet alle Behörden (auch das Vollstreckungsgericht, 8 zu § 2), die durch die Entscheidung geklärte Rechtslage anzuerkennen; eine Nachprüfung der Entscheidung ist auch dann nicht als zulässig zu erachten, wenn sie offenbar auf einem Rechtsirrtum beruht. Die Genehmigungsbehörde ist selbst an ihre Entscheidung gebunden und nicht befugt, diese Entscheidung abzuändern, wenn sie den Beteiligten bereits zugestellt ist, es sei denn, daß eine bewußte Täuschung durch die Beteiligten vorliegt, 5 zu § 2; Riecke-v. Manteuffel IV zu § 7.

3. Die Erteilung des **Zeugnisses** nach Abs. 2 setzt eine Entscheidung nach Abs. 1 voraus, worin festgestellt ist, daß ein bestimmtes Rechtsgeschäft der Genehmigung nicht bedarf. Wird die Genehmigungspflicht bejaht, so kommt nicht die Erteilung eines Zeugnisses, sondern nur die Entscheidung über die Genehmigung selbst in Frage, wenn Antrag hierauf gestellt ist.

4. Die **Bescheinigung** für das Grundbuchamt nach Abs. 3 setzt keine Entscheidung nach Abs. 1 voraus, dient vielmehr nur dem Nachweis bestimmter Tatsachen im Grundbuchverkehr. Dadurch soll dem Grundbuchamt die Nachprüfung der in Abs. 3 bezeichneten Voraussetzungen erspart werden. Hält das Grundbuchamt aber entgegen der Bescheinigung z. B. das Grundstück nicht für ein landwirtschaftliches, so muß eine Entscheidung nach Abs. 1 herbeigeführt werden, die dann den Grundbuchrichter bindet, s. oben 1 Abs. 2.

Auch das Versteigerungsgericht kann — zweckmäßigerweise vor der Anberaumung des Versteigerungstermins, vgl. 8 zu § 2 — eine Bescheinigung nach Abs. 3 von der Genehmigungsbehörde verlangen oder die Beibringung der Bescheinigung dem betreibenden Gläubiger aufgeben.

§ 5

(1) Die Genehmigung darf[1] nur versagt werden, wenn der Ausführung des Rechtsgeschäfts ein erhebliches öffentliches Interesse entgegensteht; dies kann insbesondere der Fall sein, wenn

1. durch die Ausführung des Rechtsgeschäfts die ordnungsmäßige Bewirtschaftung des Grundstücks zum Schaden der Volksernährung gefährdet erscheint[2],
   oder
2. das zum Betriebe der Landwirtschaft bestimmte Grundstück an jemanden überlassen wird, der nicht als Landwirt im Hauptberuf anzusehen ist[3],
   oder
3. das Rechtsgeschäft zum Zwecke oder in Ausführung einer unwirtschaftlichen Zerschlagung des Grundstücks erfolgt[4],
   oder
4. durch die Ausführung des Rechtsgeschäfts die Aufhebung der wirtschaftlichen Selbständigkeit eines landwirtschaftlichen Betriebs durch Vereinigung mit einem anderen zu besorgen ist[5],
   oder
5. der Gegenwert in einem groben Mißverhältnis zum Wert des Grundstücks steht[6].

(2) Bei der Veräußerung im Wege der Zwangsversteigerung (§ 2 Abs. 3) sind die Vorschriften des

Absatzes 1 sinngemäß anzuwenden mit der Maßgabe[7], daß bei der Entscheidung über die Erteilung der Genehmigung zu dem Gebot eines dinglich Berechtigten auch seine Belange als dinglicher Gläubiger angemessen zu berücksichtigen sind.

1. Die Erteilung der Genehmigung — gegebenenfalls unter Auflage — bildet die Regel. Die Versagung setzt **Verletzung oder Gefährdung eines erheblichen öffentlichen Interesses** voraus. Diese Feststellung genügt zur Versagung, auch wenn keiner der Fälle Ziff. 1 bis 5 vorliegt. Andererseits muß diese Voraussetzung auch in den als Beispielen aufgeführten Fällen der Ziff. 1—5 erfüllt sein, wenn die Genehmigung versagt werden will. Steht der Ausführung des Rechtsgeschäfts ein erhebliches öffentliches Interesse entgegen, dann muß die Genehmigung versagt werden. Die unter Verletzung dieser Amtspflicht durch die Genehmigungsbehörde gleichwohl erteilte Genehmigung ist rechtsgültig und macht das Rechtsgeschäft rechtswirksam, 5 zu § 2.

Nur die Verletzung oder Gefährdung eines erheblichen öffentlichen Interesses rechtfertigt die Versagung der Genehmigung; geringfügige Nachteile sind nicht zu beanstanden. Das öffentliche Interesse wird bestimmt durch die Grundsätze nationalsozialistischer Bodenpolitik, mögen sie in der Agrargesetzgebung bereits verwirklicht (Staudinger-Kiefersauer, Vorbem. 16 zu § 581) oder als Forderungen zum deutschen Bodenrecht von der NSDAP. aufgestellt sein (Hopp IV zu § 5). Darüber hinaus müssen aber die allgemeinen Gesichtspunkte nationalsozialistischen Rechtsdenkens, z. B. die Verpflichtung des Eigentümers zur Bewirtschaftung und Nutzung des Bodens im Interesse der Volksgemeinschaft, die Eingliederung des Einzelnen in diese Gemeinschaft, Berücksichtigung finden, Staudinger-Kiefersauer, Vorbem. 1 zu § 535. Ganz besondere Bedeutung kommt der rassepolitischen Zielsetzung der NSDAP. zu; der deutsche Grund und Boden soll künftig nur den deutschen Volksgenossen zur Verfügung stehen; Nichtarier sind von seinem Besitz und seiner Nutzung auszuschließen, vgl. 1 zu § 2 PBG. Wer für einen Juden ein Rechtsgeschäft schließt und dabei unter Irreführung des anderen Teils die Tatsache, daß er für einen Juden tätig ist, verschweigt, wird grundsätzlich mit Zuchthaus bestraft, § 2 der VO. gegen die Unterstützung der Tarnung jüdischer Gewerbebetriebe vom 22. April 1938 (RGBl. I S. 404). In der Regel ist auch die Veräußerung oder Überlassung an Ausländer und Staatenlose nicht zu genehmigen.

Abs. 1 gibt für den Vollzug der Generalklausel Hauptbeispiele; über die Erweiterung der für die Anwendung des Abs. 1 maßgebenden Gesichtspunkte wird in den „Richtlinien" ausgeführt: „Außer bei Zutreffen eines der fünf Gründe kann das öffentliche Interesse z. B. erheblich verletzt werden, wenn das Rechtsgeschäft wesentliche staats- und rassepolitische Gesichtspunkte verletzt, oder wenn durch das Rechtsgeschäft eine bevorstehende Erbhofbildung zerschlagen wird, oder wenn durch den Verkauf eines größeren Grundstücks die für eine Dorfgemeinschaft wesentliche Neubildung von Erbhöfen im Wege der Anliegersiedlung auf lange Sicht unmöglich gemacht wird, oder wenn ein Landwirt, der bereits über mehrere Güter verfügt, weitere land- oder forstwirtschaftliche Grundstücke zu erwerben beabsichtigt. Selbstverständlich sind noch andere Beispiele für Rechtsgeschäfte, die das öffentliche Interesse erheblich verletzen, denkbar. Liegen die in den 5 Ziffern aufgeführten Versagungsgründe nicht vor, so soll eine Versagung auf Grund der Generalklausel auf die Fälle beschränkt sein, die ihre Anwendung zwingend fordern." Die Feststellung der Verletzung oder Gefährdung eines erheblichen öffentlichen Interesses erfordert immer eine eingehende Prüfung des Einzelfalles. Bei der Prüfung der Persönlichkeit des Antragstellers oder sonstigen Beteiligten sind aber nicht zu strenge Anforderungen an das berufsmäßige Können des Bauern zu stellen; für die Bewirtschaftung landwirtschaftlicher Güter kann — vom Neubauernschein des Siedlers beim Erwerb einer Neubauernstelle abgesehen — der an sich wünschenswerte (Kiefersauer, Grundstücksmiete II, 240) Befähigungsnachweis auch nicht im Rahmen des Genehmigungsverfahrens gefordert werden.

Die **positive Lenkung** des Grundstückverkehrs zur Erreichung bodenpolitisch erstrebenswerter Ziele ist grundsätzlich nicht Aufgabe der Genehmigungsbehörde; auch die Genehmigung unter Auflage kommt hiefür grundsätzlich nicht in Frage, 9 zu § 2. Nur die Verhinderung einer Verletzung oder Gefährdung eines erheblichen öffentlichen Interesses ist Aufgabe der Genehmigungsbehörde. Die Abgrenzung dieses Aufgabenbereichs wird im einzelnen Falle vielfach schwierig sein, vgl. Hopp, Riecke-v. Manteuffel, Lais zu § 5.

2. Die **Gefährdung der ordnungsmäßigen Bewirtschaftung** zum Schaden der Volksernährung kann sich aus der Person des Erwerbers (Pächters) ergeben, z. B. bei mangelnder Charakterfestigkeit, bei ungenügenden wirtschaftlichen Kenntnissen und Fähigkeiten, mangelndem sozialen Verständnis für Gefolgschaftsmitglieder, mangelndem Betriebskapital; in letzterer Hinsicht sind auch die Zahlungsbedingungen des Rechtsgeschäfts zu prüfen, da unerträgliche finanzielle Verpflichtungen mittelbar die Bewirtschaftung des Grundstücks gefährden. Wesentlich sind auch die Absichten des Erwerbers (Pächters), z. B. bei Änderung der Betriebsart, Aufgabe der bisherigen landwirtschaftlichen Nutzung (Parkanlage); wichtig ist die gesamte Einstellung des Erwerbers (Pächters) zu den Erfordernissen der Erzeugungsschlacht und zu den Anforderungen, die im Interesse der Sicherung der Volksernährung an die Bewirtschaftung landwirtschaftlicher Betriebe und Grundstücke gestellt werden müssen, vgl. VO. zur Sicherung der Landbewirtschaftung vom 23. März 1937 (RGBl. I S. 422), Staudinger-Kiefersauer, Vorbem. 21 zu § 581. Da nur der Schutz der Volksernährung in Frage steht, dürfte Ziff. 1 für forstwirtschaftliche Grundstücke nicht zur Anwendung zu bringen sein.

3. **Der Erwerb durch Nichtlandwirte.** § 3 Ziff. 2 BRBek. untersagte die Überlassung an jemand, der die Landwirtschaft nicht im Hauptberuf ausübt oder früher ausgeübt hat. Durch die Änderung der Fassung ist es möglich, den Erwerb auch durch solche Personen zu verhindern, die zwar vor langer Zeit den Beruf als Landwirt ausgeübt haben, inzwischen aber durch Berufswechsel u. a. dieser

Tätigkeit entfrembet sind. Ziff. 2 will also in erster Linie den Erwerb landwirtschaftlicher Grundstücke durch Angehörige anderer Berufe verhindern; insbes. soll die kapitalistische Nutzung des Landes unmöglich gemacht werden. Die Richtlinien bemerken: „Die Ziffer 2 des Absatzes 1 stellt einen selbständigen, ohne Zusammenhang mit der Ziffer 1 stehenden Versagungsgrund dar, d. h. auch wenn durch die Überlassung eines zum Betriebe der Landwirtschaft bestimmten Grundstücks an einen Nichtlandwirt die Volksernährung nicht gefährdet erscheint, ist in der Regel die Genehmigung aus grundsätzlichen Erwägungen zu versagen, da der landwirtschaftlich genutzte Grund und Boden in die Hand des Bauern und Landwirts gehört. Nur in den Fällen, in denen beim Vorliegen schlechter Bodenverhältnisse auf Grund des wirtschaftlichen Zustandes des Grundstücks ein mit normalen Geldmitteln ausgestatteter Landwirt sein Fortkommen nicht finden dürfte, kann die Genehmigung auch trotz des Vorliegens des Versagungsgrundes der Ziffer 2 erteilt werden, sofern der Nichtlandwirt die blutmäßigen und charakterlichen Voraussetzungen, die an einen Bewirtschafter deutschen Grund und Bodens zu stellen sind, erfüllt. Eine derartige Genehmigung wird aber immer zu den großen Ausnahmen zu rechnen haben." Genehmigt werden kann unter Umständen der Erwerb eines landwirtschaftlichen Betriebes für den in der Ausbildung begriffenen Sohn; die Übertragung der Grundstücke an den Sohn ist durch Auflage zu sichern. Die Ausübung der Bewirtschaftung mehrerer Güter durch einen eigenen Verwalter schließt die Annahme der Berufsausübung des Eigentümers als Landwirt im Hauptberuf nicht ohne weiteres aus; dabei ist aber zu beachten, daß eine weitere Vermehrung landwirtschaftlichen Großgrundbesitzes nach agrarpolitischen Grundsätzen unerwünscht ist, Riecke-v. Manteuffel II 2c, III 2 zu § 5.

4. Unwirtschaftliche Zerschlagung im Gegensatz zu einer wirtschaftlichen Aufteilung des Grundbesitzes etwa in den Fällen des § 3 Abs. 2 Ziff. 6—8. „Unwirtschaftlich" ist im Sinne volkswirtschaftlichen Denkens zu verstehen; privatwirtschaftlich kann unter Umständen eine „unwirtschaftliche" Zerschlagung gerechtfertigt sein. Ziff. 3 gilt auch für die Verpachtung in kleine Parzellen. Als Grundsatz ordentlicher Bewirtschaftung gilt die Sicherung der Ackernahrung für den Einzelnen und die Verhinderung jeder Schwächung der landwirtschaftlichen Erzeugungsleistung; die Grundsätze des Erbhofrechts sind im Rahmen der GBB. im allgemeinen nicht zu verwirklichen, Hopp VI 3 zu § 5.

5. Aufhebung der Selbständigkeit eines landwirtschaftlichen Betriebs. Die Vergrößerung des Besitzes, an sich in der Regel (s. aber oben 3) erwünscht, darf niemals auf Kosten der Selbständigkeit anderer Betriebe erfolgen, da die Erhaltung einer möglichst großen Zahl kleinerer und mittlerer Bauernhöfe agrarpolitisch erwünscht ist. Der Großbetrieb muß immer in einem gesunden Verhältnis zum Mittel- und Kleinbetrieb stehen. Nur lebensfähige Betriebe sollen geschützt werden. Möglich ist aber auch Genehmigung unter der Auflage, daß die Selbständigkeit des neuerworbenen Besitzes erhalten bleibt.

6. Mißverhältnis zwischen Wert und Preis ist Versagungsgrund, wenn ein grobes Mißverhältnis vorliegt; wucherische Ausbeutung der Notlage des Veräußerers (§ 3 Ziff. 5 BRBek.) ist nicht erforderlich. Zweck der Vorschrift ist die Ausschaltung der Bodenspekulation und die Anbahnung eines Bodenpreises, der mit der Ertragsfähigkeit des Bodens in Einklang steht. Der „Wert" des Grundstücks ist daher grundsätzlich nicht der heute geltende Verkehrswert, sondern der Ertragswert, d. h. „der Wert, den ein Grundstück als landwirtschaftliche Nutzfläche besitzt", vgl. Anordnung des Reichsnährstandes vom 2. März 1937 (Riecke-v. Manteuffel S. 170), den RE. „Die Schätzung der Grundstücke im Umlegungsverfahren" vom 25. April 1938 Lw.-RMBl. 1938 S. 421 sowie 28 zu RE. 155/37.

Die Vorschrift gilt für Pachtverträge ebenso wie für Grundstücksveräußerungsgeschäfte. Stellt die Genehmigungsbehörde ein grobes Mißverhältnis zwischen Wert und Preis fest, hält sie im übrigen aber das Rechtsgeschäft für genehmigungsfähig, so wird sie vor der Entscheidung die Beteiligten auf ihre Auffassung hinweisen und ihnen Gelegenheit geben, die Vertragsvereinbarung nach der beanstandeten Richtung abzuändern. Geschieht dies nicht, empfiehlt sich Versagung der Genehmigung, nicht aber Genehmigung unter Auflage, 9 zu § 2. Die Genehmigungsbehörde ist nicht befugt, von sich aus den Vertragspreis abzuändern.

Über den Rahmen der Regelung in Ziff. 5 hinaus ist die untere Verwaltungsbehörde als Preisbildungsbehörde bei Grundstücken und bei Pachten zur Preisüberwachung und Preisbildung zuständig, oben S. 29. Die Genehmigung unter Auflage empfiehlt sich auch hier nicht, vgl. die in Anm. 14 zum RE. 155/37 erwähnte grundsätzliche Entscheidung des RfP. Das öffentliche Interesse beschränkt sich hier regelmäßig darauf, die Durchführung des Vertrages zu dem beanstandeten Preise zu verhindern. Dies geschieht am zweckmäßigsten dadurch, daß die Genehmigung seitens der Preisbildungsbehörde versagt wird oder daß, soweit eine Genehmigungspflicht nicht besteht, die Durchführung zu dem unzulässigen Kaufpreis verboten wird. In Ausnahmefällen gestattet der RfP. unmittelbaren Eingriff, vgl. 2 zu § 2 PBG.

Bei Zwangsversteigerung eines Grundstücks hat das Vollstreckungsgericht Gebote zurückzuweisen, die offensichtlich den Betrag überschreiten, zu dem der Bieter das zur Versteigerung stehende Grundstück nach den über die Preisbildung erlassenen Vorschriften käuflich erwerben könnte, VO. über die Zurückweisung von Geboten in der Zwangsversteigerung vom 6. April 1938, oben S. 52.

7. Die sinngemäße Anwendung des Abs. 1 auf die Entscheidung über die Genehmigung zur **Abgabe eines Gebotes** bei Zwangsversteigerung (8 zu § 2) erfordert Versagung, wenn Nichtarier und unter Umständen Ausländer oder Nichtlandwirte den Erwerb von Grundstücken im Wege der Zwangsversteigerung zu Zwecken der Kapitalanlage oder aus Liebhaberei anstreben. Die Gefahr unwirtschaftlicher Zerschlagung des Grundbesitzes ist bei Teilausgeboten gegeben, weshalb unter Umständen die Beschränkung auf das Gesamtausgebot (§ 63 ZVG.) zweckmäßig ist. Die Beschränkung des Gebots auf einen Höchstbetrag ist ein wirksames Mittel zur Verhinderung unangemessen hoher Preise. Auch durch die Auswahl der Bieter kann einer zu befürchtenden unerwünschten Preistreiberei vorgebeugt werden. Die Genehmigungsbehörde wird aber immer zu prüfen haben, ob nicht durch die Beschränkung zum Schaden des Eigentümers der Grundstückspreis gedrückt wird. Abs. 2 legt ihr auch die Pflicht auf, die Belange der dinglichen Gläubiger angemessen zu berücksichtigen. Hierzu bemerken die Richtlinien (Fassung vom 25. Mai 1937 LwRMBl. 1937 S. 464): „Das bedeutet nicht, daß die Genehmigung zur Abgabe des Gebots einem dinglichen Gläubiger in jedem Falle erteilt werden muß. Die Genehmigung muß nach besonders gewissenhafter Prüfung auch in diesen Fällen versagt werden, wenn durch Abgabe des Gebots ein erhebliches öffentliches Interesse verletzt wird. Diese Gefahr wird nicht vorliegen und daher ist auch die Genehmigung zu erteilen, wenn unter staatlicher Aufsicht stehende Grundkreditanstalten und Sparkassen das Grundstück zur Sicherung ihrer dinglichen Belastung ersteigern wollen. Gegebenenfalls kann ein Verbleiben des Grundstücks in der Hand des Kreditinstituts durch die Auflage einer in angemessener Frist vorzunehmenden Weiterveräußerung verhindert werden." Wegen der Zurückweisung preistreibender Gebote durch das Vollstreckungsgericht vgl. oben 6.

§ 6

(1) Ist im Grundbuch auf Grund eines nicht genehmigten Rechtsgeschäfts eine Rechtsänderung eingetragen, so kann die zuständige Behörde, falls nach ihrem Ermessen die Genehmigung erforderlich war, das Grundbuchamt um die Eintragung eines Widerspruchs[1] ersuchen. § 53 Abs. 1 der Grundbuchordnung in der Fassung vom 5. August 1935 (RGBl. I S. 1073) bleibt unberührt.

(2) Ein nach Abs. 1 eingetragener Widerspruch ist zu löschen[2], wenn die zuständige Behörde darum ersucht oder wenn die Genehmigung erteilt ist.

1. Das Grundbuch ist unrichtig, wenn eine Eintragung unter Verletzung gesetzlicher Vorschriften erfolgt ist.

Dies ist der Fall, wenn ein nach der GBB. genehmigungspflichtiger Rechtsvorgang die Genehmigung nicht gefunden hat; der Eigentumsübergang hat trotz Eintragung im Grundbuch nicht stattgefunden. Stellt der Grundbuchrichter selbst die Unrichtigkeit des Grundbuchs nachträglich fest, so hat er von Amts wegen nach § 53 Abs. 1 Satz 1 GBO. einen Widerspruch einzutragen; diese Verpflichtung ist nach Abs. 1 Satz 2 aufrechterhalten.

Darüber hinaus gibt § 6 der Genehmigungsbehörde das Recht, das Grundbuchamt um **Eintragung eines Widerspruchs** (zugunsten des wirklichen Eigentümers des Grundstücks) zu ersuchen, wenn die Grundbucheintragung auf Grund eines nichtgenehmigten Rechtsgeschäfts erfolgt ist. Dieses Recht ist von besonderer Bedeutung in Fällen, in denen das Grundbuchamt die Genehmigungspflicht des Rechtsgeschäfts verneint, die Genehmigungsbehörde sie bejaht (§ 4). Lehnt das Grundbuchamt das Ersuchen ab, so steht der Genehmigungsbehörde die Beschwerde zum Landgericht zu, die an keine Frist gebunden ist §§ 71, 72 GBO.; weitere Beschwerde ist im Rahmen des § 78 GBO. zum Kammergericht bzw. in Bayern zum OLG. München zulässig. Die Beteiligten haben kein Beschwerderecht; sie können die Eintragung des Widerspruchs weder durch Beschwerde nach § 7 GBB. noch durch Beschwerde nach § 71 Abs. 2 GBO. (vgl. KG. JW. 1925, 1779) beanstanden, sie haben nur die Möglichkeit, entweder das Zeugnis nach § 4 Abs. 2 oder die Genehmigung der Genehmigungsbehörde beizubringen, vgl. auch § 9 Abs. 1 Ziff. 1 b.

Zuständige Behörde im Sinne des § 6 ist nicht nur die Genehmigungsbehörde (§ 10), sondern auch die nach § 7 zur Entscheidung über die Beschwerde berufene Behörde, Hopp 2 zu § 6. Voraussetzung für das Ersuchen der Genehmigungsbehörde ist, daß eine Eintragung im Grundbuch bereits erfolgt ist; die Eintragung selbst kann von der Genehmigungsbehörde weder herbeigeführt noch verhindert werden. Weiterhin ist erforderlich, daß die Eintragung auf Grund eines Rechtsgeschäfts erfolgt ist. § 6 gilt deshalb nicht, wenn auf Grund Zuschlagbeschlusses im Zwangsversteigerungsverfahren eine Eintragung im Grundbuch erfolgt ist: ein Widerspruch wäre hier auch sachlich nicht richtig, weil durch die Eintragung des Erwerbers das Grundbuch nicht unrichtig geworden ist, 8 zu § 2.

Ob die Genehmigungsbehörde von dem Recht aus Abs. 1 Gebrauch machen will, steht in ihrem pflichtgemäßen Ermessen. Einer förmlichen Entscheidung nach § 4 bedarf es nicht. Wegen der formellen Erfordernisse des Ersuchens vgl. §§ 16 ff. GBO. Dem Ersuchen der Genehmigungsbehörde nach § 6 hat das Grundbuchamt ohne weitere materielle Nachprüfung zu entsprechen.

Die Wirkung der Eintragung des Widerspruchs besteht darin, daß sie den öffentlichen Glauben des Grundbuchs zerstört (§ 892 BGB.); sie bewirkt aber keine Verfügungssperre.

2. Die **Löschung** des auf Ersuchen der Genehmigungsbehörde eingetragenen **Widerspruchs** erfolgt auf deren Ersuchen; ohne dieses Ersuchen dann, wenn die Genehmigung erteilt ist. Die am Rechtsgeschäft Beteiligten haben kein Recht auf Löschung des Widerspruchs. Bei Versagung der Genehmigung ist die Auflassung endgültig unwirksam; das Grundbuch ist daher unrichtig und kann nur im Wege der Berichtigung mit der wirklichen Rechtslage in Übereinstimmung gebracht werden.

Auch der nach § 53 GBO. von Amts wegen eingetragene Widerspruch kann nur unter den Voraussetzungen des Abs. 2 gelöscht werden; die Erteilung der Genehmigung muß dem Grundbuchamt nachgewiesen werden.

§ 7

Wird die Genehmigung nicht oder unter Auflagen erteilt[2], so steht jedem Teile binnen zwei Wochen seit der Bekanntmachung der Entscheidung an ihn die Beschwerde zu. Die Entscheidung über die Beschwerde ist endgültig[3]. Soll die Genehmigung versagt oder unter einer Auflage erteilt werden, so sind beide Teile, soweit tunlich, zu hören[1,4].

1. Das Verfahren vor der Genehmigungsbehörde ist in der GVB. nicht im einzelnen geregelt. § 7 Satz 3 stellt den **Grundsatz des rechtlichen Gehörs** auf; die am Rechtsgeschäft Beteiligten sollen, soweit tunlich, gehört werden, wenn die Genehmigungsbehörde die Genehmigung versagen oder nur unter einer Auflage erteilen will. Die Nichtbefolgung des Grundsatzes in Satz 3 hat auf die Rechtsgültigkeit des Verfahrens keinen Einfluß, da nur eine Sollvorschrift vorliegt. Die Genehmigungsbehörde wird besonders in Fällen, in denen sie die Versagung der Genehmigung oder die Erteilung unter Auflage in Betracht zieht, zur Klärung der Sachlage mit den Beteiligten vor ihrer Entscheidung verhandeln, vgl. 9 zu § 2. Die Anhörung der Beteiligten, die mündlich erfolgen kann oder schriftlich durch Mitteilung der Bedenken, ist nicht zweckmäßig, wenn die Versagung der Genehmigung ohne weiteres geboten ist oder wenn die Anhörung den Abschluß des Verfahrens ungebührlich verzögern würde, z. B. bei Aufenthalt eines Beteiligten im Ausland.

Neben der Anhörung der Beteiligten kommt in erster Linie die Anhörung des Kreisbauernführers in Frage, die in allen Fällen (also auch wenn die Genehmigung erteilt werden will) durch § 2 Abs. 5 zwingend vorgeschrieben ist; ferner unter Umständen die Anhörung von Fachbehörden, z. B. der Siedlungsbehörde, der Forstaufsichtsbehörde, des Fischerei- oder Kultursachverständigen usw., vgl. 6 zu § 2.

2. Die Einleitung des Genehmigungsverfahrens setzt grundsätzlich einen **Antrag** wenigstens eines der Beteiligten voraus; lediglich im Falle des § 6 wird die Genehmigungsbehörde von Amts wegen tätig. Der Antrag muß, wenn sich die Beteiligten nicht strafbar machen wollen, binnen drei Monaten nach Vornahme des Rechtsgeschäfts gestellt werden, sofern dieses wirtschaftlich durchgeführt ist, § 9 Abs. 1 Ziff. 1 b. Bei notarieller Beurkundung des Rechtsgeschäfts hat der Notar die Beteiligten über die Genehmigungsbedürftigkeit des Rechtsgeschäfts zu belehren (§ 34 der Dienstanweisung, AV. RJM. vom 5. Juni 1937 DJ. 1937 S. 874). Im Zweifel gilt der beurkundende Notar als ermächtigt, die Herbeiführung der vollen Wirksamkeit des Vertrages durch Stellung eines Antrages auf Genehmigung zu betreiben (RGZ. 110, 357; vgl. § 10 AusfV. WohnSG.), den Bescheid der Genehmigungsbehörde in Empfang zu nehmen und gegebenenfalls die zulässigen Rechtsmittel einzulegen; zur Rücknahme des Antrags ist der Notar jedoch nur im Falle besonderer Ermächtigung befugt.

Antragsberechtigt sind lediglich die am Rechtsgeschäft unmittelbar Beteiligten, nicht auch Personen oder Personenvereinigungen, die wirtschaftlich oder (mittelbar) rechtlich ein Interesse an der Erledigung des Rechtsgeschäfts haben. Wenn von mehreren zur Antragstellung verpflichteten Personen eine den Antrag gestellt hat, entfällt die Verpflichtung der übrigen Beteiligten. Eine Form des Antrages ist nicht vorgeschrieben; der Antrag kann mündlich oder schriftlich gestellt werden; wegen der Ausfüllung des vorgeschriebenen Formblattes vgl. 5 zu § 2.

Die Zurücknahme des Antrages durch den Antragsteller — bei gemeinschaftlichem Antrag mehrerer Personen durch gemeinschaftliche Erklärung — ist während des Genehmigungsverfahrens (unbeschadet der Verpflichtung gegenüber dem anderen Vertragsteil, vgl. 5 zu § 2) jederzeit möglich; sie beendigt die Tätigkeit der Genehmigungsbehörde. Die Zurücknahme ist ausgeschlossen, wenn die Entscheidung der Genehmigungsbehörde den Beteiligten bekanntgegeben ist, RGZ. 130, 407. Bei Beschwerdeeinlegung gemäß Satz 1 kann die Zurücknahme bis zur Entscheidung der Beschwerdeinstanz erfolgen.

Von der Entscheidung nach § 4 abgesehen, kann die **Entscheidung der Genehmigungsbehörde** nur lauten auf Genehmigung, bedingte Genehmigung, Genehmigung unter Auflage, Versagung der Genehmigung. Bei mangelndem Antragsrecht des Antragstellers ist der Antrag auf Genehmigung als unzulässig zu verwerfen. Die Entscheidung kann sich immer nur auf das ganze Rechtsgeschäft erstrecken, nicht auch auf Teile eines einheitlichen Rechtsgeschäfts; bei mehreren Rechtsgeschäften kann die Genehmigungsbehörde das Verfahren zunächst auf ein Rechtsgeschäft beschränken. Eine Prüfung der Rechtswirksamkeit des Rechtsgeschäfts, der Zulässigkeit oder Zweckmäßigkeit von Vertragsbestimmungen ist grundsätzlich nicht Aufgabe der Genehmigungsbehörde; für sie gelten lediglich die Grundsätze der GVB., insbes. die Bestimmungen des § 5. Soweit Vertragsabreden mit den Zielen der GVB. nicht in Einklang stehen, sind sie zu beanstanden, vgl. 6 zu § 5. Vorweg ist zu prüfen, ob überhaupt ein genehmigungspflichtiges Rechtsgeschäft vorliegt.

Eine bestimmte Form ist für die Entscheidung nicht vorgeschrieben; bei Genehmigung genügt Aufdruck auf der Urkunde (Kiefersauer, BayNotZ. 1924, 314; Hopp II 5 zu § 7). Eine Begründung der Entscheidung ist nach Reichsrecht — abgesehen von den Fällen des § 4 Abs. 1, vgl. 1 zu § 4 — nicht vorgeschrieben; sie ist aber für alle beschwerdefähige Genehmigungsbescheide zu fordern, um den Beteiligten die Einlegung des Rechtsmittels und der Beschwerdeinstanz die Nachprüfung der Entscheidung zu ermöglichen. Beschwerdebelehrung ist reichsrechtlich gleichfalls nicht gefordert; sie ist aber zweckmäßig. Soweit landesrechtlich, wie z. B. in Preußen, auf Grund der AusfGrundsätze vom 27. März 1918 (LMBl. S. 109) Begründung und Belehrung vorgeschrieben ist, verhindert die Verletzung dieser Vorschriften den Lauf der Beschwerdefrist; der Bescheid erlangt keine Rechtskraft, RGZ. 102, 1; RG. JW. 1921, 574. Die Entscheidung ist den Beteiligten bekanntzugeben; soweit landesrechtlich nicht etwas anderes vorgeschrieben ist, genügt die Bekanntgabe an einen der Beteiligten, den Antragsteller oder dessen Vertragsgegner. Die Form der Bekanntgabe ist reichsrechtlich nicht geregelt; soweit landesrechtlich nicht eine bestimmte Form vorgeschrieben ist (Preußen fordert Zustellung bei Versagung der Genehmigung), genügt jede Art der Bekanntgabe; nur mündliche Mitteilung der Entscheidung verlangt aber mindestens Aktenvermerk; zweckmäßig ist in allen Fällen urkundlicher Nachweis der Bekanntgabe, Kiefersauer, Grundstücksmiete II 237.

Die Erteilung der Genehmigung ist nicht anfechtbar; Beschwerde ist ebenso wie im Falle des § 4 ausgeschlossen. Mit der Erteilung der Genehmigung wird das Rechtsgeschäft vollwirksam; der Schwebezustand ist mit rückwirkender Kraft beendet. Eine Zurücknahme oder Abänderung des Genehmigungsbescheides ist in aller Regel ausgeschlossen; dies gilt auch dann, wenn die Beschwerdeinstanz entschieden hat, vgl. 5 zu § 2. Unzulässig ist es auch, der Genehmigung nachträglich eine Auflage beizufügen.

Das fristgebundene **Beschwerderecht** des Satzes 1 steht den antragsberechtigten Beteiligten ohne Rücksicht darauf, ob sie durch die Entscheidung beschwert sind, nur zu, wenn die Genehmigung versagt, unter Auflage (Satz 1) oder unter Bedingung (vgl. 9 zu § 2) erteilt ist. Hinsichtlich der Form der Beschwerdeeinlegung gilt Landesrecht; die Frist beträgt zwei Wochen, beginnend mit der Bekanntgabe der Entscheidung. Dem Kreisbauernführer steht, auch wenn er entgegen § 2 Abs. 5 nicht gehört worden ist, keine förmliche Beschwerde zu; will die Genehmigungsbehörde, abweichend von der Stellungnahme des Kreisbauernführers entscheiden, so hat sie nach RE. vom 26. Jan. 1937, VIII 14, 175/37 vorher die Entscheidung der als Beschwerdeinstanz vorgesehenen Behörde einzuholen. Das Verfahren vor der Beschwerdeinstanz ist das gleiche wie das Genehmigungsverfahren; dies gilt insbes. für die Anhörung des Reichsnährstandes. Im Rahmen des Zwangsversteigerungsverfahrens (8 zu § 2) wird in einigen Fällen das Beschwerdeverfahren nicht fristgemäß durchzuführen sein.

3. Die Entscheidung der Beschwerdeinstanz ist endgültig, d. h. eine weitere Beschwerde ist nicht möglich. Die Beschwerdeinstanz ist ebenso wie die Genehmigungsbehörde bei ihrer Entscheidung an das Gesetz, insbes. an die Grundsätze des § 5 gebunden. Die Beschwerdeinstanz ist aber an die Anträge des Beschwerdeführers nicht gebunden; sie kann deshalb statt der angestrebten Beseitigung der Auflage eines Genehmigungsbescheides die Genehmigung versagen, nicht nur die Auflage abändern oder beseitigen. Die zeitig nicht beschränkte **Dienstaufsichtsbeschwerde** ist im Rahmen des Genehmigungsverfahrens möglich; die Dienstaufsichtsbehörde kann aber eine bereits getroffene Entscheidung der Genehmigungsbehörde weder abändern noch aufheben. Vor Erlaß der Entscheidung kann sie Anweisungen an die Genehmigungsbehörde im Rahmen der Verwaltungsordnung geben.

4. Die **Gebührenpflicht** des Genehmigungs- und Beschwerdeverfahrens richtet sich nach Landesrecht, vgl. 1 zu § 11. Für Preußen gilt der RE. vom 4. Juli 1937 LwMBl. S. 513, für Bayern Ziff. I, 9 der Anweisung vom 5. Febr. 1937. Zeugnisse und Bescheinigungen (§ 4 Abs. 2 und 3) sind nach preußischem Recht gebührenfrei, LwRMBl. 1938, 467.

Die besondere Gebühr des Notars (§ 146 der KostenO. vom 25. Nov. 1935, RGBl. I S. 1371) fällt nur an, wenn eine besondere Begründung des Antrags auf Genehmigung notwendig ist.

§ 8

(1) Die zuständige Behörde kann dem Eigentümer oder Besitzer von lebendem oder totem Inventar, das zu einem landwirtschaftlichen Grundstück[1] gehört oder sich auf ihm befindet, die Veräußerung oder die Entfernung des Inventars oder einzelner Stücke von dem Grundstück untersagen[2], wenn hierdurch die ordnungsmäßige Bewirtschaftung des Grundstücks zum Schaden der Volksernährung gefährdet werden würde[3]. Gegen die Untersagung ist die Beschwerde zulässig. Die Entscheidung über sie ist endgültig[4].

(2) Die Vorschrift gilt nicht bei Maßregeln im Wege der Zwangsvollstreckung[5].

1. Die Vorschriften über die Mindestgröße des Grundstücks — 4 zu § 1 — gelten auch hier.

2. Der Erlaß des Verbots setzt einen Antrag nicht voraus. Die Behörde ist von sich aus zum Einschreiten verpflichtet; dies schließt nicht aus, daß Anregungen von dritter Seite an sie herangetragen werden. Inhaltlich braucht sich das Verbot nicht auf das gesamte Inventar zu erstrecken; die Untersagung kann sich auch auf die Veräußerung oder Entfernung einzelner Inventarstücke (unter der Voraussetzung des Halbs. 2, unten 3) beschrän-

ken, Kiefersauer, Grundstücksmiete II, 238. Unbefristetes Verbot jedweder Veräußerung ist unzulässig. Zur dauernden Überwachung eines unzureichend bewirtschafteten Betriebes dienen bei Erbhöfen die Maßnahmen der §§ 73 ff. EHVO., bei anderen Betrieben diejenigen der Verordnung zur Sicherung der Landbewirtschaftung vom 23. März 1937 (RGBl. I S. 422), vgl. Staudinger-Kiefersauer, Vorbem. 21 zu § 581. In Einzelfällen kann auch neben der Wirtschaftsaufsicht nach diesen Vorschriften ein Verbot nach § 8 zweckmäßig sein.

Das Verbot erfaßt das lebende und tote **Inventar**, das sich auf dem landwirtschaftlichen Grundstück befindet oder zu ihm gehört. Der Begriff des Inventars umfaßt alle Hilfsmittel des landwirtschaftlichen Betriebes und geht insoweit über die Abgrenzung des Zubehörs in den §§ 97, 98 BGB. hinaus; in Betracht kommen Arbeitsgeräte aller Art, landwirtschaftliche Erzeugnisse, soweit sie zur Fortführung der Wirtschaft bis zur nächsten Ernte erforderlich sind, Dünger, Vieh. Wem das Inventar zu Eigentum gehört, ist für das Verbot unerheblich.

Die **Veräußerung** oder **Entfernung** umfaßt jede rechtliche oder tatsächliche Verfügung über Inventarstücke. Das Verbot trifft deshalb jeden, der diese Verfügungsmacht tatsächlich ausübt, gleichviel ob er rechtlich dazu befugt ist oder nicht; dies kann sein der Eigentümer, der Pächter, der Verwalter oder eine dritte Person.

Bei dem Verbot, für dessen Erlaß eine bestimmte Form nicht vorgeschrieben ist, muß mit Rücksicht auf die Strafvorschrift des § 9 Abs. 1 Ziff. 3 der Zeitpunkt der Bekanntgabe festgehalten werden. Das Verbot wirkt wie ein gesetzliches Verbot; die Verletzung hat nach § 134 BGB. die Nichtigkeit des Veräußerungsgeschäfts zur Folge. Auch der gutgläubige Erwerber des Inventars erlangt kein Eigentum; ein Pfandrecht kann nicht bestellt werden. Die Zurückschaffung des Inventars auf das Grundstück kann durch polizeiliche Zwangsmittel erzwungen, die Entfernung nach Erlaß des Verbots verhindert werden.

Auch für Erbhöfe ist die Untersagung nach § 8 trotz der Vorschrift in § 3 Ziff. 10 GVB. und trotz des gesetzlichen Veräußerungsverbots gemäß § 37 REG. möglich, weil es sich hier um eine, insbes. durch die Strafandrohung und durch die Möglichkeit polizeilicher Zwangsmaßnahmen wirksame weitere Schutzmaßnahme handelt.

3. Voraussetzung für den Erlaß des Verbots ist die **Gefährdung** der ordnungsmäßigen **Bewirtschaftung des Grundstücks** zum Schaden der Volkswirtschaft. Wann dies der Fall ist, ist Tatfrage. Unwirtschaftliche Einzelmaßnahmen zählen regelmäßig nicht hierher; die Verhinderung unzweckmäßiger Maßnahmen ist auch nicht Aufgabe der Behörde im Rahmen des § 8. Sie soll nur eine Schädigung der Volkswirtschaft, besser eine Gefährdung der Volksernährung, durch Inventarbeseitigung durch rasches Zugreifen verhindern. Die Sicherung der Volksernährung darf durch Maßnahmen der in § 8 bezeichneten Art nicht gefährdet werden.

4. Gegen die Untersagung ist das Rechtsmittel der **Beschwerde** zulässig, über die die nach § 10 landesrechtlich bestimmte Stelle entscheidet. Eine weitere Beschwerde ist nicht möglich. Die Beschwerde ist — im Gegensatz zur Regelung in § 7 — nicht befristet; sie hat keine aufschiebende Wirkung. Die untersagende Behörde ist befugt, ihre Entscheidung aus Anlaß der Beschwerdeeinlegung oder auf Vorstellung der Betroffenen von sich aus aufzuheben oder abzuändern. Die Aufhebung des Verbots ist geboten, wenn die Voraussetzungen des Verbots nicht mehr bestehen.

5. Die Verbotsmaßnahme darf Vollstreckungsmaßnahmen des Vollstreckungsgerichts nicht behindern; das ist der Sinn des Abs. 2. Die Unterstützung der Zwangsvollstreckung durch Verbot nach Abs. 1 ist dagegen möglich und — mit Rücksicht auf die absolute Nichtigkeit des verbotswidrigen Rechtsgeschäfts — als Verstärkungsmaßnahme zweckmäßig, vgl. Hopp 3 zu § 8.

§ 9

(1) Mit Gefängnis bis zu einem Jahre und mit Geldstrafe oder mit einer dieser Strafen wird bestraft,

1. wer
   a) entgegen einer rechtskräftigen Versagung der für das Rechtsgeschäft erforderlichen Genehmigung oder,
   b) ohne binnen drei Monaten nach Vornahme eines genehmigungsbedürftigen Rechtsgeschäfts die erforderliche Genehmigung nachgesucht zu haben,

   den Besitz eines Grundstücks erwirbt oder behält oder einem anderen überläßt oder beläßt[1],
2. wer die bei Erteilung der Genehmigung gemachten Auflagen nicht erfüllt[2],
3. wer Inventar veräußert, entfernt oder an sich bringt, wenn ein Verbot nach § 8 vorliegt[3].

(2) Ist die Handlung fahrlässig begangen, so ist auf Geldstrafe zu erkennen[4].

1. Ziffer 1 bedroht mit Strafe den Besitz, die Überlassung oder den Erwerb eines Grundstücks ohne die erforderliche Genehmigung. Bei rechtskräftiger Versagung der Genehmigung macht sich der Verkäufer strafbar, wenn er dem Käufer das Grundstück „beläßt"; dieser ist strafbar, wenn er es „behält"; das gleiche gilt für Pächter und Verpächter.

Ist die Genehmigung nicht beantragt, so ist der Abschluß des genehmigungspflichtigen Rechtsgeschäfts bzw. die Unterlassung der Einholung der Genehmigung nur dann strafbar, wenn eine **Besitzüberlassung** vorliegt. Die Frist von drei Monaten ist nur von Bedeutung, wenn das Rechtsgeschäft durchgeführt ist. Eine allgemeine Verpflichtung der Beteiligten, innerhalb drei Monaten um Genehmigung nachzusuchen, besteht nicht. Wegen der verschiedenen Bedeutung der Verlängerungsklauseln bei Pachtverhältnissen vgl. 4 zu § 2; die Rechtsfolge ist von besonderer Bedeutung für Rechtsgeschäfte, die nach der BRBek. nicht genehmigungspflichtig waren, nach der GVB. aber der

Genehmigung bedürfen. Die Tatsache der Besitzüberlassung und der damit drohenden Straffälligkeit darf auf die pflichtgemäße Entscheidung der Genehmigungsbehörde keinen Einfluß ausüben; die Besitzüberlassung erfolgt auf eigene Gefahr der Beteiligten.

2. Die Erteilung der Auflage berührt die Rechtswirksamkeit der Genehmigung nicht; die Nichterfüllung der Auflage hat keinerlei bürgerlich-rechtliche Folgen. Ziffer 2 will die Erfüllung der Auflagen durch Strafen sichern. Eine Genehmigung unter Bedingung berührt die Rechtswirksamkeit der Genehmigung und damit des Rechtsgeschäfts, vgl. 9 zu § 2. Die Nichterfüllung der Bedingung ist, wenn sie innerhalb dreier Monate nach Erteilung der Bedingung nicht erfolgt, unter den Voraussetzungen der Ziff. 1 Buchst. 2 in entsprechender Anwendung dieser Vorschrift strafbar. Ohne die entsprechende Anwendung dieser Strafvorschrift hätte die Genehmigungsbehörde keinen Einfluß auf die Erfüllung der Bedingung.

3. Die Nichtbeachtung einer Untersagung nach § 8 ist strafbar. Der Erwerber des verbotswidrig veräußerten Inventars ist strafbar, wenn er von dem Verbot Kenntnis hatte oder nach den Umständen hätte Kenntnis haben müssen.

4. Strafverfolgung nach § 9 tritt auch **ohne Strafantrag** ein; insbes. muß die Strafverfolgung nicht unter allen Umständen einer Anregung der Genehmigungsbehörde entspringen, wenn diese auch verpflichtet ist, strafbare Fälle, insbes. die Nichterfüllung von Auflagen, der Staatsanwaltschaft mitzuteilen.

Da die Entscheidung der Genehmigungsbehörde nach § 4 die Behörden bindet, gilt die Frage der Genehmigungspflicht eines Rechtsgeschäfts auch für das Strafverfahren durch eine solche Entscheidung als geklärt.

§ 10

Die zur Entscheidung über die Genehmigung zuständige[1] Behörde (Genehmigungsbehörde) wird von den obersten Landesbehörden bestimmt[2] [3].

1. Zuständig ist die Genehmigungsbehörde

a) zur Entscheidung über die Anwendung der GBB. (§ 4);

b) zur Entscheidung über die Erteilung oder Versagung der Genehmigung (§ 2);

c) für Ersuchen um Eintragung oder Löschung des Widerspruchs im Grundbuch (§ 6);

d) zur Untersagung der Veräußerung oder Entfernung von Inventar (§ 8).

2. Genehmigungsbehörde bzw. Beschwerdebehörde ist nach Landesrecht — vgl. 1 zu § 11 — z. B.

in Preußen: der Landrat, in Stadtkreisen der (Ober-) Bürgermeister — der Regierungspräsident;

in Bayern: die Bezirksverwaltungsbehörde — die Regierung. (Bezirksverwaltungsbehörde ist das Bezirksamt, in bisher kreisunmittelbaren Städten und in den Stadtkreisen der [Ober-] Bürgermeister.);

in Sachsen: der Amtshauptmann, in Stadtkreisen der Oberbürgermeister — der Kreishauptmann;

in Württemberg: der Landrat (in Stuttgart der Polizeipräsident) — der Wirtschaftsminister, Abt. Landwirtschaft;

in Baden: das Bezirksamt — das Finanz- und Wirtschaftsministerium, Abt. Landwirtschaft.

3. Wegen der Zuständigkeitsregelung für mehrere Genehmigungsbehörden vgl. Vorbem. 2b und 6 zu § 2.

§ 11

(1) Weitergehende landesrechtliche Bestimmungen [1] treten, soweit durch Ausführungsvorschriften nichts anderes bestimmt wird, am 30. April 1937 außer Kraft [2].

(2) Im Zweifelsfalle bestimmt [3] der Reichsminister für Ernährung und Landwirtschaft im Einvernehmen mit dem Reichsminister der Justiz, welche Bestimmungen als weitergehende landesrecht-

liche Bestimmungen im Sinne des Absatzes 1 anzusehen sind.

1. Die landesrechtlichen Ausführungsbestimmungen, die zur BRBek. erlassen worden waren, sind alsbald nach Erlaß der GVB. entweder aufgehoben oder dem neuen Rechtszustand angepaßt worden. Vorschriften rein verwaltungsmäßigen Inhalts bleiben unberührt. Es gelten z. B.

für Preußen: die Ausführungsbestimmung vom 16. März 1918, RegAnz. Nr. 65; die Grundsätze vom 27. März 1918 (LMBl. S. 109);

für Bayern: die Bekanntmachung vom 5. Febr. 1937 GVBl. S. 47; die allgemeine Anweisung hiezu vom 5. Febr. 1937;

für Sachsen: die Bekanntmachung vom 29. Jan. 1937, VerwBl. S. 85;

für Württemberg: die Verordnung vom 8. Febr. 1937, RegBl. S. 38;

für Baden: die Verordnung vom 15. Juni 1921, Ges.- und VerordnBl. S. 139.

2. Auch die unabhängig von der GVB. erlassenen Landesvorschriften zählen hieher; sie treten nur insoweit außer Kraft, als sie die gleichen Ziele wie die GVB. verfolgen. Sie bleiben in Kraft, soweit sie der Verwirklichung anderer, außerhalb der GVB. liegender gesetzgeberischer Ziele liegen, vgl. Hopp 3 b zu § 11.

3. Die Entscheidung erfolgt von Fall zu Fall; vgl. auch Art. 2 Abs. 2 des Gesetzes zur Änderung der BRBek. vom 26. Jan. 1937 (RGBl. I S. 32).

§ 12

Der Reichsminister für Ernährung und Landwirtschaft kann im Einvernehmen mit dem Reichsminister der Justiz die Grundstücksgröße (§ 1, § 3 Abs. 1 Ziffer 9) abweichend bestimmen; die Abweichung kann sich auf einzelne Länder oder auf Landesteile beschränken. Die Bestimmung ist im Reichsgesetzblatt zu veröffentlichen.

Vgl. die Ausführungsbestimmung vom 26. Jan. 1937 (RGBl. I S. 38); gültig für die Zeit vom 1. Febr. bis 30. April 1937; die AusführungsVO. vom 22. April 1937 (RGBl. I S. 534), gültig seit 1. Mai 1937, abgedruckt 4 zu § 1.

III. Gesetz über die Aufschließung von Wohnsiedlungsgebieten.

Vom 22. September 1933 (RGBl. I S. 659).

§ 1

(1) Die oberste Landesbehörde kann Gebiete, in denen eine starke Wohnsiedlungstätigkeit besteht oder zu erwarten ist, zu Wohnsiedlungsgebieten[1] erklären, wenn anzunehmen ist, daß ohne besondere Ordnung der Besiedlung das allgemeine Interesse oder das Wohl der Siedler beeinträchtigt würde. Die gleiche Befugnis steht dem Reichsarbeitsminister zu, insbesondere für Wohnsiedlungsgebiete, die sich auf verschiedene Länder erstrecken sollen; die obersten Landesbehörden sind dabei zu hören. Gebiete, in denen eine überwiegend landwirtschaftliche Besiedlung im Sinne des Reichssiedlungsgesetzes vom 11. August 1919 (Reichsgesetzbl. S. 1429) und des Gesetzes über die Neubildung deutschen Bauerntums vom 14. Juli 1933 (Reichsgesetzbl. I S. 517) besteht oder zu erwarten ist, dürfen nicht zu Wohnsiedlungsgebieten erklärt werden[2].

(2) Für die Wohnsiedlungsgebiete gelten die nachstehenden Vorschriften.

1. Das Gesetz geht von dem Gedanken aus, daß es Aufgabe der Staatsführung ist, alle Bestrebungen zu fördern, die geeignet sind, den deutschen Volksgenossen wieder mit dem Boden der Heimat zu verbinden. Die Wohnsiedlung von Reichs wegen zu ordnen, ist Aufgabe dieses Gesetzes. Das Gesetz „will die Besiedlung des Bodens ordnen, aber nicht erschweren und hindern. Es will, daß von den Handhaben des Gesetzes nur insoweit Gebrauch gemacht wird, als es zur Erzielung einer geordneten Aufschließung der **Wohnsiedlungsgebiete** und zum Schutze der Siedler unbedingt erforderlich ist. Die Freiheit des einzelnen muß ihre Grenze an dem unverrückbaren Grundsatz finden, daß der deutsche Boden kein Gegenstand ist, den der einzelne zum Schaden des anderen Volksgenossen und zum Nachteil der Allgemeinheit ausnutzen oder mißbrauchen darf" (Begr. des Gesetzentwurfs, Deutscher Reichsanzeiger 1933 Nr. 225). Das Gesetz geht davon aus

a) daß schon die Änderung der Bodennutzung, nicht erst die Bebauung behördlich beeinflußt werden muß, weil sonst die Bebauung nicht mehr nach Wunsch gestaltet werden kann;
b) daß das Privateigentum an Grund und Boden kein Recht zu beliebiger Bebauung gewährt.

Das sind Grundsätze des neuen Bodenrechts, das für Eigentum und Nutzung von Grund und Boden die Eingliederung in die Volksgemeinschaft fordert und verwirklicht, vgl. Staudinger-Kiefersauer, Vorbem. 1 zu § 535. Der Wirtschaftsplan (§ 2) ordnet die Bodennutzung und lenkt die Bebauung; die sog. Baufreiheit wird mehr und mehr eingeengt, vgl. auch 4 zu § 4 StädtebauG.

Nur Wohnsiedlungsgebiete werden von dem WohnSG. betroffen. Die **Bestimmung der Wohnsiedlungsgebiete** ist in erster Linie Aufgabe der obersten Landesbehörden; das Reich kann das Bestimmungsrecht selbst ausüben oder durch die Landesbehörde ausüben lassen, insbes. in dem Fall, wo verschiedene Länder beteiligt sind oder wo eine einheitliche Durchführung bestimmter Maßnahmen erforderlich erscheint (§ 4 der Ersten VO. über den Neuaufbau des Reiches vom 2. Febr. 1934, RGBl. I S. 81).

Die Erklärung als Wohnsiedlungsgebiet bedarf nicht einer bestimmten Form. Nach § 1 AusfVO. ist bei der Erklärung, die durch Verordnung oder einfache Verwaltungsanordnung erfolgen kann, der Zeitpunkt ausdrücklich anzugeben, von dem ab das Gebiet Wohnsiedlungsgebiet wird; für ortsübliche Bekanntgabe der Erklärung in den Gemeinden des Wohnsiedlungsgebiets ist Sorge zu tragen. Auch auf die Rechtsfolgen dieser Erklärung wird zweckmäßigerweise hinzuweisen sein. Der Zeitpunkt der Wirksamkeit der Erklärung darf nicht vor dem Zeitpunkt der Erklärung selbst und soll nicht vor der Zeit der Bekanntmachung liegen.

2. In Gebieten mit geringerer Siedlungstätigkeit ist kein Bedürfnis für die Bestimmung von Wohnsiedlungsgebieten. Da nur ein zusammenhängendes größeres Gebiet zum Wohnsiedlungsgebiet erklärt werden kann, läßt sich die Einbeziehung landwirtschaftlich genutzter Grundstücke nicht vermeiden. Satz 3 verbietet nur die Heranziehung von Gebieten, in denen eine überwiegend landwirtschaftliche Besiedlung besteht oder zu erwarten ist. Durch diese Bestimmung sollen **geschlossene landwirtschaftliche Gebiete**, für die eine nichtlandwirtschaftliche Bautätigkeit nicht oder nur in unerheblichem Umfang zu erwarten ist, von der Anwendung des Gesetzes ausgenommen werden; in Betracht kommen insbes. Gebiete außerhalb des Gefährdungsbereiches einer größeren Stadt oder eines zusammenhängenden Industriegebietes. Zur Wahrung schutzwürdiger Interessen der Landwirtschaft ordnet der RE. des Reichsarbeitsministers vom 18. Nov. 1933 (RArbBl. 1933 S. I, 299) an, daß vor Erklärung eines Gebietes zum Wohnsiedlungsgebiet die Landesbauernführer und die Landeskulturbehörden zu hören sind.

§ 2

Wird ein Gebiet zum Wohnsiedlungsgebiet erklärt, so muß ein Plan aufgestellt werden, der die geordnete Nutzung des Bodens, insbesondere im Hinblick auf die Erfordernisse der Land- und Forstwirtschaft und der Industrie, des Verkehrs, der Bebauung, des Luftschutzes, der Erholung und des

Schutzes des Heimatbildes, in den Grundzügen geregelt (Wirtschaftsplan)[1]. Der Wirtschaftsplan[2] muß mit den entsprechenden Plänen der angrenzenden Gebiete in Einklang stehen. Die oberste Landesbehörde oder die von ihr bestimmte obere Verwaltungsbehörde kann die Änderung des Planes verlangen, wenn das Gemeinwohl es erfordert. Das gleiche Recht steht dem Reichsarbeitsminister zu, bei Fragen des Verkehrs dem Reichsverkehrsminister, bei Fragen der Landwirtschaft dem Reichsminister für Ernährung und Landwirtschaft; die oberste Landesbehörde ist zu hören.

1. Der **Wirtschaftsplan** stellt — über gemeindliche Grenzen hinaus — die Grundzüge der Nutzung des Bodens unter einheitlichen Gesichtspunkten auf. Das Gesetz trifft nicht unmittelbar Bestimmungen über die Aufstellung der Wirtschaftspläne; wegen der bei der Aufstellung zu beachtenden siedlungs- und wirtschaftspolitischen Gesichtspunkte vgl. RE. des RWMin. vom 6. Juli 1934, Heilmann S. 25. Landesrechtliche Regelungen bestehen nur in einigen Ländern, z. B. in Sachsen, Hamburg, Thüringen. Eine einheitliche reichsrechtliche Regelung ist geplant. Vorhandene Pläne können nach Überprüfung durch geeignete staatliche Stellen verwendet werden. Die Stellungnahme der örtlich zuständigen Stellen des Reichsnährstandes, der Forstbehörde, der Wehrmacht, der Reichspost, der Reichsbahn, des Luftschutzes, der Industrie, des Generalinspektors für das deutsche Straßenwesen ist herbeizuführen; dies gilt für die Neuaufstellung des Wirtschaftsplanes ebenso wie für die Ergänzung oder Abänderung eines bestehenden Planes. Dem Generalinspektor für das deutsche Straßenwesen steht unter bestimmten Voraussetzungen ein Einspruchsrecht zu, vgl. §§ 5, 6, 8, 11 des Gesetzes über die Errichtung eines Unternehmens „Reichsautobahnen" vom 27. Juni 1933 (RGBl. II S. 509) mit Änderungen und Durchführungsverordnungen (4 zu § 3 GVB.).

Wenn die Aufstellung eines Wirtschaftsplanes nicht

möglich ist, so kann trotzdem nach Erklärung eines Gebietes zum Wohnsiedlungsgebiet das Genehmigungsverfahren nach Maßgabe des § 6 Abs. 2 durchgeführt werden. Vgl. hierher Sprengel DWohnA. 1938, 204, 241.

In Bayern obliegt die Aufstellung des Wirtschaftsplanes den Ortsplanungsstellen, die bei jeder Regierung gebildet sind, MinBek. vom 15. Dez. 1937 (MABl. 1938 S. 3).

2. Nach Reichsrecht hat der Wirtschaftsplan keinerlei Rechtswirkungen, läßt also bestehende Bebauungs- Fluchtlinien- oder Baulinienpläne unberührt, Heilmann S. 26.

§ 3

(1) In dem Wirtschaftsplane müssen für die Besiedlung[1] geeignete Flächen in ausreichendem Umfange als Wohn- und Siedlungsflächen vorgesehen sein. Dabei ist es unzulässig[2], ausschließlich oder überwiegend gemeindeeigene Grundstücke als Wohn- und Siedlungsflächen vorzusehen, wenn anderes geeignetes Gelände vorhanden ist, das für die Erschließung nicht ungünstiger liegt und im baureifen Zustande niedrigere Grundstückspreise ergeben würde.

(2) Als Wohn- und Siedlungsflächen sollen[3] nicht vorgesehen werden Grundstücke, deren Erschließung unwirtschaftliche Aufwendungen für Straßen und andere Verkehrseinrichtungen, Versorgungsleitungen, Entwässerungsanlagen, Schulversorgung, Polizei- und Feuerschutz oder sonstige öffentliche Aufgaben erforderlich machen würde oder deren Benutzung besondere Schwierigkeiten für die Bewohner zur Folge haben würde.

1. Unter Besiedlung ist hier die Siedlung in jeder Form, also die landwirtschaftliche Siedlung ebenso wie der

reine Wohnungsbau (städtische Kleinsiedlung) zu verstehen. Wohnungs- und Siedlungsflächen müssen im Wirtschaftsplan in ausreichendem Umfang und, wo möglich, mit niedrigen Bodenpreisen ausgewiesen werden. Es muß verhindert werden, daß die Bestimmung von Wohnsiedlungsflächen zu einer Steigerung der Grundstückspreise führt. Außer den eigentlichen Wohn- und Siedlungsflächen ist unter Umständen zur Hintanhaltung von Mißbräuchen ein weiterer Geländegürtel in den Wirtschaftsplan einzubeziehen.

2. Dadurch soll „verhindert werden, daß die Gemeinden durch die Einflußnahme auf die Planung ihr entbehrliches eigenes Gelände als Siedlungsgelände ausweisen lassen, während ebenso geeignetes, aber billigeres Land im Gemeindebezirk zur Verfügung steht" (Begr.).

3. Sollvorschrift; über ihre Bedeutung für die Versagung der Genehmigung vgl. § 6. Bei Aufstellung des Wirtschaftsplanes werden die Verhältnisse vielfach nicht ohne weiteres zu übersehen sein. Die bestehenden landesrechtlichen Vorschriften über Baulinien, Baubeschränkungen, Erschließung von Baugelände usw. bleiben unberührt.

§ 4

(1) Die[1] Teilung[2] eines Grundstücks, die Auflassung[3] eines Grundstücks oder Grundstücksteiles sowie jede Vereinbarung[4], durch die einem anderen ein Recht zur Nutzung oder Bebauung eines Grundstücks oder Grundstücksteiles eingeräumt wird, bedarf zu ihrer Wirksamkeit[5] der Genehmigung der zuständigen Behörde[6].

(2) Bedarf[7] das Rechtsgeschäft auch der Genehmigung nach der Bekanntmachung über den Verkehr mit landwirtschaftlichen Grundstücken vom 15. März 1918 (RGBl. S. 123), so müssen die Voraussetzungen für die Genehmigung auch nach

dieser Bekanntmachung, die dann nicht gesondert erteilt zu werden braucht, erfüllt sein.

(3) Zuständige Behörde[6] ist, soweit landesrechtlich nicht anderes bestimmt wird, die untere Verwaltungsbehörde, in deren Bezirk das Grundstück gelegen ist. Liegt es in mehreren Bezirken, so ist die Behörde zuständig, in deren Bezirk der größte Teil des Grundstücks gelegen ist. In Zweifelsfällen bestimmt die oberste Landesbehörde oder die von ihr bestimmte Stelle die zuständige Behörde.

(4) Das Reich und die Länder bedürfen[8] der Genehmigung nicht. Bezieht sich jedoch der im Abs. 1 bezeichnete Rechtsvorgang auf ein Grundstück, das im Eigentum oder in der Verwaltung des Reichs oder eines Landes steht, so ist der im Abs. 1 genannten Behörde Gelegenheit zur Äußerung zu geben. Hat die Behörde Bedenken und kommt eine Einigung nicht zustande, so entscheidet, soweit das Reich beteiligt ist, der Reichsarbeitsminister, im übrigen die für die Landesplanung zuständige oberste Landesbehörde.

1. Die Vorschrift des § 4 zählt erschöpfend die Rechtsvorgänge auf, die der Genehmigung bedürfen. Der Genehmigungszwang erstreckt sich auf **Grundstücke** und zwar im Gegensatz zu der Regelung der §§ 1, 2 GBB. auf Grundstücke jeder Art und jeder Größe — bebaute und unbebaute Grundstücke —, soweit sich nicht aus § 4 ein anderes ergibt. Der Begriff des Grundstücks ist hier ein rein rechtlicher, also im Sinne eines räumlich abgegrenzten Abschnittes der Erdoberfläche zu verstehen, der im Grundbuch als selbständiges Grundstück vorgetragen ist, vgl. Einl. Note 12. Die wirtschaftliche Zugehörigkeit ist hier, anders als im Rahmen der GBB., bedeutungslos. Eine Mindestgröße ist nicht vorgeschrieben. Da das

Gesetz und damit § 4 nur für Wohnsiedlungsgebiete gilt — 1 zu § 1 —, tritt die Genehmigungspflicht für die in Abs. 1 bezeichneten Rechtsgeschäfte mit dem Zeitpunkt ein, von dem ab ein Gebiet als Wohnsiedlungsgebiet erklärt ist; fehlt die Angabe des Zeitpunktes in der Erklärung, so treten die Vorschriften der §§ 4 ff. überhaupt nicht in Kraft.

2. Teilung eines Grundstücks ist ein Rechtsbegriff; sie umfaßt die Aufteilung des Geländes in Teilgrundstücke (Parzellen) zum Zwecke der Vermessung, Veräußerung usw. Die reale Teilung wird durch die Auflassung vollzogen und ist als solche genehmigungspflichtig. Die Neueinteilung von Grundstücken im Rahmen eines Umlegungsverfahrens ist nach § 3 AusfV. (unten S. 118) nicht als „Teilung" anzusehen. § 2 AusfVO. gibt in Abs. 1 eine Begriffsbestimmung der „Teilung" und Abs. 2 stellt die Fälle fest, in denen die Teilung einer Genehmigung nicht bedarf:

(1) *Teilung im Sinne des § 4 Abs. 1 des Gesetzes ist die dem Grundbuchamt gegenüber abgegebene oder sonstwie erkennbar gemachte Erklärung des Eigentümers, daß ein Grundstücksteil grundbuchmäßig abgeschrieben und als selbständiges Grundstück oder als ein Grundstück zusammen mit anderen Grundstücken oder mit Teilen anderer Grundstücke eingetragen werden soll.*

(2) *Die Teilung bedarf keiner Genehmigung, wenn sie zum Vollzug der Auflassung eines Grundstücksteiles oder eines anderen genehmigungspflichtigen Rechtsgeschäftes über einen Grundstücksteil notwendig und hierfür eine Genehmigung nach § 4 Abs. 1 des Gesetzes bereits erteilt ist.*

Nach § 5 Ziff. 2 WohnSG. ist allgemein die erste auf die Teilung folgende Auflassung oder Rechtseinräumung (Abs. 1) genehmigungsfrei.

3. Nicht nur die **Auflassung** (§ 925 BGB.), sondern auch das Verpflichtungsgeschäft (Kauf, Tausch, Schenkung) ist genehmigungsbedürftig. Der hieraus folgende Grundsatz, daß die Genehmigung des Verpflichtungsgeschäfts das diesem entsprechende Erfüllungsgeschäft deckt, ist in § 5 Abs. 1 AusfV. ausdrücklich ausgesprochen, vgl. § 2 Abs. 2 GVB. über die Folgerungen, die aus dem Grundsatz des § 5 Abs. 1 AusfV. zu ziehen sind, vgl. 7 zu § 2 GVB. Die Übergangsregelung in § 5 Abs. 2 AusfV. enthält eine Ausnahme von dem Grundsatz, daß die Genehmigung des Erfüllungsgeschäfts sich nicht auf das Verpflichtungsgeschäft erstreckt.

Wie bei der GVB. ist der Eigentumsübergang kraft Gesetzes genehmigungsfrei, vgl. 1 zu § 2 GVB. Gemäß § 4 AusfVO. ist auch die Umwandlung — nicht auch die Begründung — von Bruchteilseigentum in Gesamthandseigentum und umgekehrt nicht genehmigungspflichtig. Enteignungen sind nicht genehmigungspflichtig.

4. Die **Vereinbarungen** können dinglicher oder schuldrechtlicher Art sein. Sie beschränken sich auf das Recht zur **Bebauung** eines Grundstücks (Erbbaurecht, VO. vom 15. Jan. 1919, RGBl. S. 72) und auf das Recht zur **Nutzung** eines Grundstücks, vgl. KG. GrundE. 1935, 733. Da die Nutzung — abweichend von § 2 GVB. — nicht auf die Erzeugnisse des Grundstücks beschränkt ist, fällt nicht nur die Bestellung eines Nießbrauchs (§ 1030 BGB.), die Pacht (§ 581 BGB.), die Erbpacht (Art. 63 EG.BGB.), sondern auch die Miete eines Grundstücks unter die Genehmigungspflicht. § 4 Halbsatz 2 (unten S. 118) nimmt lediglich die Rechtsgeschäfte aus, die die Einräumung des Rechts zur Nutzung von Gebäuden oder baulichen Anlagen zum Gegenstand haben. Wenn jemand daher im Wohnsiedlungsgebiet ein unbebautes Grundstück als Lagerplatz mietet, so bedarf der Mietvertrag der Genehmigung. Die Teilung und Auflassung bebauter Grundstücke ist dagegen von der Genehmigungspflicht nicht befreit. Als bebaut gilt ein Grundstück schon dann, wenn nur ein geringer Teil einer größeren Fläche, die sich rechtlich als ein Grundstück darstellt, mit einem Bauwerk versehen ist. Unter Bebauung ist im übrigen auch die Errichtung von Bauwerken zu verstehen, die nach den Bauordnungen nicht genehmigungspflichtig sind.

Soweit Verträge in wesentlichen Punkten geändert werden, gelten die Ausführungen 4 zu § 2 GVB.

Da nur Rechtsgeschäfte, also Vereinbarungen, der in Abs. 2 bezeichneten Art genehmigungspflichtig sind, ist — abweichend von der Regelung in § 2 Abs. 3 GBB. — der **Erwerb eines Grundstücks im Wege der Zwangsversteigerung nicht genehmigungspflichtig.**

Die §§ 3—7 AusfVO. bestimmen:

§ 3

Rechtsvorgänge, die nach § 4 Abs. 1 des Gesetzes genehmigungspflichtig wären, bedürfen der Genehmigung nicht, wenn sie im Rahmen eines Umlegungsverfahrens (Zusammenlegung, Feld- und Flurbereinigung, Baulandumlegung) erfolgen.

§ 4

Die Genehmigung nach § 4 Abs. 1 des Gesetzes ist nicht erforderlich für Rechtsgeschäfte, welche die Umwandlung von Bruchteilseigentum in Gesamthandseigentum oder das Umgekehrte zum Gegenstand haben; das gleiche gilt für Rechtsgeschäfte, die die Einräumung des Rechts zur Nutzung von Gebäuden oder baulichen Anlagen zum Gegenstand haben.

§ 5

(1) *Soweit das einer Auflassung oder der Einräumung eines Rechtes zur Nutzung oder Bebauung eines Grundstücks oder Grundstücksteiles zugrunde liegende Verpflichtungsgeschäft nach § 4 Abs. 1 des Gesetzes genehmigt ist, gilt damit auch das Erfüllungsgeschäft als genehmigt.*

(2) *Ist bei Inkrafttreten dieser Verordnung für ein genehmigungspflichtiges Verpflichtungsgeschäft die Genehmigung nicht eingeholt, dagegen das Erfüllungsgeschäft genehmigt worden, so gilt mit der Genehmigung des Erfüllungsgeschäftes auch das Verpflichtungsgeschäft als genehmigt.*

§ 6

Ist im Falle einer Auflassung oder eines der im § 4 Abs. 1 des Gesetzes genannten Rechtsgeschäfte bei der Erklärung eines Gebietes zum Wohnsiedlungsgebiet zu dem im § 1 Abs. 1 genannten Zeit-

punkt nur das Verpflichtungsgeschäft, nicht aber das Erfüllungsgeschäft abgeschlossen, so bedarf letzteres der Genehmigung nach § 4 Abs. 1 des Gesetzes.

§ 7

Der Erwerb eines Grundstücks im Wege der Zwangsversteigerung bedarf keiner Genehmigung nach § 4 Abs. 1 des Gesetzes; dies gilt auch dann, wenn der Zuschlag nicht dem Meistbietenden erteilt wird, sondern demjenigen, dem die Rechte aus dem Meistgebot abgetreten sind.

5. Die Erteilung der **Genehmigung** ist Voraussetzung der **Rechtswirksamkeit** des Rechtsgeschäfts. Bis zur Erteilung oder Versagung der Genehmigung besteht ein Schwebezustand. Die Ausführungen in 5 zu § 2 GVV. gelten auch hier. Die Versagung der Genehmigung stellt die Nichtigkeit des Rechtsgeschäfts von Anfang an fest. Wegen Erteilung der Genehmigung unter Auflage vgl. Erl. zu § 7. Die Nichteinholung der Genehmigung ist nicht unter Strafe gestellt; eine dem § 9 GVV. entsprechende Vorschrift fehlt leider, vgl. Sprengel DWohnA. 1938, 248.

6. **Genehmigungsbehörde** ist die untere Verwaltungsbehörde, in deren Bezirk das Grundstück gelegen ist; liegt es in mehreren Bezirken, so ist die Behörde zuständig, in deren Bezirk der größte Teil des Grundstücks gelegen ist. Landesrechtlich kann ein anderes bestimmt sein. Zuständig ist in Preußen der Landrat in Landkreisen, der Oberbürgermeister in Stadtkreisen (AusfBek. vom 18. Okt. 1933, MABl. S. 500); in Bayern sind die Bezirksverwaltungsbehörden zuständig, VollzBek. vom 22. Dez. 1934/6. Jan. 1936 (MABl. S. 2/10).

Die Genehmigungsbehörde ist ausschließlich zuständig zur Entscheidung über die Frage, ob die Genehmigung nach dem WohnSG. für einen bestimmten Rechtsvorgang erforderlich ist. Eine dem § 4 GVV. entsprechende Bestimmung fehlt zwar im WohnSG., man darf aber aus der Regelung des § 11 Abs. 1 folgern, daß der Gesetzgeber die Zulässigkeit der Feststellung voraussetzt. Auch die bindende Kraft dieser Entscheidung für Gerichte und

Verwaltungsbehörden ist auch für das WohnSG. nach dem Vorbild des § 4 GVB. anzuerkennen, vgl. 1 zu § 11.

7. Die Regelung des Abs. 2 beschränkt sich auf das **Zusammentreffen des Genehmigungsverfahrens** nach dem WohnSG. mit dem Genehmigungsverfahren nach der GVB. (vom 26. Jan. 1937). Vgl. hierzu 6 zu § 2 GVB., ferner § 3 Ziff. 9 GVB. Die Vorschrift, daß die Genehmigung nach der GVB. nicht gesondert erteilt zu werden braucht, könnte zu der Schlußfolgerung führen, daß gebührenrechtlich nur ein Genehmigungsbescheid vorliegt. § 8 AusfV. stellt deshalb fest, daß die Gebührenpflicht nach der GVB. durch die Regelung des § 9 WohnSG. nicht berührt wird, vgl. 1 zu § 9.

Im Rahmen der Neugestaltung deutscher Städte ist in bestimmten Bereichen der Reichshauptstadt Berlin und der Stadt der Reichsparteitage Nürnberg die Teilung und Veräußerung von Grundstücken der Genehmigung durch den Oberbürgermeister unterworfen. Soweit ein solcher Bereich mit einem Wohnsiedlungsgebiet zusammenfällt, ist das Verfahren nach dem WohnSG. maßgebend; einer besonderen Genehmigung nach der VO. vom 5. Nov. 1937 (RGBl. I S. 1162) bzw. der VO. vom 1. Juni 1938 (RGBl. I S. 613) bedarf es nicht. Die Genehmigungsbehörde hat jedoch zu prüfen, ob die Teilung oder die Veräußerung die städtebaulichen Maßnahmen erschweren würde, § 6 bzw. § 4 Abs. 2 VO.; s. auch 2 zu § 8.

Wegen des Zusammentreffens der Genehmigung entsprechend dem WohnSG. mit der Genehmigung nach § 2 DVO.ReichsgrenzSichG. vgl. § 2 Abs. 5 dieser VO.; ferner 6 zu § 2 GVB.

8. Für die in Abs. 1 bezeichneten Rechtsvorgänge über Grundstücke des Reichs oder eines Landes bedarf es nicht der Genehmigung; diese Rechtsgeschäfte sind daher genehmigungsfrei. Bei Grundstücken, die im Eigentum oder auch nur in der Verwaltung des Reichs oder eines Landes stehen, muß vor Abschluß eines nach Abs. 1

an sich genehmigungspflichtigen Rechtsgeschäfts (Rechtsvorganges) der Genehmigungsbehörde Gelegenheit zur Äußerung gegeben werden; äußert diese Bedenken, so entscheidet bei Meinungsverschiedenheiten der Reichsarbeitsminister — nunmehr der Reichswirtschaftsminister — bzw. die oberste Landesbehörde. Die Unterlassung der Einholung der Äußerung der Genehmigungsbehörde oder der „Entscheidung" der obersten Reichs- oder Landesbehörden berührt die Rechtswirksamkeit des Rechtsgeschäfts (Rechtsvorganges) nicht. Auch das Grundbuchamt hat die Einhaltung der Bestimmungen in Satz 2 und 3 nicht nachzuprüfen, vgl. § 11.

Die Gemeinden und Gemeindeverbände unterliegen nach der Regel des Abs. 1 für ihren Grundstücksverkehr dem Genehmigungszwang. Bei Rechtsgeschäften, an denen Reich oder Länder sonst, also in anderer Weise als wie als Eigentümer oder Verwalter des Grundstücks beteiligt sind, z. B. als Käufer, ist der Verfügungsberechtigte zur Einholung der Genehmigung verpflichtet, vgl. 2 zu § 8.

§ 5

Die Genehmigung nach § 4 ist nicht erforderlich,

1. wenn [1] das Grundstück oder der Grundstücksteil dem Inhaber eines landwirtschaftlichen, forstwirtschaftlichen oder gärtnerischen Betriebes oder einer vorstädtischen Kleinsiedlung zu Zwecken des Betriebes oder der Kleinsiedlung, nicht aber zum Zwecke der Bebauung überlassen werden soll;
2. wenn [2] für das Grundstück oder den Grundstücksteil bereits früher eine Teilungsgenehmigung nach § 4 erteilt war;
3. bei Rechtsgeschäften, die im Rahmen eines Siedlungsverfahrens im Sinne des Reichssiedlungsgesetzes vom 11. August 1919 (R.-

GBl. S. 1429) und des Gesetzes über die Neubildung deutschen Bauerntums vom 14. Juli 1933 (RGBl. I S. 517) vorgenommen werden[3].

1. Die Ausnahme beschränkt sich auf die Überlassung von Grundstücken zu Eigentum oder zur Nutzung (vgl. 3, 4 zu § 4); die Überlassung darf aber nur für Zwecke des Betriebes der Land-, Forst- oder Gartenwirtschaft und der vorstädtischen Kleinsiedlung erfolgen. Die Überlassung zum Zwecke der Bebauung ist ausdrücklich ausgenommen. Zur Verhinderung von Umgehungen wird die Zweckbestimmung und die Eignung des Grundstücks für den beabsichtigten Zweck genau zu überprüfen sein. Zum Begriff der vorstädtischen Kleinsiedlung vgl. die 8 zu § 3 GBB. angeführten Verordnungen.

2. Die Bestimmung der Ziff. 2 bezieht sich auf alle Rechtsvorgänge der in § 4 Abs. 1 bezeichneten Art. Ist die Teilung (Parzellierung) genehmigt, so ist die erstmalige nachfolgende Auflassung oder Rechtsbegründung genehmigungsfrei. Spätere Rechtsvorgänge bedürfen der Genehmigung, 2 zu § 4.

3. Die Ausnahmeregelung geht davon aus, daß bei Durchführung landwirtschaftlicher Siedlungen ohnehin den Erfordernissen bestehender Planungen Rechnung getragen wird, da alle diese Siedlungen der Mitwirkung einer Behörde bedürfen.

§ 6

(1) Die Genehmigung soll nur[1] versagt werden, wenn anzunehmen ist, daß auf dem Grundstück oder dem Grundstücksteil bauliche Anlagen errichtet werden sollen und wenn die Bebauung dem Wirtschaftsplan widersprechen würde oder wenn die im § 3 Abs. 2 genannten Hinderungsgründe vorliegen.

(2) Solange[2] nach der Erklärung eines Gebietes zum Wohnsiedlungsgebiet der Wirtschaftsplan noch

nicht aufgestellt ist, soll die Genehmigung versagt werden, wenn anzunehmen ist, daß Grundstücke oder Grundstücksteile, die für die Besiedlung ungeeignet sind (§ 3 Abs. 2), bebaut werden sollen.

1. Die **Versagung der Genehmigung** kommt nur in Frage, wenn die Grundstücksüberlassung zum Zwecke der Bebauung, d. h. der Errichtung baulicher Anlagen, beabsichtigt ist. Dabei sind unter „baulichen Anlagen" nur Bauwerke über der Erde zu verstehen, im übrigen aber Bauten aller Art, gleichviel ob sie der baupolizeilichen Genehmigungspflicht unterliegen oder nicht, z. B. Wohnlauben, ob sie Wohnzwecken oder anderen Zwecken (Fabriken, Lagerräume) dienen.

Neben der Bebauungsabsicht ist die Feststellung notwendig, daß entweder die Bebauung im Widerspruch mit dem Wirtschaftsplan steht oder daß sie aus den in § 3 Abs. 2 bezeichneten Gründen unerwünscht oder unmöglich ist. Die Bezugnahme auf § 3 Abs. 2 gilt nicht nur für die eigentlichen Wohn- und Siedlungsflächen, sondern für alle Grundstücke im Wohnsiedlungsgebiet. Trotz eines bestehenden Widerspruchs mit dem Wirtschaftsplan kann die Genehmigung unter der Auflage der Beseitigung der Hinderungsgründe des § 3 Abs. 2 erteilt werden, § 7 Abs. 3.

2. **Übergangsregelung** für die Fälle, in denen zwar ein Gebiet als Wohnsiedlungsgebiet erklärt, ein Wirtschaftsplan aber noch nicht erstellt ist.

§ 7

(1) Die Genehmigung kann unter Auflagen[1] erteilt werden. Sie kann insbesondere[2] davon abhängig gemacht werden, daß der Grundstückseigentümer, dessen Grundstück zum Zwecke künftiger Bebauung geteilt wird, sich verpflichtet, für öffentliche Straßen, Plätze, Freiflächen oder den sonstigen öffentlichen Bedarf Flächen in angemessenem Umfange, jedoch höchstens bis zu 25 v. H. der Gesamt-

fläche des Grundstücks bei offener, bis zu 35 v. H. bei geschlossener Bauweise, schulden-, lasten- und kostenfrei an die Gemeinde zu übereignen oder an Stelle der Übereignung einen entsprechenden Geldbetrag zu zahlen. Die Gemeinde darf das übereignete Land oder den Geldbetrag lediglich zu den bezeichneten Zwecken verwenden; ein Austausch der Flächen oder ihre Einbeziehung in eine Umlegung ist zulässig.

(2) Die Genehmigung kann auch unter der Auflage erteilt werden, daß bei der Veräußerung oder Überlassung des Grundstücks oder Grundstücksteiles ein bestimmter Preis nicht überschritten werden darf[3].

(3) Widerspricht die Bebauung dem Wirtschaftsplan, so kann die Genehmigung unter der Auflage erteilt werden, daß der Antragsteller sich verpflichtet, Vorkehrungen zu treffen, wodurch die im § 3 Abs. 2 bezeichneten Hinderungsgründe beseitigt werden[4].

1. Die Genehmigung unter **Auflage** bildet wie bei der GVB. — 9 zu § 2 — nicht die Regel. Im Rahmen des WohnSG. soll von ihr in den Fällen Gebrauch gemacht werden, in denen die Versagung der Genehmigung für den Grundstückseigentümer einen erheblichen wirtschaftlichen Schaden bedeuten würde; entgangener Gewinn ist jedoch nicht als wirtschaftlicher Schaden anzusehen. Die Auflage darf nur der Sicherung der Ziele des WohnSG., d. h. der geordneten Aufschließung der Wohnsiedlungsgebiete und dem damit zusammenhängenden Schutz des Siedlers dienen. Als Auflagen kommen daher solche in Betracht, die der Aufschließung und Bebauung — dazu Sprengel DWohnA. 1938, 245 —, der schönheitlichen Baugestaltung, dem Schutz des Landschaftsbildes usw. dienen, vgl. aber auch Anm. 11 zum RE. 155/37.

Die Auflage ist keine Bedingung. Wenn § 9 Abs. 1 AusfVO. bestimmt: „Wird eine Genehmigung unter Auflagen erteilt, so darf die Wirksamkeit der Genehmigung nicht von der Erfüllung der Auflagen abhängig gemacht werden", so soll damit wohl nur auf den rechtlichen Unterschied zwischen Bedingung und Auflage hingewiesen werden, vgl. 9 zu § 2 GVB. Die bedingte Genehmigung ist auch für den Vollzug des WohnSG. als zulässig zu erachten. Das Grundbuchamt wird von sich aus zu prüfen haben, ob Bedingung oder Auflage vorliegt.

Die Nichterfüllung der Auflage berührt die Rechtswirksamkeit der Genehmigung nicht; dieser Grundsatz gilt auch für das WohnSG. Abweichend von § 9 GVB. ist aber die Nichterfüllung der Auflage nicht strafbar; die Erfüllung kann aber nach § 10 im Verwaltungsweg nach Maßgabe des Landesrechts (s. unten S. 126) erzwungen werden. Die Begründung meint „die Erzwingung der Auflagen setzt deren Annahme voraus". Wenn die „Annahme" der Auflage wirklich Voraussetzung des Verwaltungszwangsverfahrens wäre, dann würde dieses nur in Ausnahmefällen zur Anwendung kommen können; denn die Auflage ist ihrem Wesen nach eine Beschwerung, die zu ihrer Rechtswirksamkeit der Annahme nicht bedarf. Die Rechtswirksamkeit des Genehmigungsbescheids hängt jedenfalls nicht davon ab, daß die Auflage angenommen oder erfüllt wird und die Zumutbarkeit der Auflage — vgl. 9 zu § 2 GVB. — kann auf Klage des Beschwerten durch das ordentliche Gericht festgestellt werden. Da mit dieser Feststellung nur die Zulässigkeit oder Nichtzulässigkeit des einseitigen Rücktritts vom Vertrage — wegen des Verzichts auf die Durchführung des Rechtsgeschäfts, s. unten — geklärt wird, also nur das Verhältnis der Vertragsteile zueinander, wird der Zwang zur Erfüllung der Auflage durch die gerichtliche Entscheidung nicht festgestellt. Unter diesen Umständen dürfte die bedingte Genehmigung der Genehmigung unter Auflagen trotz der Anweisung in § 9 Abs. 1 AusfVO. vorzuziehen sein, weil sie die Erfüllung der als Bedingung gestellten Anforderungen praktisch besser sicherstellen kann als die Erzwingung der Auflage nach § 10. „Die Wirksamkeit des Genehmigungsbescheids, falls er Auflagen enthält, von deren Annahme abhängig machen" zu wollen, wie die Begründung zu § 10 den Ländern anheimstellt, würde die Rechtslage noch mehr verwirren. Man kann auch nicht sagen, daß der mit der Auflage Beschwerte „sich dem endgültigen Bescheid und seinen Auflagen unterwirft, wenn er nicht auf die Genehmigung verzichtet, wozu er das Recht hat", so Heilmann S. 48. Denn die Wirksamkeit der Genehmigung beschränkt sich auf die Wirkung auf das Rechtsgeschäft, das durch den autoritären Staatsakt vollwirksam wird, unabhängig davon, ob die Auflage des Genehmigungsbescheids den Beteiligten erwünscht oder unerwünscht ist und demgemäß erfüllt oder nicht erfüllt wird. Nach Rechtskraft des Genehmigungsbescheids ist die Zurücknahme des Antrags nicht mehr möglich, vgl. 2 zu § 7 GBB. Die Beteiligten können aber auf die Durchführung des Rechtsgeschäfts verzichten und damit dem polizeilichen Zwang die Rechtsgrundlage entziehen.

Für die Durchführung des Verwaltungszwanges sind die landesrechtlichen Bestimmungen maßgebend. Für Preußen die §§ 132, 133 des Gesetzes über die allgemeine Landesverwaltung vom 30. Juli 1883 GS. S. 195; für Bayern Art. 21 PolStG.

2. Die Erteilung der Genehmigung unter Auflage (Abs. 1 Satz 2 und 3) kommt nach § 9 Abs. 2 AusfV. nur bei Teilung eines Grundstücks zum Zwecke künftiger Bebauung und nur in angemessenem Umfang in Frage; die Auflage ist nur insoweit zulässig, als der Bedarf an Flächen für öffentliche Straßen, Plätze, Freiflächen usw. aus dem zu teilenden Grundstück entnommen werden muß. Vgl. die eingehenden Erläuterungen des RE. des Reichswirtschaftsministers vom 27. Juni 1934, RABl. 1934 S. I, 161.

Die Entscheidung der Frage, ob kostenlose Übereignung von Gelände oder Geldentschädigung zur Auflage gemacht wird, steht ausschließlich der Genehmigungsbehörde zu; diese kann auch teils Abtretung, teils Geldzahlung nebeneinander verlangen.

3. In Frage kommt die Überlassung von Grundstücken zu Eigentum oder zur Nutzung, 3, 4 zu § 4. Die Vorschrift dient zum Schutze der Siedler, kommt daher grundsätzlich nur in Frage bei Aufschließung von Baugelände für minderbemittelte Volksschichten. Wegen der Preisbildung und Preisüberwachung bei Grundstücken durch die Preisbildungsbehörde vgl. RE. 155/37 Anm. 11. Wenn die Vertragsteile den Wünschen der Genehmigungsbehörde auf Abänderung der Preisabreden nicht Rechnung tragen, ist zweckmäßig die Genehmigung überhaupt zu versagen.

4. Vgl. 1 zu § 6.

§ 8

(1) Soll die Genehmigung versagt oder unter einer Auflage erteilt werden, so sind die Beteiligten, soweit tunlich, zu hören [1].

(2) Wird die Genehmigung nicht oder unter einer Auflage erteilt [2], so steht jedem Beteiligten binnen zwei Wochen seit der Bekanntgabe der Entscheidung an ihn die Beschwerde zu. Die Entscheidung über die Beschwerde ist endgültig [3].

1. Rechtliches Gehör, vgl. 1 zu § 7 GVB.

2. Das Genehmigungsverfahren bedarf grundsätzlich eines Antrages, vgl. 2 zu § 7 GVB. Bei notarieller Beurkundung des Rechtsvorganges und wohl auch bei Beurkundung durch den Vorstand der Vermessungsbehörde (§ 1 des Gesetzes über die Beurkundungs- und Beglaubigungsbefugnis der Vermessungsbehörden vom 15. Nov. 1937 (RGBl. I S. 1257) gilt § 10 AusfV.:

(1) *Ist ein Rechtsgeschäft, das der Genehmigung bedarf, von einem Notar beurkundet oder beglaubigt, so gilt der Notar als ermächtigt, im Namen des Antragberechtigten die Erteilung der Genehmigung zu beantragen und die zulässigen Rechtsmittel zu ergreifen.*

(2) *Dies gilt entsprechend, wenn ein vom Notar gefertigter Entwurf der späteren rechtsgeschäftlichen Erklärungen dem Antrag zugrunde gelegt werden soll.*

3. Vgl. Erl. zu § 7 GVB. In Bayern entscheidet über die Beschwerde endgültig die Regierung (MBek. vom

12. Dez. 1934/6. Jan. 1936, MABl. S. 2/10) bzw. das Staatsministerium des Innern gemäß § 4 VO. über die Neugestaltung der Stadt der Reichsparteitage Nürnberg, oben S. 120. Die Bescheide der Bezirksverwaltungsbehörden sind zu begründen und den Beteiligten mit Beschwerdebelehrung nachweislich zuzustellen. Nach Bekanntgabe des Genehmigungsbescheids an die Beteiligten kann dieser von der Genehmigungsbehörde nicht mehr abgeändert werden, vgl. 5 zu § 2 GVB. An Stelle der Beschwerde tritt der Einspruch, wenn die Versagung der Genehmigung wegen Erschwerung der städtebaulichen Maßnahmen erfolgt, § 6 der VO. über die Neugestaltung der Reichshauptstadt Berlin, oben S. 120.

§ 9

Das Verfahren ist kostenfrei[1]. Für die Beschwerdeinstanz können Kosten in Ansatz gebracht werden.

1. Die Kostenbefreiung bezieht sich nur auf das eigentliche Genehmigungsverfahren nach dem WohnSG., also auf den Genehmigungsbescheid und die Zeugniserteilung nach § 11 Abs. 1. Bei Zusammentreffen mit anderen Genehmigungsverfahren gelten die hiefür maßgebenden Bestimmungen § 8 AusfB., vgl. 7 zu § 4.

§ 10

Die Erfüllung der Auflagen des Genehmigungsbescheides kann im Verwaltungswege erzwungen werden[1].

1. Vgl. 1 zu § 7.

§ 11

(1) Das Grundbuchamt darf auf Grund eines nach § 4 Abs. 1 genehmigungspflichtigen Rechtsvorgangs eine Eintragung im Grundbuch erst vornehmen, wenn der Genehmigungsbescheid vorgelegt oder durch eine Bescheinigung der Genehmi-

gungsbehörde nachgewiesen ist, daß es einer Genehmigung nicht bedarf[1].

(2) Ist auf Grund eines nicht genehmigten Rechtsvorganges eine Eintragung im Grundbuch erfolgt, so kann die zuständige Behörde, falls nach ihrem Ermessen die Genehmigung erforderlich war, das Grundbuchamt um die Eintragung eines Widerspruchs ersuchen[2]. § 54 Abs. 1 der Grundbuchordnung bleibt unberührt.

(3) Ein nach Abs. 2 eingetragener Widerspruch ist zu löschen, wenn die Genehmigungsbehörde darum ersucht oder wenn die Genehmigung erteilt ist[2].

1. Da bei mangelnder Genehmigung des Rechtsvorgangs die Auflassung des Grundstücks ungültig ist oder doch während des Schwebezustandes nicht volle Rechtswirkung — vgl. 5 zu § 2 GVB. — erzeugt, muß der Grundbuchrichter die Eintragung des Rechtsvorgangs in das Grundbuch ablehnen. Er wird nach § 18 GBO. dem Antragsteller aufgeben, entweder die Genehmigungserteilung beizubringen oder eine Bescheinigung der Genehmigungsbehörde, daß der Rechtsvorgang einer Genehmigung nicht bedarf. Zur Ausstellung dieser Bescheinigung — richtiger Zeugnis — ist die Genehmigungsbehörde für befugt zu erachten, auch wenn eine dem § 4 GVB. entsprechende Regelung im WohnSG. fehlt, vgl. 6 zu § 4. Dieses Zeugnis erstreckt sich auch auf die Fälle, in denen gemäß § 4 Abs. 4 eine Genehmigung für Rechtsgeschäfte des Reichs und der Länder nicht erforderlich ist, a. M. Heilmann S. 49. Eine Nachprüfung des Grundbuchamts dahingehend, ob die Genehmigungsbehörde die Genehmigungspflicht zu Recht oder Unrecht angenommen hat, ist in keinem Falle zulässig, vgl. 1, 2 zu § 4 GVB.; teilweise a. M. Heilmann S. 48. Die Zuständigkeit der Genehmigungsbehörde zur Entscheidung über den Geltungsbereich des WohnSG. ist eine ausschließliche, 6 zu § 4.

2. Die Regelung über Eintragung und Löschung des Widerspruchs auf Ersuchen der Genehmigungsbehörde entspricht § 6 Abs. 1 Satz 1 und Abs. 2 GBB. Der Hinweis auf § 54 Abs. 1 bezieht sich auf die GBL. i. d. Fassung vom 20. Mai 1898 (RGBl. S. 754); in der Fassung der Bek. vom 5. August 1935 (RGBl. I S. 1073) ist diese Vorschrift in § 53 Abs. 1 enthalten.

§ 12

Aus Maßnahmen, die auf Grund dieses Gesetzes getroffen werden, können Ansprüche auf Entschädigung wegen Beschränkung des Eigentums oder wegen der Aufgabe von Rechten nicht hergeleitet werden[1].

1. Nach der Rechtsprechung des Reichsgerichts könnten die Maßnahmen auf Grund des WohnSG. als Enteignung im Sinne des Art. 153 RVerf. angesehen und als entschädigungspflichtig erklärt werden, vgl. hierher Heilmann S. 49. § 12 schließt diese Möglichkeit im Interesse der Aufgaben des WohnSG. — 1 zu § 1 — ausdrücklich aus. Darüber hinaus wird auch jede Entschädigung für die Aufgabe von Rechten (Aufopferungsanspruch) ausgeschlossen, vgl. § 6 PBG.

§ 13

Weitergehende landesrechtliche Bestimmungen bleiben unberührt[1].

1. Vgl. Art. 119 EG.BGB.

§ 14

Der Reichsarbeitsminister kann zur Ausführung dieses Gesetzes Rechtsverordnungen oder allgemeine Verwaltungsvorschriften erlassen. Soweit er von dieser Befugnis keinen Gebrauch macht, können die obersten Landesbehörden solche Bestimmungen erlassen[1 2].

1. Verordnung zur Ausführung des Gesetzes über die Aufschließung von Wohnsiedlungsgebieten vom 25. Febr.

1935 (RGBl. I S. 292); amtl. Erläuterung der AusfV. durch den RE. des Reichsarbeitsministers vom 26. Febr. 1935 (RArbBl. 1935 S. I, 99), abgedruckt bei Heilmann S. 63.

Vgl. auch RE. des Reichsarbeitsministers vom 18. Nov. 1933 (RArbBl. 1933 S. I, 299) und des Reichswirtschaftsministers vom 27. Juni 1934 (RArbBl. 1934 S. I, 161), abgedruckt bei Heilmann S. 55 und 59.

2. Zur Erklärung als Wohnsiedlungsgebiete sind in den Ländern zahlreiche Verordnungen und Entschließungen der zuständigen obersten Landesbehörden ergangen, z. B. für Preußen die Zweiundzwanzigste VO. über Wohnsiedlungsgebiete vom 27. April 1938 GS. S. 65.

Für das Saarland gelten die Anordnungen vom 16. Okt. 1935, RGBl. I S. 1251 und vom 25. April 1936, RGBl. I S. 404.

IV. Verordnung über die Veräußerung von Entschuldungsbetrieben

— Veräußerungsverordnung —

Vom 6. Januar 1937 (RGBl. I S. 5).

Auf Grund des § 106 Abs. 2 des Gesetzes zur Regelung der landwirtschaftlichen Schuldverhältnisse (Schuldenregelungsgesetz)[1] vom 1. Juni 1933 (Reichsgesetzbl. I S. 331) wird verordnet[2]:

1. Für das Land Österreich ist die Österreichische EntschuldungsVO. vom 5. Mai 1938 (RGBl. I S. 502) maßgebend. Auf Grund des § 25 dieser VO. gelten die VeräußV. vom 6. Jan. 1937 und die dazu ergangenen Durchführungsbestimmungen in der Fassung der Anlage 2, die wie folgt lautet:

Artikel 1

(1) *Die Veräußerung einer Liegenschaft, bei der im Grundbuch ein Entschuldungsvermerk (§ 19 der Verordnung über die Entschuldung der Landwirtschaft im Lande Österreich) eingetragen ist, bedarf zu ihrer*

Wirksamkeit der Genehmigung des österreichischen Ministers für Land- und Forstwirtschaft. Genehmigungspflichtig ist auch ein Rechtsgeschäft, das die Verpflichtung zur Veräußerung einer Liegenschaft der im Satz 1 genannten Art zum Gegenstand hat, sowie jedes Rechtsgeschäft, durch das ein der Veräußerung ähnlicher wirtschaftlicher Erfolg herbeigeführt werden soll. Ist das der Veräußerung zugrunde liegende Rechtsgeschäft genehmigt worden, so gilt auch die Veräußerung als genehmigt.

(2) *Die Genehmigung kann auch unter einer Auflage erteilt werden. Die Vertragschließenden sind nicht berechtigt, aus diesem Grunde vom Vertrage zurückzutreten, es sei denn, daß ihnen im Hinblick auf die Auflage die Erfüllung des Vertrags nicht zugemutet werden kann. Ob dies der Fall ist, entscheidet auf Antrag eines der Beteiligten der Minister für Land- und Forstwirtschaft.*

Artikel 2

(1) *Ob die Genehmigung nach Artikel 1 erforderlich ist, entscheidet der Minister für Land- und Forstwirtschaft endgültig. Die Entscheidung ist für Gerichte und Verwaltungsbehörden bindend.*

(2) *Vorschriften in Gesetzen oder Verordnungen, nach denen die Veräußerung von Liegenschaften einer weiteren Genehmigung bedarf, bleiben unberührt.*

Artikel 3

(1) *Die Genehmigung ist zu versagen:*

1. *wenn der bei der Veräußerung erzielte Erlös als unangemessen anzusehen ist, oder*
2. *wenn nicht sichergestellt ist, daß ein angemessener Teil des Erlöses zum Ausgleich der vom Reich oder von den Gläubigern im Entschuldungsverfahren gebrachten Opfer an das Reich abgeführt wird, oder*
3. *wenn der Erwerber nicht die Gewähr für die Sicherheit der Reichsmittel bietet, die dem Betriebe zugute gekommen sind.*

Aus anderen Gründen darf die Genehmigung nicht versagt werden.

(²) Auflagen (Artikel 1 Abs. 2) sind nur aus den Gründen des Absatzes 1 zulässig.

Artikel 4

(¹) Wird eine Liegenschaft der im Artikel 1 genannten Art nach den Vorschriften des Zwangsversteigerungsgesetzes versteigert, so ist auf Ersuchen des Ministers für Land- und Forstwirtschaft der Teil des Meistgebots, der nach den Zwangsversteigerungsvorschriften an den Liegenschaftseigentümer in bar auszuzahlen wäre, an das Reich abzuführen. Dasselbe gilt für den Teil des Versteigerungserlöses, der auf einen Gläubiger entfällt, dessen Anspruch erst nach dem Inkrafttreten der Entschuldungsverordnung begründet ist; dieser Betrag ist an den Gläubiger auszuzahlen, wenn der Minister für Land- und Forstwirtschaft feststellt, daß die Forderung des Gläubigers tatsächlich besteht und nicht zur Umgehung der Bestimmung des Satzes 1 begründet worden ist.

(²) Auf Ersuchen des Ministers für Land- und Forstwirtschaft dürfen nur die Gebote solcher Bieter zugelassen werden, denen der Minister für Land- und Forstwirtschaft bescheinigt hat, daß gegen die Abgabe von Geboten keine Bedenken bestehen. Die Ausstellung der Bescheinigung darf nur aus dem Grunde des Artikels 3 Abs. 1 Nr. 3 versagt werden. Der Gläubiger eines Pfandrechts bedarf der Bescheinigung nicht, wenn er bereits beim Inkrafttreten der Entschuldungsverordnung Gläubiger war.

(³) Das Vollstreckungsgericht hat den Minister für Land- und Forstwirtschaft von der Anordnung der Versteigerung durch Zustellung einer Ausfertigung des Versteigerungsedikts unverzüglich in Kenntnis zu setzen. In dem Versteigerungsedikt ist auf die Vorschriften des Absatzes 2 hinzuweisen.

Artikel 5

Der Minister für Land- und Forstwirtschaft kann anordnen, daß ein Teil des nach Artikel 3 Abs. 1

Nr. 2, Artikel 4 an das Reich zu entrichtenden Betrags zugunsten von Gläubigern des Betriebsinhabers zu verwenden ist, soweit dies im einzelnen Falle mit Rücksicht auf die von diesen Gläubigern im Verfahren gebrachten Opfer der Billigkeit entspricht.

Artikel 6

Der Minister für Land- und Forstwirtschaft kann die ihm nach dieser Verordnung zustehenden Befugnisse ganz oder teilweise auf die Landstellen übertragen und für bestimmte Arten von Rechtsgeschäften eine von den Vorschriften dieser Verordnung abweichende Regelung treffen.

2. Die VO. vom 6. Jan. 1937 enthält eine **Sonderregelung** außerhalb der GVB. Ihr Ziel ist zu verhindern, daß der Erlös aus der Veräußerung von Entschuldungsbetrieben, für die Reich und Gläubiger erhebliche Opfer gebracht haben, als unverdienter Gewinn dem Betriebsinhaber allein zufällt, und daß Entschuldungsgrundstücke durch Personen erworben werden, die keine Gewähr für die Sicherheit der aufgewendeten Entschuldungsmittel bieten. Die VO. bietet daher eine Ergänzung der Entschuldungsgesetzgebung.

Wird ein Grundstück auf Grund des Gesetzes über die Landbeschaffung für **Zwecke der Wehrmacht** vom 29. März 1935 (RGBl. I S. 467) erworben, so ist die Veräußerungs-VO. nur nach Maßgabe der Zweiten DurchfVO. vom 19. August 1937 (RGBl. I S. 909) zur Anwendung zu bringen.

Artikel 1

(1) Die Veräußerung[1] eines Grundstücks[2], auf dem im Grundbuch ein Entschuldungsvermerk (§§ 80, 81 des Schuldenregelungsgesetzes, § 19 Abs. 3, § 29 Abs. 1 der Verordnung zur Abwicklung der Entschuldungsverfahren im Osthilfegebiet [Osthilfeabwicklungsverordnung] vom 21. Dezember 1934 — Reichsgesetzbl. I S. 1280) eingetragen ist, bedarf zu ihrer Wirksamkeit der Genehmigung[3]

des Reichsministers für Ernährung und Landwirtschaft[4]. Genehmigungspflichtig ist auch ein Rechtsgeschäft, das die Verpflichtung zur Veräußerung eines Grundstücks der im Satz 1 genannten Art zum Gegenstande hat, sowie jedes Rechtsgeschäft, durch das ein der Veräußerung ähnlicher wirtschaftlicher Erfolg[1] herbeigeführt werden soll. Ist das der Veräußerung zugrunde liegende Rechtsgeschäft genehmigt worden, so gilt auch die Veräußerung als genehmigt[5].

(2) Die Genehmigung kann auch unter einer Auflage[6] erteilt werden. Die Vertragschließenden sind nicht berechtigt, aus diesem Grunde vom Vertrage zurückzutreten, es sei denn, daß ihnen im Hinblick auf die Auflage die Erfüllung des Vertrags nicht zugemutet werden kann[7]. Ob dies der Fall ist, entscheidet auf Antrag eines der Beteiligten der Reichsminister für Ernährung und Landwirtschaft.

(3) Die Absätze 1 und 2 gelten sinngemäß für Grundstücke, die ohne Eintragung eines Entschuldungsvermerks mit einer Hypothek für ein Darlehn der Bank für deutsche Industrie-Obligationen (Industriebank) oder für ein Darlehn des Reichs aus Betriebssicherungsmitteln belastet sind, sowie für Grundstücke, für deren Eigentümer das Schuldenregelungsverfahren erfolgreich durchgeführt ist, auf denen aber der Entschuldungsvermerk noch nicht eingetragen ist.

1. Die Genehmigungspflicht erfaßt die **Veräußerung** und die Verpflichtung zur Veräußerung eines Entschuldungsgrundstücks, also Kauf, Tausch, Schenkung, Gutsüberlassung, Auseinandersetzung, vgl. 1, 3 zu § 2 GVB.

Weiterhin jedes Rechtsgeschäft, durch das ein der Veräußerung **ähnlicher wirtschaftlicher Erfolg** herbeigeführt werden soll, z. B. langjähriger Pachtvertrag, Nießbrauch oder unentgeltliche Nutzung auf lange Zeit, unwiderrufliche Auflassungsvollmacht; gewöhnliche Nutzungsüberlassung (Pacht, Nießbrauch) zählt nicht hieher, Zweifelsfälle sind nach Art. 2 zu entscheiden.

Wegen der Anwendung der VO. im Zwangsversteigerungsverfahren vgl. Art. 4.

2. Grundstücke und unselbständige Grundstücksteile sind der VO. unterworfen, wenn im Grundbuch der **Vermerk** eingetragen ist: „Das Grundstück unterliegt der Entschuldung"; vgl. § 19 der Österreichischen Entschuldungs-VO. vom 5. Mai 1938 (RGBl. I S. 592). Eine Mindestgröße ist — abweichend von § 1 GVB. — für die Grundstücke nicht vorgeschrieben. Entschuldungsgrundstücke verlieren diese Eigenschaft weder durch Wechsel des Eigentümers noch durch Beseitigung der Belastung, so daß wiederholte Genehmigung bei wiederholter Veräußerung usw. notwendig ist.

Ist die Entschuldung zwar durchgeführt, der Entschuldungsvermerk aber aus technischen Gründen noch nicht eingetragen, so gelten trotzdem die Vorschriften der Abs. 1 und 2 auch in diesem Fall; Abs. 3 stellt dies klar. Nur Osthilfe-Entschuldungsdarlehen kommen hier in Frage.

Wegen der möglichen Freistellung der Grundstücksteile von den für Entschuldungsbetriebe geltenden Beschränkungen und der **Löschung des Entschuldungsvermerks** vgl. die gemeinschaftliche Richtlinie des RuPrMfEuL. und des RdJ. vom 17. April 1937, Amtl. Mitteilung für Entschuldungssachen 1937 Heft 253 = DJ. 1937, 608.

3. Die **Genehmigung** ist Voraussetzung der Rechtswirksamkeit des genehmigungspflichtigen Rechtsgeschäfts. Bis zur Entscheidung besteht ein Schwebezustand, vgl. 5 zu § 2 GVB. Nach Ziff. 1 der Richtlinien zur VeräußV. vom 29. April 1937, Amtl. Mitteilung für Entschuldungssachen 1937 Heft 254 ist die Genehmigung grundsätzlich erst dann zu erteilen, wenn ein bindender Kaufvertrag vorliegt, zu dem alle etwa erforderlichen Genehmigungen, z. B. des Anerbengerichts, der Genehmigungsbehörde (GBB., Wohn-SG.) beigebracht sind. „Solange nicht ein beide Parteien bindender Kaufvertrag vorliegt, ersuche ich, von Zusagen oder Stellungnahmen irgendwelcher Art abzusehen."

Die Entscheidung über die Genehmigung ist endgültig; eine Beschwerde ist nicht zulässig.

Wegen der Möglichkeit der Versagung, wenn der Betrieb noch mit Reichsmitteln belastet ist, s. Art. 3 Abs. 1 Nr. 3.

4. Genehmigungsbehörde ist grundsätzlich der Reichsernährungsminister; in bestimmten Fällen sind die bei den Amtsgerichten gemäß Art. 1 der Siebenten DurchfVO. vom 30. April 1935 (RGBl. I S. 572) gebildeten Entschuldungsämter und bei Osthilfebetrieben die Kommissare für die Osthilfe (Landstellen) — vgl. auch Art. 6 der österreichischen VeräußV. — zur Erteilung der Genehmigung zuständig. Art. 1 der DurchfVO. vom 19. April 1937 (RGBl. I S. 466), in Kraft getreten am 1. Mai 1937, bestimmt:

(1) Werden Erbhöfe oder Betriebe mit weniger als 7,5 ha Eigenland ganz oder teilweise freihändig oder im Wege der Zwangsversteigerung veräußert, so werden die in der Veräußerungsverordnung vorgesehenen Entscheidungen von dem zuständigen Entschuldungsamt, bei Osthilfeentschuldungsbetrieben von dem zuständigen Kommissar für die Osthilfe (Landstelle) getroffen. Das gleiche gilt, wenn Grundstücke auf Grund einer dem Betriebsinhaber im Entschuldungsplan oder Vergleichsvorschlag auferlegten Verpflichtung veräußert werden. Im Falle der Zwangsversteigerung solcher Grundstücke hat das Vollstreckungsgericht die im Art. 4 Abs. 3 der Veräußerungsverordnung vorgesehenen Mitteilungen an das zuständige Entschuldungsamt oder den zuständigen Kommissar für die Osthilfe (Landstelle) zu richten. Unberührt bleibt die Befugnis des Reichsministers für Ernährung und Landwirtschaft, auch in den durch Satz 1 und 3 nicht getroffenen Fällen die Entscheidung auf andere Stellen zu übertragen.

(²) *In den Fällen, in denen die Entscheidung dem Reichsminister für Ernährung und Landwirtschaft vorbehalten ist, kann er das zuständige Entschuldungsamt anhören.*

(³) *Eine auf Grund der Veräußerungsverordnung ergangene Entscheidung des Reichsministers für Ernährung und Landwirtschaft, des Entschuldungsamtes und des Kommissars für die Osthilfe (Landstelle) ist nicht deshalb unwirksam, weil für die Entscheidung eine andere dieser Stellen zuständig war.*

5. Vgl. § 2 Abs. 2 GVB. und 7 zu § 2 GVB.

6. Über den Begriff und die Rechtswirkung der **Genehmigung unter Auflage** vgl. 9 zu § 2 GVB. Auflagen sind nach Art. 3 Abs. 2 nur aus Gründen des Art. 3 Abs. 1 zulässig; darüber hinaus ist auch der volkswirtschaftlich gerechtfertigte Preis nach den Grundsätzen des Preisbildungsrechts sicher zu stellen, vgl. 34 zu RE. 155/37.

7. Grundsatz, dem über den Rahmen der VO. hinaus Bedeutung zukommt, vgl. 9 zu § 2 GVB., aber auch 14 zu RE. 155/37.

Artikel 2

(1) Ob die Genehmigung nach Artikel 1 erforderlich ist, entscheidet der Reichsminister für Ernährung und Landwirtschaft endgültig. Die Entscheidung ist für Gerichte und Verwaltungsbehörden bindend[1].

(2) Vorschriften in Gesetzen oder Verordnungen, nach denen die Veräußerung von Grundstücken einer weiteren Genehmigung bedarf, bleiben unberührt[2].

(3) Ist im Grundbuch auf Grund eines genehmigungspflichtigen, aber nicht genehmigten Rechtsgeschäfts eine Rechtsänderung eingetragen, so kann der Reichsminister für Ernährung und Landwirtschaft das Grundbuchamt um die Eintragung eines

Widerspruchs ersuchen. Der Widerspruch ist zu löschen, wenn der Reichsminister für Ernährung und Landwirtschaft darum ersucht oder wenn die Genehmigung erteilt wird. § 53 Abs. 1 der Grundbuchordnung bleibt unberührt[3].

1. Vgl. § 4 Abs. 1 GVB. Eine Beschwerde gegen die Entscheidung des Reichsernährungsministers findet nicht statt.

2. Z. B. § 2 GVB., § 4 WohnSG., § 37 REG. Hinsichtlich des Verhältnisses zur Grundstückverkehrsbekanntmachung s. Art. 1 der VO. vom 26. Jan. 1937, Vorbem. 2 zur GVB. und 5 zu § 3 GVB. Vgl. auch 3 zu Art. 1.

3. Vgl. § 6 GVB.

Artikel 3

(1) Die Genehmigung ist zu versagen,

1. wenn der bei der Veräußerung erzielte Erlös als unangemessen[1] anzusehen ist oder
2. wenn nicht sichergestellt ist, daß ein angemessener Teil des Erlöses zum Ausgleich der vom Reich oder von den Gläubigern im Schuldenregelungsverfahren oder Osthilfeverfahren gebrachten Opfer an das Reich abgeführt[2] wird, oder
3. wenn der Erwerber[3] nicht die Gewähr für die Sicherheit der Reichsmittel bietet, die dem Betriebe zugute gekommen sind.

Aus anderen Gründen darf die Genehmigung nicht versagt werden.

(2) Auflagen (Artikel 1 Abs. 2) sind nur aus den Gründen des Absatzes 1 zulässig[4].

1. **Unangemessenheit der Preisvereinbarung** liegt insbes. dann vor, wenn ein zu niedriger Preis vereinbart ist zu dem Zwecke, die Inanspruchnahme des Veräuße-

rungserlöses für das Reich und die Gläubiger zu umgehen. Im Rahmen der Preisbildungsvorschriften hat die Genehmigungsbehörde auch die Pflicht, überhöhte Preise zu beanstanden, vgl. 34 zu RE. 155/37; 6 zu § 5 GVB.

2. Die **Abgabe an das Reich** darf nur zum Ausgleich der vom Reich und den Gläubigern gebrachten Opfer dienen; die Verteilung der Abgabe erfolgt nach Art. 6. Die „Richtlinien" führen zu Ziffer 2 aus, daß hier in der Regel nicht die Versagung der Genehmigung, sondern die Genehmigung unter Auflage in Frage kommen wird. „Die Höhe des von dem Verkäufer danach an das Reich abzuführenden Betrages richtet sich nach den Umständen des einzelnen Falles; für die Entscheidung sind vor allem die Höhe des Verkaufsgewinns, die Höhe der Opfer des Reichs und der Gläubiger und der Verwendungszweck des Verkaufserlöses maßgebend. Bei den vom Reich gebrachten Opfern sind außer den Nachlässen auf Reichsforderungen oder den Kürzungen zu Lasten des Reichs (§§ 29, 65 SchRG.) auch die vom Reich einer Grundkreditanstalt etwa gewährten Zinszuschüsse zu berücksichtigen. Die Höhe dieser Zinszuschüsse kann bei der Grundkreditanstalt ermittelt werden. Zu den Opfern des Reichs gehören ferner die Kosten, die dem Reich bei Durchführung des Verfahrens erwachsen sind. Als Richtsatz für die Höhe dieser Kosten kann die dreifache Gerichtsgebühr in der Berufungsinstanz (§§ 8, 20, 28 des Deutschen Gerichtskostengesetzes), berechnet nach dem Kaufpreis, gelten.

Bei der Bemessung der Auflage ist auch zu prüfen, ob dem Verkäufer auferlegt werden soll, die Betriebssicherungsmittelhypothek, die Entschuldungshypothek der Industriebank oder festgeschriebene Forderungen ganz oder teilweise zurückzuzahlen.

Der nach der Auflage an das Reich zu entrichtende Betrag ist an den zuständigen Kommissar für die Osthilfe (Landstelle) zu zahlen, der gegebenenfalls eine Anordnung nach Art. 6 der VO. erläßt."

3. Die **Persönlichkeit des Erwerbers** ist in der Regel dann nicht mehr zu prüfen, wenn das Anerbengericht das Rechtsgeschäft genehmigt hat. Die Stellungnahme des Kreis- und Landesbauernführers ist einzuholen.

4. Über die Genehmigung unter Auflagen vgl. 9 zu § 2 GBB. und 6, 7 zu Art. 1.

Artikel 4

(1) Wird ein Grundstück der im Artikel 1 genannten Art nach den Vorschriften des Zwangsversteigerungsgesetzes versteigert, so ist auf Ersuchen des Reichsministers für Ernährung und Landwirtschaft der Teil des Bargebots[1], der nach den Zwangsversteigerungsvorschriften an den Grundstückseigentümer in bar auszuzahlen wäre, an das Reich abzuführen. Dasselbe gilt für den Teil des Versteigerungserlöses, der auf einen Gläubiger entfällt, dessen Anspruch erst nach dem 31. Dezember 1936 begründet ist; dieser Betrag ist an den Gläubiger auszuzahlen, wenn das Entschuldungsamt feststellt, daß die Forderung des Gläubigers tatsächlich besteht und nicht zur Umgehung der Bestimmung des Satzes 1 begründet worden ist. Bei Osthilfeentschuldungsbetrieben wird die Feststellung durch den Kommissar für die Osthilfe (Landstelle) getroffen.

(2) Auf Ersuchen des Reichsministers für Ernährung und Landwirtschaft dürfen nur die Gebote solcher Bieter zugelassen werden, denen der Reichsminister für Ernährung und Landwirtschaft bescheinigt hat, daß gegen die Abgabe von Geboten[2] keine Bedenken bestehen. Die Ausstellung der Bescheinigung darf nur aus dem Grunde des Artikels 3 Abs. 1 Nr. 3 versagt werden. Der Gläubiger eines Grundpfandrechts bedarf der Bescheinigung nicht, wenn er bereits am 1. Januar 1937 Gläubiger war. In den Fällen des § 81 Abs. 2 und 3 des

Zwangsversteigerungsgesetzes darf der Zuschlag an einen anderen als den Meistbietenden nur erteilt werden, wenn die Zustimmung des Reichsministers für Ernährung und Landwirtschaft beigebracht wird.

(3) Das Vollstreckungsgericht hat den Reichsminister für Ernährung und Landwirtschaft von der Anordnung der Versteigerung und der Terminsbestimmung unverzüglich in Kenntnis zu setzen. In der Terminsbestimmung (§ 37 des Zwangsversteigerungsgesetzes) ist auf die Vorschriften des Absatzes 2 hinzuweisen [3].

1. Die **Inanspruchnahme des Bargebots** im Zwangsversteigerungsverfahren entspricht der Anordnung nach Art. 3 Ziff. 2 bei Veräußerung des Grundstücks durch Rechtsgeschäft. Nach den Richtlinien ist von dem Recht aus Abs. 1 regelmäßig Gebrauch zu machen. „Das Ersuchen wird vor allem dann angebracht sein, wenn der Betrieb mit von der Landstelle verwalteten Reichsmitteln belastet ist; in diesen Fällen kann die Erteilung der Bietungsgenehmigung davon abhängig gemacht werden, daß der Bewerber mit dem Reich ein Bietungsabkommen trifft, in dem er sich verpflichtet, die Forderung des Reichs zu übernehmen. In jedem Falle ist vor der Erteilung der Bietungsgenehmigung die Stellungnahme des Reichsnährstandes einzuholen."

2. Der Genehmigungszwang für die **Abgabe von Geboten** tritt — abweichend von der Regelung in § 2 Abs. 3 GVB. — nur dann ein, wenn der Reichsernährungsminister oder die nach Art. 8 beauftragte Stelle das Vollstreckungsgericht nach Mitteilung der Terminsbestimmung (Abs. 3) um die Beschränkung der Zulassung von Geboten ersucht. In diesem Falle ist jedes Gebot, für das die Unbedenklichkeitsbescheinigung nicht ausgestellt ist, als unwirksam zurückzuweisen, vgl. 8 zu § 2 GVB. Auch die Abtretung des Rechts aus dem Meistgebot oder die Abgabe von Geboten als Vertreter für einen Dritten (§ 81 Abs. 2 und 3 ZVG.) bedarf in diesem Falle der Zustimmung des Reichsernährungsministers.

Die Ausstellung der Unbedenklichkeitsbescheinigung darf nach Satz 2 nur verweigert werden, wenn der Bieter nicht die Gewähr für die Sicherheit der aufgewendeten Reichsmittel bietet. Die Erteilung der Bescheinigung kann davon abhängig gemacht werden, daß der Bieter durch ein Abkommen mit dem Reich die Forderungen des Reiches übernimmt, s. oben 1.

3. Der Hinweis entfällt, wenn bei der Terminsbestimmung feststeht, daß der Reichsernährungsminister von dem Recht aus Abs. 2 keinen Gebrauch macht.

Artikel 5

Ist ein Grundstück der im Artikel 1 genannten Art vor dem Inkrafttreten dieser Verordnung [1] veräußert worden, so kann der Reichsminister für Ernährung und Landwirtschaft anordnen [2], daß ein angemessener Teil des Veräußerungserlöses zum Ausgleich der vom Reich oder von den Gläubigern im Schuldenregelungsverfahren oder Osthilfeverfahren gebrachten Opfer an das Reich zu entrichten ist. Die Anordnung soll nur getroffen werden, wenn die Belassung des vollen Veräußerungserlöses zu einer unbilligen Bereicherung des Veräußerers führen würde. Aus der Anordnung [2] findet die Zwangsvollstreckung nach den Vorschriften über die Vollstreckung der Urteile in bürgerlichen Rechtsstreitigkeiten statt.

1. Die VO. ist am 13. Jan. 1937 in Kraft getreten.

2. Die Anordnung hat die Wirkung eines Vollstreckungstitels.

Artikel 6

Der Reichsminister für Ernährung und Landwirtschaft kann anordnen, daß ein Teil des nach Artikel 3 Abs. 1 Nr. 2, Artikel 4 und 5 an das Reich zu entrichtenden Betrags zugunsten von Gläubigern des Betriebsinhabers zu verwenden ist, soweit dies im einzelnen Falle mit Rücksicht auf die von diesen Gläubigern im Verfahren gebrachten Opfer der Billigkeit entspricht.

Artikel 7

Bei Grundpfandrechten, die auf einem Grundstück der im Artikel 1 bezeichneten Art eingetragen sind, und für die auf Grund des Gesetzes über die Zinsen für den landwirtschaftlichen Realkredit vom 31. Juli 1935 (RGBl. I S. 1057) eine Reichshilfe gewährt wird, sind von dem Beginn des auf die Veräußerung folgenden Zinsabschnitts an mindestens 4½ v. H. Zinsen zu zahlen[1 2].

1. Die Erste DVO. vom 19. April 1937 (RGBl. I S. 466) bestimmt in Art. 2, in Kraft getreten am 13. Jan. 1937, folgendes:

Art. 7 der Veräußerungsverordnung gilt nicht bei Veräußerungen auf Grund von Gutsüberlassungsverträgen oder ähnlichen Übergabeverträgen, die eine Vorwegnahme der Erbfolge darstellen, sowie auf Grund von Verträgen, durch die der Entschuldungsbetrieb im Wege der Auseinandersetzung einer Gesellschaft oder Gemeinschaft ganz oder teilweise an einen Gesellschafter oder Gemeinschafter veräußert wird.

2. Für die Anwendung des Art. 7 ist es gleichgültig, aus welchem Rechtsgrund das Grundstück bzw. der Grundstücksteil veräußert wird; RE. vom 19. April 1937, Lw.-RMBl. S. 344.

Artikel 8

Der Reichsminister für Ernährung und Landwirtschaft kann die ihm nach dieser Verordnung zustehenden Befugnisse ganz oder teilweise auf andere Stellen übertragen und für bestimmte Arten von Rechtsgeschäften eine von den Vorschriften dieser Verordnung abweichende Regelung treffen [1] [2].

1. Erste DurchfVO. vom 19. April 1937 (RGBl. I S. 466) s. 4 zu Art. 1 und 1 zu Art. 7.

2. Zweite DurchfVO. vom 19. August 1937 (RGBl. I S. 909), s. oben Vorbem.

V. Gesetz über die Neugestaltung deutscher Städte.

Vom 4. Oktober 1937 (RGBl. I S. 1054).

Die Reichsregierung hat das folgende Gesetz beschlossen, das hiermit verkündet wird:

Die Begründung (Begr.) zum Gesetz ist im Deutschen Reichsanzeiger Nr. 231 vom 7. Okt. 1937 veröffentlicht.

Begr.: Nach dem Willen der Staatsführung soll als äußeres Zeugnis für die große Epoche des deutschen Wiederaufstiegs der planmäßige Ausbau einiger großer Städte des Reichs vorgenommen werden. An der Spitze wird die großzügige Ausgestaltung der Reichshauptstadt stehen; daneben soll der Ausbau der Hauptstadt der Bewegung, der Stadt der Reichsparteitage und der Stadt Hamburg vor sich gehen (vgl. die Reden des Führers und Reichskanzlers auf der Kulturtagung des Reichsparteitages 1936 und vor dem Deutschen Reichstag am 30. Jan. 1937). Zur planvollen Gestaltung des Stadtbildes der Reichshauptstadt ist bereits ein Generalbauinspektor durch Erlaß des Führers und Reichskanzlers vom 30. Jan. 1937 (Reichsgesetzbl. I S. 103) eingesetzt worden.

Die bestehenden Gesetze reichen nicht aus, um die einheitliche und geschlossene Durchführung der beabsichtigten

Maßnahmen zu gewährleisten. Städtebauliche Aufgaben von so gewaltiger Bedeutung und so großem Ausmaße werfen zudem Probleme auf, die bei der Durchführung der laufenden Aufgaben des Städtebaues im allgemeinen nicht entstehen konnten und deshalb bisher eine gesetzliche Regelung nicht so dringend erfordert haben. Der Entwurf will die gesetzlichen Handhaben geben, die zur Durchführung der vom Führer und Reichskanzler angeordneten großen städtebaulichen Maßnahmen notwendig sind.

§ 1[1]

(1) Für die städtebaulichen Maßnahmen, deren Durchführung der Führer und Reichskanzler anordnet[2], finden die Vorschriften dieses Gesetzes Anwendung.

(2) Der Führer und Reichskanzler oder die von ihm beauftragte Stelle[3] bestimmen den Bereich[4], in welchem, und den Zeitpunkt, von dem ab dieses Gesetz Anwendung finden soll. In gleicher Weise wird der Zeitpunkt bestimmt, in dem die Anwendung des Gesetzes für eine städtebauliche Maßnahme endigt.

(3) Der Reichsarbeitsminister kann in den Fällen, in denen Zweifel über die Grenzen des nach Abs. 2 bestimmten Bereichs bestehen, den Grenzverlauf im einzelnen bestimmen.

(4) Die Vorschriften der §§ 3 und 4 sind anwendbar, sobald die Durchführung einer Maßnahme nach Abs. 1 angeordnet ist[5].

(5) Die Bestimmungen nach den Absätzen 2 und 3 werden im Reichsministerialblatt bekanntgemacht.

1. **Begr.**: Die Vorschriften des Gesetzes sollen nach Abs. 1 nur für die städtebaulichen Maßnahmen Anwendung finden, deren Durchführung der Führer und Reichskanzler

angeordnet hat. In welcher Form diese Anordnungen ergehen, sagt der Entwurf nicht. Für die Reichshauptstadt ist die Anordnung bereits durch den Erlaß des Führers und Reichskanzlers über einen Generalbauinspektor für die Reichshauptstadt vom 30. Jan. 1937 erfolgt.

Nach Abs. 2 bestimmt der Führer und Reichskanzler den Anwendungsbereich der Vorschriften des Gesetzes und den Zeitpunkt des Beginns und Endes ihrer Anwendungsmöglichkeit. Die Kenntnis des Anwendungsbereiches und des Anwendungszeitraumes der Vorschriften ist notwendig sowohl für die durchführenden Behörden und Stellen wie vor allem auch für das in den Bereich der Maßnahmen fallende Grundeigentum.

Die Bestimmung des Anwendungsbereiches nach Abs. 2 kann für die einzelnen Bauabschnitte einer nach Abs. 1 angeordneten Maßnahme in zeitlich nacheinander ergehenden Bestimmungen nach Maßgabe der Inangriffnahme der einzelnen Bauabschnitte erfolgen; es ist nicht nötig, daß der gesamte Bereich einer nach Abs. 1 angeordneten Maßnahme in der ersten nach Abs. 2 ergehenden Bestimmung bezeichnet wird.

Für die Anwendung der Vorschriften des Gesetzes und der Durchführungsvorschriften ist es erforderlich, daß eindeutig feststeht, welche Grundstücke in den Bereich der Maßnahmen fallen. Für den Fall, daß aus der Bestimmung des Bereichs einer Maßnahme nach Abs. 2 die Grenzen des Bereichs nicht zweifelsfrei hervorgehen, ermächtigt Abs. 3 den Reichsarbeitsminister, den genauen Grenzverlauf zu bestimmen.

Nach Abs. 4 sind die Vorschriften der §§ 3 und 4 schon anwendbar, sobald eine städtebauliche Maßnahme vom Führer und Reichskanzler angeordnet ist. Für die Anwendung dieser Vorschriften bedarf es also einer Bestimmung nach Abs. 2 (Bereich und Zeitpunkt) nicht. Diese Regelung ist notwendig, weil die in § 3 genannten vorbereitenden Arbeiten zumeist dazu bestimmt sind, den Bereich der städtebaulichen Maßnahmen (Abs. 2) erst zu ermitteln, und weil die in § 4 vorgesehenen Eingriffsmöglichkeiten, die eine die spätere Durchführung der städtebaulichen Maßnahme erschwerende Änderung des tatsächlichen und rechtlichen Zustandes in dem voraussichtlichen Bereich der Maßnahme verhindern sollen, schon unmittelbar nach der Anordnung einer Maßnahme (Abs. 1) einsetzen müssen. Für die Neugestaltung Berlins werden die §§ 3 und 4 anwendbar sein, sobald das Gesetz ergangen ist, da die Anordnung nach Abs. 1 hier bereits durch den Erlaß des Führers und Reichskanzlers vom 30. Jan. 1937 getroffen ist.

2. **Anordnung** im Sinne dieser Vorschrift ist für die Reichshauptstadt Berlin der Erste und Zweite Erlaß des Führers und Reichskanzlers über einen Generalbauinspektor für die Reichshauptstadt vom 30. Jan. 1937 (RGBl. I S. 103) und vom 20. Jan. 1938 (RGBl. I S. 35), mit den AusführungsVO. vom 20. Jan. und 16. Juni 1938 (RGBl. I S. 35, 635), Erste und Zweite VO. über die Neugestaltung der Reichshauptstadt Berlin vom 5. Nov. 1937 (RGBl. I S. 1162) und vom 25. Jan. 1938 (RGBl. I S. 46).

Für die Stadt der Reichsparteitage Nürnberg ist Anordnung der Erlaß des Führers und Reichskanzlers über städtebauliche Maßnahmen in der Stadt der Reichsparteitage Nürnberg vom 9. April 1938 (RGBl. I S. 379); VO. über die Neugestaltung der Stadt der Reichsparteitage Nürnberg vom 1. Juni 1938 (RGBl. I S. 613), abgedruckt Anhang Nr. 7.

Der Bau der Elbehochbrücke in Hamburg ist durch den Erlaß des Führers und Reichskanzlers vom 31. Mai 1938 (RGBl. I S. 611) angeordnet.

3. **Beauftragte Stelle** im Sinne des Abs. 2 und des § 3 ist für Berlin der Generalbauinspektor für die Reichshauptstadt, für Nürnberg der Leiter des Zweckverbandes Reichsparteitag Nürnberg und für den Bau der Elbehochbrücke in Hamburg der Generalinspektor für das deutsche Straßenwesen, s. oben 2.

4. Für die Reichshauptstadt Berlin hat der Generalbauinspektor durch zahlreiche Anordnungen den „Bereich" bestimmt, vgl. RMBl. 1937 S. 645, 719; 1938 S. 40, 239, 245, 271; 279, 369 und 377.

5. Für die Anordnung der §§ 3, 4 bedarf es daher nicht der Bestimmung eines Bereiches und des Zeitpunktes, von dem an das Gesetz gelten soll (Abs. 2); es handelt sich hier um **vorbereitende Maßnahmen**, die sich auch auf die Verhinderung der Erschwerung späterer Vorhaben erstrecken.

§ 2[1]

(1) Soweit es zur Durchführung der städtebaulichen Maßnahmen erforderlich ist, kann das Grundeigentum nach Maßgabe der nachstehenden Vorschriften entzogen oder beschränkt werden[2].

(2) Unter Grundeigentum sind auch[3] die sonstigen dinglichen Rechte an Grundstücken sowie solche anderen Rechte zu verstehen, die zum Besitz oder zur Nutzung von Grundstücken berechtigen oder die Nutzung von Grundstücken beschränken.

1. **Begr.:** Die Vorschrift bezeichnet die Voraussetzungen für die Zulässigkeit der in das Grundeigentum eingreifenden Maßnahmen:

1. Es muß sich um eine vom Führer und Reichskanzler angeordnete Maßnahme handeln (§ 1 Abs. 1) und
2. der Eingriff in das Grundeigentum muß zur Durchführung der städtebaulichen Maßnahme notwendig sein. Da das Gesetz den bestehenden Rechtszustand nur soweit ändern will, als es die Durchführung der städtebaulichen Maßnahmen erfordert, kann das Grundeigentum auch auf Grund von Vorschriften außerhalb dieses Gesetzes beschränkt werden, es sei denn, daß ihre Anwendung nach § 14 ausgeschlossen ist.

Als Gegenstand der Entziehung oder Beschränkung bezeichnet § 2 das „Grundeigentum". In Abs. 2 sind die Rechte aufgeführt, die außer dem Eigentum an Grundstücken unter den Begriff des Grundeigentums fallen.

2. Beschränkungen des Eigentums sind **Beschränkungen des Grundstückverkehrs**, z. B. durch Genehmigungszwang

für die Teilung und Veräußerung von Grundstücken (§ 4 Abs. 2; vgl. 2—4 zu § 4 WohnSG.), durch gemeindliches Vorkaufsrecht (§ 5), ferner **Beschränkungen der baulichen Ausnutzung** eines Grundstücks, z. B. Untersagung der Bebauung (§ 4 Abs. 1).

Entziehung des Eigentums erfolgt durch Enteignung (§§ 8—10).

3. Den Grundstücken (im rechtlichen Sinn, vgl. 1 zu § 4 WohnSG.) **gleichgestellt** sind die dinglichen Rechte an Grundstücken (Dienstbarkeit, Erbbaurecht, Nießbrauch) sowie Nutzungsrechte (Miete, Pacht, Wohnrecht) und Rechte, die die Nutzung beschränken (Dienstbarkeit, Wohnrecht).

§ 3[1]

Zur Vorbereitung einer städtebaulichen Maßnahme sind die vom Führer und Reichskanzler mit der Vorbereitung der Maßnahme beauftragte Stelle[2] oder deren Beauftragte befugt, Grundstücke zu betreten und auf ihnen die erforderlichen Vorarbeiten vorzunehmen. Ein dabei entstandener Schaden ist alsbald zu ersetzen[3]. Kommt eine Einigung über den Ersatz des Schadens nicht zustande, so entscheidet die höhere Verwaltungsbehörde (§ 9 Abs. 2) nach Anhörung der Betroffenen endgültig.

1. Begr.: Zur Vorbereitung der städtebaulichen Maßnahmen werden zumeist gewisse Vorarbeiten (z. B. Vermessungen, Bohrungen u. ä.) erforderlich sein. Das Ergebnis dieser Vorarbeiten wird in der Regel für die Ermittlung des Bereiches der Maßnahme (§ 1 Abs. 2) bestimmend sein. In Anlehnung an entsprechende Vorschriften in bestehenden Gesetzen verpflichtet § 3 zur Duldung dieser Vorarbeiten. Ein durch sie entstandener Schaden ist zu ersetzen. Da es sich meist nur um Schaden geringen Umfanges handeln wird, ist ein einfacher Weg der Schadensregelung (endgültige Entscheidung durch die höhere Verwaltungsbehörde im Falle der Nichteinigung) vorgesehen. Der ordentliche Rechtsweg ist ausgeschlossen.

Für die Neugestaltung der Reichshauptstadt ist die mit der Vorbereitung der Maßnahme betraute Stelle im Sinne des § 3 der Generalbauinspektor für die Reichshauptstadt (Erlaß vom 30. Jan. 1937).

2. Vgl. 3 zu § 1.

3. Für die Reichshauptstadt Berlin trägt den etwa zu ersetzenden Schaden das Reich, für Nürnberg der Zweckverband Reichsparteitag bzw. die Stadt Nürnberg. Ansprüche sind für Berlin beim Polizeipräsidenten, für Nürnberg beim Oberbürgermeister geltend zu machen. Außerhalb des Stadtkreises ist in Berlin der Antrag bei dem Regierungspräsidenten, in Nürnberg bei dem Bezirksamt Nürnberg zu stellen.

§ 4[14]

(1) Die Bebauung von Grundstücken und die Veränderung baulicher Anlagen kann allgemein oder im Einzelfall untersagt[2] werden, wenn durch diese Handlungen die Durchführung der städtebaulichen Maßnahmen erschwert würde.

(2) Die Durchführungsvorschriften können bestimmen, daß die Teilung und die Veräußerung von Grundstücken[3] zu ihrer Wirksamkeit der Genehmigung bedürfen; diese kann versagt werden, wenn durch die genannten Handlungen die Durchführung der städtebaulichen Maßnahmen erschwert würde.

(3) Eine Entschädigung wird in den Fällen der Absätze 1 und 2 nicht gewährt.

1. **Begr.**: Ist die Durchführung einer städtebaulichen Maßnahme angeordnet, so müssen von da an alle Änderungen des tatsächlichen und rechtlichen Zustandes in dem voraussichtlichen Bereich der Maßnahme verhindert werden können, soweit sie geeignet sind, deren spätere Durchfüh-

rung zu erschweren. Zu diesem Zwecke sieht § 4 im Abs. 1 vor, daß die Bebauung von Grundstücken und die Veränderung baulicher Anlagen allgemein oder im Einzelfall untersagt werden kann, im Abs. 2, daß nach Maßgabe der Durchführungsvorschriften die Teilung und Veräußerung von Grundstücken der Genehmigung bedürfen.

Die Erschwerung der Durchführung im Sinne der Vorschrift kann sowohl technischer Art sein, insofern z. B. neu errichtete bauliche Anlagen wieder beseitigt werden müßten, als auch vor allem finanzieller Art, insofern die weitere Bebauung von Grundstücken oder die Teilung und Veräußerung von Grundstücken die späteren Aufwendungen für den Erwerb für die Zwecke der städtebaulichen Maßnahmen erhöhen könnten.

Die Untersagung der Bebauung von Grundstücken oder der Veränderung von baulichen Anlagen (Abs. 1) erfolgt im Einzelfalle durch die für die Erteilung von baupolizeilichen Genehmigungen zuständigen Behörden. Soweit die Bebauung oder Veränderung allgemein untersagt werden soll, ist dies durch Durchführungsvorschriften auf Grund des § 15 zu bestimmen.

Nach Abs. 3 ist eine Entschädigung für Maßnahmen, die auf Grund des Abs. 1 oder 2 getroffen sind, ausgeschlossen.

2. Für die Reichshauptstadt **Berlin** — vgl. 2 zu § 1; für **Nürnberg** gelten die entsprechenden Bestimmungen der §§ 3—8, Anhang Nr. 7 — ist zu § 4 folgendes bestimmt:

§ 5

(1) *Die Bebauung von Grundstücken und die Veränderung baulicher Anlagen wird nach § 4 Abs. 1 des Gesetzes im Einzelfall durch die Baupolizeibehörde auf Verlangen des Generalbauinspektors für die Reichshauptstadt untersagt.*

(2) *Gegen die Entscheidung der Baupolizeibehörde ist der Einspruch zulässig. Dieser ist innerhalb zweier Wochen schriftlich bei der Baupolizeibehörde einzulegen. Über den Einspruch entscheidet die Baupolizeibehörde entsprechend der erneuten Stellungnahme*

des Generalbauinspektors für die Reichshauptstadt endgültig.

§ 6

(1) *Innerhalb der nach § 1 Abs. 2 des Gesetzes bestimmten Bereiche bedürfen die Teilung sowie die Verpflichtung zu einer Veräußerung und die Veräußerung von Grundstücken zu ihrer Wirksamkeit der Genehmigung. Ist das Verpflichtungsgeschäft genehmigt, so gilt die Genehmigung auch für das entsprechende Erfüllungsgeschäft als erteilt. Die Genehmigung erteilt der Oberbürgermeister der Reichshauptstadt Berlin. Sie ist nur zu versagen, wenn der Generalbauinspektor für die Reichshauptstadt dies nach § 4 Abs. 2 des Gesetzes verlangt. § 5 Abs. 2 gilt entsprechend.*

(2) *Soweit ein nach § 1 Abs. 2 des Gesetzes bestimmter Bereich mit einem Gebiet zusammenfällt, das auf Grund des Gesetzes über die Aufschließung von Wohnsiedlungsgebieten vom 22. September 1933 (Reichsgesetzbl. I S. 659) zum Wohnsiedlungsgebiet erklärt ist, bedarf es einer besonderen Genehmigung nach Abs. 1 nicht. In dem Verfahren nach dem vorstehend bezeichneten Gesetz ist jedoch auch zu prüfen, ob die Teilung oder die Veräußerung die Durchführung der städtebaulichen Maßnahmen erschweren würde. Abs. 1 Satz 4 findet Anwendung. Wird die Genehmigung wegen Erschwerung der städtebaulichen Maßnahmen versagt, so ist an Stelle der Beschwerde nach dem Gesetz über die Aufschließung von Wohnsiedlungsgebieten (§ 8 Abs. 2) der Einspruch zulässig; § 5 Abs. 2 gilt entsprechend.*

(3) *Mit dem Antrag auf Genehmigung nach Abs. 1 oder 2 ist auch der Inhalt des Vertrags mitzuteilen.*

(4) *Das Verfahren ist kostenfrei.*

§ 7

(1) *Teilung im Sinne des § 4 Abs. 2 des Gesetzes ist die dem Grundbuchamt gegenüber abgegebene oder sonstwie erkennbar gemachte Erklärung des Eigentümers, daß ein Grundstücksteil grundbuchmäßig abge-*

schrieben und als selbständiges Grundstück oder als ein Grundstück zusammen mit anderen Grundstücken oder mit Teilen anderer Grundstücke eingetragen werden soll.

(2) *Die Teilung bedarf keiner Genehmigung, wenn sie für eine bereits nach § 6 genehmigte Veräußerung eines Grundstücksteils notwendig ist.*

(3) *Die Teilung bedarf ferner keiner Genehmigung, wenn sie im Rahmen eines Umlegungsverfahrens erfolgt.*

§ 8

Eine Genehmigung nach § 6 ist nicht erforderlich für die Veräußerung von Grundstücken im Wege der Zwangsversteigerung oder durch den Konkursverwalter und für Rechtsgeschäfte, welche die Umwandlung von Bruchteilseigentum in Gesamthandseigentum oder das Umgekehrte zum Gegenstand haben.

§ 9

Einer Genehmigung nach § 6 bedarf es nicht, wenn das Reich, ein Land oder die Nationalsozialistische Deutsche Arbeiterpartei an dem Rechtsvorgang beteiligt sind. Diese Beteiligten haben jedoch dem Generalbauinspektor für die Reichshauptstadt rechtzeitig Mitteilung zu machen; er entscheidet, ob die Teilung oder die Veräußerung erfolgen darf.

§ 10

(1) *Ist auf Grund eines nicht genehmigten Rechtsvorgangs eine Eintragung im Grundbuch erfolgt, so kann der Oberbürgermeister das Grundbuchamt um die Eintragung eines Widerspruchs ersuchen. Die Grundbuchordnung § 53 Abs. 1 bleibt unberührt.*

(2) *Ein nach Absatz 1 eingetragener Widerspruch ist zu löschen, wenn der Oberbürgermeister darum ersucht oder wenn die Genehmigung erteilt ist.*

Außerhalb des Stadtkreises Berlin erteilt die Genehmigung nach § 6 Abs. 1 in den Landkreisen der Landrat, in den Stadtkreisen der Oberbürgermeister; dies gilt auch im

Falle des § 10 Abs. 2 (§§ 3, 5 der Zweiten VO. vom 25. Jan. 1938).

3. Neben der Möglichkeit der Untersagung der **Bebauung** (§ 5) ist die Einführung der **Genehmigungspflicht** für die **Teilung und Veräußerung von Grundstücken** (§§ 6 bis 10) nach dem Vorbild des Wohnsiedlungsgesetzes von Bedeutung. Begriffsbestimmung und rechtliche Regelung entsprechen im allgemeinen dem WohnSG. und der Ausf.-VO. hierzu, vgl. 2—4 zu § 4 WohnSG.

4. Zur **Bestimmung des Bauplatzes** für Bauten mit einem umbauten Raumbedarf von über 50000 Kubikmeter ist in Berlin das Bauvorhaben rechtzeitig vor der Wahl des Bauplatzes bei dem Generalbauinspektor für die Reichshauptstadt anzumelden (Erste Ausf.-VO. zum Erlaß über einen Generalbauinspektor für die Reichshauptstadt vom 20. Jan. 1938, RGBl. I S. 35).

§ 5[1]

Der Gemeinde oder dem von ihr bezeichneten Berechtigten steht das Vorkaufsrecht für die Grundstücke zu, die in dem nach § 1 Abs. 2 bestimmten Bereich gelegen sind. Das Nähere bestimmen die Durchführungsvorschriften[2] [3].

1. **Begr.**: Die Vorschrift soll ermöglichen, daß bereits der freihändige Eigentumswechsel benutzt werden kann, um die für die Durchführung der städtebaulichen Maßnahmen benötigten Grundstücke zu erwerben; auf diese Weise können auch Härten, die mit einer sonst später notwendig werdenden Enteignung verbunden sein könnten, vermieden werden.

2. Für die Reichshauptstadt **Berlin** — vgl. 2 zu § 1; für **Nürnberg** gelten die entsprechenden Bestimmungen der §§ 10—12, Anhang Nr. 7 — ist zu § 5 folgendes bestimmt:

§ 11

(1) *Das Vorkaufsrecht soll nur ausgeübt werden, wenn der Erwerb des Grundstücks zur Durchführung der städtebaulichen Maßnahmen notwendig ist.*

(2) *Die Ausübung des Vorkaufsrechts ist ausgeschlossen, wenn eine Genehmigung nach §§ 8 oder 9 nicht erforderlich ist, sowie wenn der Eigentümer das Grundstück an seinen Ehegatten oder an eine Person verkauft hat, die mit ihm in gerader Linie verwandt oder verschwägert oder in der Seitenlinie bis zum zweiten Grade verwandt ist.*

§ 12

(1) *Die Frist zur Ausübung des Vorkaufsrechts beträgt sechs Wochen von dem Tage ab, an dem die Mitteilung über den Inhalt des abgeschlossenen Kaufvertrags dem Oberbürgermeister der Reichshauptstadt Berlin zugegangen ist (§ 6 Abs. 3).*

(2) *Die Erklärung, daß das Vorkaufsrecht ausgeübt wird, hat zusammen mit dem Genehmigungsbescheid nach § 6 zu erfolgen; nach dessen Bekanntgabe ist die Ausübung des Vorkaufsrechts ausgeschlossen.*

(3) *Hat die Reichshauptstadt Berlin einen anderen Vorkaufsberechtigten bezeichnet, so kann das Vorkaufsrecht für diesen nur durch den Oberbürgermeister der Reichshauptstadt Berlin ausgeübt werden.*

§ 13

(1) *Das Vorkaufsrecht hat den Vorrang vor allen anderen Vorkaufsrechten. Es bedarf zu seiner Erhaltung gegenüber dem öffentlichen Glauben des Grundbuchs nicht der Eintragung in das Grundbuch.*

(2) *Auf das Vorkaufsrecht sind die Vorschriften des Bürgerlichen Gesetzbuchs in den §§ 504 bis 509, § 512 und § 1098 Abs. 2 entsprechend anzuwenden. Das Vorkaufsrecht erstreckt sich auch auf das mitverkaufte Zubehör.*

(3) *Hat der Käufer eine Nebenleistung übernommen, die nicht in Geld zu schätzen ist, so hat der Eigentümer dem Vorkaufsberechtigten gegenüber keinen Anspruch auf die Erfüllung dieser Nebenleistung und der Vertragsstrafen, die zu ihrer Erfüllung ausbedungen sind.*

(4) *Erwirbt die Gemeinde oder der von ihr bezeichnete Berechtigte in Ausübung des Vorkaufsrechts ein*

Grundstück, so erlöschen sonstige Vorkaufsrechte und Vormerkungen, die ein Recht auf Auflassung erhalten sollen (Bürgerliches Gesetzbuch § 883). Soweit die Inhaber der erlöschenden Rechte hierdurch einen Vermögensnachteil erleiden, sind sie von dem Vorkaufsberechtigten angemessen zu entschädigen; bei Streit über die Entschädigung entscheiden die ordentlichen Gerichte.

3. Auch in den **außerhalb des Stadtkreises Berlin** bestimmten Bereichen steht das Vorkaufsrecht nach § 5 des Gesetzes der Reichshauptstadt Berlin oder dem von ihr bezeichneten Berechtigten zu. In diesem Falle hat die Genehmigungsbehörde den ihr mitgeteilten Inhalt des Vertrages (§ 6 Abs. 3) dem Oberbürgermeister der Reichshauptstadt Berlin unverzüglich mitzuteilen; § 12 Abs. 2 bleibt unberührt (§ 4 der Zweiten VO. vom 25. Jan. 1938).

§ 6[1]

Die zuständigen Reichsminister können durch Verordnung Bestimmungen über die Erfassung der Wertsteigerung treffen, die das Grundeigentum aus der Durchführung der städtebaulichen Maßnahmen erfährt. Sie sind hierbei nicht an die Grenzen des nach § 1 Abs. 2 bestimmten Bereichs gebunden[2].

1. **Begr.**: Die Durchführung so umfassender städtebaulicher Maßnahmen, wie es die beabsichtigten sind, wird für einen Teil des Grundeigentums ganz erhebliche Wertsteigerungen zur Folge haben. Es könnte nicht verantwortet werden, einem Teil des Grundeigentums einen unverdienten Wertzuwachs zufließen zu lassen, der lediglich durch sehr erhebliche Leistungen und Aufwendungen der Allgemeinheit herbeigeführt wurde. § 6 sieht daher vor, daß im Wege der Verordnung Bestimmungen über die Erfassung dieser Wertsteigerungen getroffen werden können.

2. Die Erfassung der **Wertsteigerungen** braucht sich nicht auf den „Bereich" zu beschränken, da auch der zu erwartende Wertzuwachs über die Grenzen des Bereichs hinaus sich erstrecken wird.

§ 7[1]

Die zuständigen Reichsminister können durch Verordnung bestimmen, daß in den Fällen, in denen bei der Durchführung der städtebaulichen Maßnahmen Wohnungen beseitigt werden, der aus der Veräußerung von Wohngrundstücken erzielte Gegenwert oder die Enteignungsentschädigung für solche Grundstücke für den Bau von Ersatzwohnungen[2] verwendet werden muß.

1. **Begr.**: Es wird sich nicht vermeiden lassen, daß im Zuge der städtebaulichen Maßnahmen auch Wohngebäude beseitigt werden müssen. Für die wegfallenden Wohnungen muß Ersatz geschaffen werden. Es wird notwendig sein, die Werte, die bisher in den zu beseitigenden Wohnungen angelegt waren, zu erfassen und sie für den Bau der notwendigen Ersatzwohnungen wieder zu verwenden. § 7 ermächtigt im Wege der Verordnung hierüber die näheren Bestimmungen zu treffen.

2. Der **Bau von Ersatzwohnungen**, der der Beseitigung der Wohnungen in der Regel wird vorausgehen müssen, soll aus dem Erlös für die Wohngrundstücke (Kaufpreis, Enteignungsentschädigung) mitfinanziert werden.

§ 8[1]

Für die Enteignung von Grundeigentum (§ 2) finden die bestehenden Gesetze, nach Inkrafttreten eines Rechtsenteignungsgesetzes die Vorschriften dieses Gesetzes nach Maßgabe der §§ 9 und 10 Anwendung. Bestehen Vorschriften über ein vereinfachtes Enteignungsverfahren[2], so sind diese anzuwenden. Bei Zweifel bestimmt der Reichsarbeitsminister durch Verordnung, welche Vorschriften anzuwenden sind.

§ 9

(1) Die Bestimmung des Bereichs der städtebaulichen Maßnahme nach § 1 Abs. 2 gilt als Feststellung der Zulässigkeit der Enteignung.

(2) Für die Durchführung des Enteignungsverfahrens ist die höhere Verwaltungsbehörde zuständig. Die Durchführungsvorschriften bestimmen, welche Behörde höhere Verwaltungsbehörde im Sinne dieser Vorschrift ist[3] [4].

(3) Die Enteignung erfolgt, soweit nicht die Enteignungsbehörde (Abs. 2) einen anderen Enteignungsberechtigten bezeichnet, zugunsten der Gemeinde[5]. Die Gemeinde kann zur Weiterübertragung des Eigentums oder sonstiger Rechte an einen näher zu bezeichnenden Dritten ermächtigt oder verpflichtet werden.

§ 10

(1) Die Enteignung erfolgt gegen angemessene Entschädigung[6]. Diese kann in geeigneten Fällen ganz oder teilweise auch in Land (bebauten oder unbebauten Grundstücken) oder in wiederkehrenden Leistungen gewährt werden, wenn diese Art der Entschädigung unter Abwägung der Belange des Enteigneten und des Enteignungsberechtigten billig ist. Bei Erbhöfen ist die Entschädigung in Land zu leisten, soweit die Inanspruchnahme die Lebensfähigkeit des Erbhofs beeinträchtigt; auf Vorschlag der Enteignungsbehörde (§ 9 Abs. 2) kann der Reichsarbeitsminister im Einvernehmen mit dem Reichsminister für Ernährung und Landwirtschaft eine andere Entschädigungsregelung zulassen.

(2) Sind durch die Aussicht auf die Durchführung der städtebaulichen Maßnahme, für die die Enteignung erfolgt, seit dem 1. Januar 1937 Wertsteigerungen entstanden, so dürfen diese nicht berücksichtigt werden.

(3) Bei der Beurteilung der Angemessenheit der Entschädigung ist der Einheitswert, der nach den Vorschriften des Reichsbewertungsgesetzes festgestellt ist, zu würdigen.

1. Begr. zu §§ 8—10: Die §§ 8—10 regeln die Enteignung. Der Entwurf will für die städtebaulichen Maßnahmen kein Sonderenteignungsrecht schaffen; er will auch nicht dem allgemeinen Reichsenteignungsgesetz vorgreifen. Er erklärt daher die bestehenden Enteignungsgesetze und vom Inkrafttreten des Reichsenteignungsgesetzes an dessen Vorschriften für anwendbar. Dies gilt jedoch mit folgender Maßgabe:

1. soweit vereinfachte Enteignungsgesetze bestehen, finden diese Anwendung;
2. die Bestimmung des Bereiches der Maßnahme nach § 1 Abs. 2 gilt als Feststellung der Zulässigkeit der Enteignung;
3. für die Durchführung des Enteignungsverfahrens ist die höhere Verwaltungsbehörde zuständig;
4. die Enteignung erfolgt, soweit nicht ein anderer Enteignungsberechtigter bezeichnet wird, zugunsten der Gemeinde;
5. die Enteignung erfolgt gegen angemessene Entschädigung, die auch in Land oder in wiederkehrenden Leistungen gewährt werden kann; bei Erbhöfen erfolgt die Entschädigung grundsätzlich in Land, wenn die Enteignung die Lebensfähigkeit des Erbhofs beeinträchtigt.

2. Vgl. Anm. 35, oben S. 51.

3. Für Berlin ist höhere Verwaltungsbehörde der Polizeipräsident in Berlin. Außerhalb Berlins ist der Regierungspräsident höhere Verwaltungsbehörde (vgl. 2 zu § 1).

Für **Nürnberg** ist der Oberbürgermeister der Stadt, außerhalb des Gebietes des Stadtkreises das Bezirksamt höhere Verwaltungsbehörde, vgl. 2 zu § 1.

4. Für **Berlin** — wegen **Nürnberg** vgl. Anhang Nr. 7 — gilt zu § 10 folgende Bestimmung:

§ 14

Soll Erbhofland enteignet werden, so hat die Enteignungsbehörde eine Entscheidung des Anerbengerichts darüber herbeizuführen, wieweit durch die Enteignung die Lebensfähigkeit des Erbhofs beeinträchtigt wird. Das Anerbengericht soll vor der Entscheidung den Kreisbauernführer hören. Gegen die Entscheidung des Anerbengerichts ist nur die sofortige Beschwerde des Kreisbauernführers und gegen die Entscheidung des Erbhofgerichts nur die sofortige weitere Beschwerde des Landesbauernführers zulässig. Die Anerbenbehörden haben das Verfahren tunlichst zu beschleunigen. Das Verfahren ist kostenfrei.

5. Die Gemeinde ist als **Trägerin** an Stelle eines sonst auftretenden Unternehmens bestimmt; steht ein anderer Enteignungsberechtigter fest, so erfolgt die Enteignung zu seinen Gunsten.

6. Die **Angemessenheit der Entschädigung** hat auch die für die Preisbildung geltenden Grundsätze zu beachten; auf den steuerlichen Einheitswert ist Rücksicht zu nehmen, Abs. 3; vgl. auch 35 zu RE. 155/37, oben S. 51 und Hettlage ZAkDR. 1938, 11.

§ 11

Bei den vom Führer und Reichskanzler angeordneten Maßnahmen (§ 1) kann der Reichsminister der Finanzen im Einvernehmen mit dem Reichsminister des Innern und dem zuständigen Fachminister bestimmen, daß Reich, Länder oder Gemeinden allgemein oder im Einzelfall für die

Überlassung ihres Grundeigentums eine Entschädigung ganz oder teilweise nicht erhalten[1].

1. **Begr.**: Nach § 47 der auch für Länder und Gemeinden maßgeblichen Reichshaushaltsordnung dürfen Grundstücke nur zu einem dem vollen Wert entsprechenden Preis veräußert werden. Ausnahmen bedürfen der gesetzlichen Genehmigung, soweit es sich um Grundstücke im Werte von mehr als 5000 *RM* handelt.

Durch die Vorschrift des § 11 soll die Möglichkeit geschaffen werden, Reich, Länder und Gemeinden auf vereinfachtem Wege zur Förderung der städtebaulichen Maßnahmen im Sinne dieses Gesetzes in der Weise heranzuziehen, daß sie Grundstücke, die zur Durchführung der Maßnahmen unmittelbar benötigt werden, unentgeltlich zur Verfügung zu stellen haben.

Ob und inwieweit die hiedurch entstehende Belastung für die betroffene Körperschaft tragbar ist, muß bei der Bestimmung auf Grund des § 11 berücksichtigt werden. Wenn im § 11 gesagt ist, daß bestimmt werden kann, daß „allgemein oder im Einzelfall" eine Entschädigung nicht gewährt wird, so soll diese Fassung nur zum Ausdruck bringen, daß, abgesehen von den Einzelfällen, auch eine allgemeine Regelung derart getroffen werden kann, daß beispielsweise für bestimmte Grundstücksgruppen (wie abzutretendes Straßenland oder unbebaute Grundstücke) eine Entschädigung nicht gewährt wird.

§ 12[1]

Damit die städtebaulichen Maßnahmen planvoll gestaltet werden können, können Grundstücke im Wege der Umlegung (Zusammenlegung und Neueinteilung) verändert werden. Das Nähere wird durch Verordnung bestimmt. Bei der Umlegung können die für öffentliche Straßen und Plätze erforderlichen Flächen bis zu einem in der Verordnung zu bestimmenden Hundertsatz[2] aus der Masse der zusammengelegten Grundstücke unentgeltlich und lastenfrei übereignet werden.

1. **Begr.:** Die für die Durchführung der städtebaulichen Maßnahmen notwendige Neueinteilung der Grundstücke wird vielfach am besten im Wege der Umlegung geschaffen werden können; diese ermöglicht erfahrungsgemäß in den meisten Fällen den besten Ausgleich sämtlicher Interessen. Die bestehenden städtischen Umlegungsgesetze sind, vor allem hinsichtlich des Verfahrens, für die hier erforderliche rasche Durchführung der Umlegung nicht geeignet. § 12 ermächtigt daher zum Erlaß einer die Umlegung regelnden Verordnung. Die Bestimmung, daß hierbei die unentgeltliche und lastenfreie Abtretung der für den Gemeindebedarf benötigten Flächen bis zu einem in der Verordnung zu bestimmenden Hundertsatz vorgesehen werden kann, entspricht einer den bestehenden Umlegungsgesetzen bereits bekannten Regelung.

2. In § 7 Abs. 1 WohnSG. ist ein Hundertsatz bis zu 35 v. H. bei geschlossener und bis zu 25 v. H. bei offener Bauweise vorgesehen.

§ 13[1]

(1) Das Enteignungs- und Umlegungsverfahren ist gebührenfrei. Auf welche Rechtsvorgänge und Urkunden sich die Gebührenbefreiung erstreckt, bestimmen die Durchführungsvorschriften[2].

(2) Der Erwerb und die erstmalige Weiterveräußerung (§ 9 Abs. 3) von Grundstücken einschließlich Zubehör, die zur Durchführung der städtebaulichen Maßnahmen erforderlich sind, sind von folgenden Steuern des Reichs, der Länder und der Gemeinden (Gemeindeverbände) ausgenommen:

1. der Urkundensteuer,
2. der Grunderwerbsteuer einschließlich Zuschläge,
3. der Steuer der Gemeinden (Gemeindever-

bände) vom Zubehör (Gewerbeanschaffungssteuer).

Eine etwaige Wertzuwachssteuer wird erhoben. Sie fließt in die Kasse des Reichs und ist für Zwecke der Durchführung der in diesem Gesetz vorgesehenen Maßnahmen zu verwenden.

1. Begr.: Absatz 1 erklärt das Enteignungs- und Umlegungsverfahren nach näherer Bestimmung der Durchführungsvorschriften für gebührenfrei.

Absatz 2 regelt die Steuerbefreiung aus Anlaß des Erwerbs und der erstmaligen Weiterveräußerung von Grundstücken; hierbei ist „Erwerb" sowohl der freihändige Erwerb wie der im Wege der Enteignung und Umlegung. Der Erwerb oder die erstmalige Weiterübertragung von Grundeigentum im Rahmen der vorgesehenen städtebaulichen Maßnahmen lösen nach Maßgabe der Vorschriften der einzelnen Gesetze bei einer ganzen Reihe von Steuern Steuerpflichten aus. Soweit es sich dabei um die sog. Verkehrssteuern handelt, d. h. um die Steuern, bei denen die Steuerpflicht durch den Verkehrsakt entsteht, war eine vollkommene Befreiung geboten, da die Abgabe des Grundeigentums für die Durchführung dieser Maßnahmen unentbehrlich ist. Es ist daher im § 13 Abs. 2 Befreiung vorgesehen von der Urkundensteuer, der Grunderwerbsteuer, einschließlich Zuschläge und der Steuer der Gemeinden (Gemeindeverbände) vom Zubehör (Gewerbeanschaffungssteuer). Soweit es sich hingegen um die Besteuerung des Wertzuwachses oder des Gewinns handelt, der infolge der Veräußerung erzielt wird, erschien eine vollständige oder teilweise gesetzliche Befreiung nicht vertretbar. Die Wertzuwachssteuer ist daher in voller Höhe zu erheben, jedoch fließt sie nicht, wie im Regelfall, der Gemeinde zu, sondern dem Reich; das Aufkommen soll insoweit zur Durchführung der im Gesetz vorgesehenen Maßnahmen verwendet werden.

Endlich kann bei Gewerbebetrieben anläßlich der Enteignung Einkommensteuer oder Körperschaftssteuer entstehen, wenn die Entschädigung für das Grundstück höher ist als der Buchwert. Verwendet der Steuerpflichtige den Erlös, den er für das Grundstück erzielt hat, in vollem Umfang zur Beschaffung eines Ersatzgrundstücks, so wird in entsprechender Anwendung der Grundsätze, die die Rechtsprechung und die Verwaltung bei Brandentschädigung entwickelt haben, eine steuerliche Begünstigung bei der Einkommensteuer und Körperschaftsteuer eintreten. Die Begünstigung besteht darin, daß der Teil der Entschädigung, der über den Buchwert hinausgeht, im Jahre der Enteignung oder Veräußerung nicht zur Steuer herangezogen wird. Findet eine Ersatzbeschaffung nicht statt oder wird der Erlös für das veräußerte Grundstück nur teilweise zur Ersatzbeschaffung verwendet, so soll der Gewinn oder der entsprechende Teil des Gewinns zur Einkommensteuer (Körperschaftsteuer) nur mit einem Steuersatz von 10 v. H. herangezogen werden. Diese steuerlichen Maßnahmen werden noch dadurch erleichtert werden, daß die Erhebung der Einkommensteuer oder Körperschaftsteuer in Höhe von 10 v. H. zwei Jahre lang ausgesetzt bleibt, um dem Steuerpflichtigen genügend Zeit für die Ersatzbeschaffung zu gewähren. Alle diese Fragen werden durch Verwaltungserlaß geregelt werden.

2. Für **Berlin** — vgl. 2 zu § 1; wegen **Nürnberg** s. Anhang Nr. 7 — gilt folgendes:

§ 15

(1) *Die Gebührenbefreiung erstreckt sich auf die infolge der Enteignung und der Gewährung einer Entschädigung in Land erforderlichen Grundbucheintragungen und auf die Erteilung der zur Durchführung des Verfahrens erforderten Grundbuchabschriften. Gebührenfrei sind ferner alle Rechtsvorgänge und gerichtlichen Urkunden, die dem rechtsgeschäftlichen Erwerb zu den in diesem Gesetz bestimmten Zwecken — einschließlich der Beschaffung von Ersatzland — sowie im Falle des § 9 Abs. 3 Satz 2 des Gesetzes der Weiterübertragung von Grundeigentum dienen.*

(2) *Die Befreiung erstreckt sich nicht auf die Geltendmachung von Ansprüchen durch Klage vor den Gerichten und auf das gerichtliche Verteilungsverfahren.*

§ 14[1]

(1) Außerhalb dieses Gesetzes bestehende Vorschriften bleiben unberührt, soweit sie nicht mit diesem Gesetz und seinen Durchführungsvorschriften in Widerspruch stehen.

(2) Der Reichsarbeitsminister kann im Einvernehmen mit den beteiligten Reichsministern bestimmen, daß außerhalb dieses Gesetzes bestehende Vorschriften, die der Durchführung der städtebaulichen Maßnahmen entgegenstehen würden oder deren Anwendung wegen der Anwendung dieses Gesetzes oder seiner Durchführungsvorschriften nicht mehr erforderlich ist, allgemein oder im Einzelfall nicht anzuwenden sind.

1. **Begr.**: Da der Entwurf nur die zur Durchführung der städtebaulichen Maßnahmen erforderlichen Vorschriften in Änderung des bestehenden Rechts geben will, bleiben nach Absatz 1 alle außerhalb des Gesetzes bestehenden Vorschriften unberührt, soweit sie nicht im Widerspruch mit ihm oder den Durchführungsvorschriften stehen.

Nach Abs. 2 können jedoch außerhalb des Gesetzes bestehende Vorschriften allgemein oder im Einzelfall für nicht anwendbar erklärt werden, wenn sie der Durchführung der städtebaulichen Maßnahmen entgegenstehen würden oder infolge der Anwendung der Vorschriften des Gesetzes und seiner Durchführungsvorschriften nicht mehr erforderlich sind. „Unter Vorschriften" sind hier alle Rechtsnormen, vor allem auch ortsrechtliche Regelungen zu verstehen.

§ 15

Die zur Durchführung und Ergänzung dieses Gesetzes erforderlichen Rechts- und Verwaltungsvorschriften erläßt der Reichsarbeitsminister im Einvernehmen mit den beteiligten Reichsministern[1 2].

1. Erste und Zweite Verordnung über die Neugestaltung der Reichshauptstadt Berlin vom 5. Nov. 1937 und vom 25. Jan. 1938, oben S. 148. Die Dritte Verordnung vom 23. April 1938 (RGBl. I S. 410) betrifft die ganze oder teilweise Verlegung von Friedhöfen.

2. Verordnung über die Neugestaltung der Stadt der Reichsparteitage Nürnberg vom 1. Juni 1938, Anhang Nr. 7.

VI. Erste Durchführungsverordnung zum Gesetz über die Sicherung der Reichsgrenze und über Vergeltungsmaßnahmen.

Vom 17. August 1937 (RGBl. I S. 905).

Auf Grund des § 1 des Gesetzes über die Sicherung der Reichsgrenze und über Vergeltungsmaßnahmen vom 9. März 1937 (Reichsgesetzbl. I S. 281)[1] wird hiermit verordnet:

1. Das Gesetz hat folgenden Wortlaut:

§ 1

Der Reichsminister des Innern wird ermächtigt, in von ihm zu bestimmenden Gebieten, insbesondere an der Reichsgrenze, im Einvernehmen mit den beteiligten Reichsministern alle Maßnahmen zu treffen, die für eine wirksame Sicherung der Reichsgrenze und des Reichsgebiets erforderlich sind.

§ 2

(1) *Der Reichsminister des Innern wird ermächtigt, gegen Angehörige eines fremden Staates und gegen deren Vermögen Vergeltungsmaßnahmen zu treffen, sofern dieser Staat gegen Reichsangehörige oder ihr Vermögen Maßnahmen trifft, die nach deutschem Recht gegen die Angehörigen dieses Staates oder ihr Vermögen nicht getroffen werden können.*

(2) *Diese Maßnahmen des Reichsministers des Innern bedürfen jeweils der Zustimmung des zuständigen*

Reichsministers, des Reichsministers des Auswärtigen und des Stellvertreters des Führers.

§ 3

Die nach den §§ 1 und 2 dieses Gesetzes getroffenen Anordnungen binden die Verwaltungsbehörden und die Gerichte.

§ 1

Der Verkehr [1] mit Grundstücken [2] unterliegt in [3] den im § 11 aufgeführten Stadt- und Landkreisen folgenden [4] Vorschriften:

1. Der Begriff des „Verkehrs" ergibt sich aus den §§ 2—5. Diese Vorschriften erfassen nicht nur die in § 2 Abs. 1 bezeichneten **Rechtsgeschäfte**, sondern auch die **Abgabe des Gebots** im Zwangsversteigerungsverfahren (§ 2 Abs. 4). Insoweit entspricht diese Regelung grundsätzlich dem § 2 GVB., vgl. aber 3, 4 zu § 2. Darüber hinaus bringen die §§ 3—5 eine gesetzliche Neuregelung: Das Behalten eines rechtmäßig durch Erbanfall erworbenen Grundbesitzes ist für den Erben, soweit er nicht gesetzlicher Erbe ist, dem Genehmigungszwang unterworfen.

2. Die Regelung der DVO. trifft **Grundstücke** jeder Art und Größe ohne Rücksicht auf die Verwendung des Grundstücks. Insofern ist der Kreis der erfaßten Grundstücke wesentlich größer als nach der GVB. Befreiungsvorschriften nach Art des § 3 GVB. sind hier nicht vorgesehen; deshalb sind grundsätzlich alle Rechtsgeschäfte der in § 2 bezeichneten Art genehmigungspflichtig.

3. Der **Geltungsbereich** der Verordnung ist **örtlich beschränkt**; der Genehmigungszwang gilt nur für Grundstücke, die in den in § 11 aufgeführten Stadt- und Landkreisen gelegen sind.

4. Das Genehmigungsverfahren kann mit **anderen Genehmigungsverfahren** zusammentreffen. Für den Fall des gleichzeitigen Erfordernisses einer Genehmigung nach der GVB. oder nach dem WohnSG. stellt § 2 Abs. 5 den Grundsatz auf, daß bei Genehmigung auch die Vorschriften dieser Gesetze erfüllt sein müssen; wird die Genehmigung nach der GVB. oder nach dem WohnSG. versagt, so kann von einer Entscheidung nach § 2 Abs. 1 und 4 DVO. abgesehen werden. Bei Genehmigung des Rechtsgeschäfts (oder des Gebots) nach der GVB. oder des WohnSG. genügt eine einheitliche Genehmigung, vgl. 6 zu § 2 GVB., 7 zu § 4 WohnSG.

Durch Art. 2 der Zweiten Ergänzungsverordnung zur GVB. vom 29. März 1938 (RGBl. I S. 361) ist die nach § 9 zuständige Behörde bei Zusammentreffen mit anderen Genehmigungsverfahren zur Entscheidung berufen, vgl. Vorbem. 2 zur GVB.

§ 2

(1) Die Auflassung eines Grundstücks [1], die Bestellung eines dinglichen Rechts, das zum Genuß von Erzeugnissen [2] eines Grundstücks berechtigt, sowie jede Vereinbarung, die den Genuß der Erzeugnisse, die Verwaltung [3] oder die Verpflichtung zur Übereignung eines Grundstücks betrifft, bedarf zur Wirksamkeit [5] der Genehmigung der zuständigen Behörde (Genehmigungsbehörde) [6]. Die Veräußerung von Grundstücksanteilen [4] unterliegt denselben Beschränkungen. Als Grundstücksanteil gilt auch der Anteil an einer Erbschaft, zu der ein Grundstück gehört.

(2) Die Genehmigung ist [7] binnen drei Monaten nach Vornahme eines genehmigungsbedürftigen Rechtsgeschäfts durch die Vertragschließenden nachzusuchen.

(3) Wird das Verpflichtungsgeschäft genehmigt, so gilt die Genehmigung auch für das diesem Verpflichtungsgeschäft entsprechende Erfüllungsgeschäft als erteilt [8].

(4) Bei der Veräußerung eines Grundstücks im Wege der Zwangsversteigerung bedarf das Gebot

der Genehmigung[9]. § 71 des Zwangsversteigerungsgesetzes findet Anwendung. In den Fällen des § 81 Abs. 2 und 3 des Zwangsversteigerungsgesetzes darf der Zuschlag an einen anderen als den Meistbietenden nur erteilt werden, wenn dieser andere die Genehmigung beigebracht hat.

(5) Bedarf das Rechtsgeschäft oder das Gebot auch der Genehmigung nach der Grundstückverkehrsbekanntmachung vom 26. Januar 1937 (Reichsgesetzbl. I S. 35) oder nach dem Gesetz über die Aufschließung von Wohnsiedlungsgebieten vom 22. September 1933 (Reichsgesetzbl. I S. 659), so müssen die Voraussetzungen für die Genehmigung auch nach diesen Vorschriften erfüllt sein; ist dies der Fall, so kann die Genehmigung einheitlich erteilt werden[10]. Ist die Genehmigung nach der Grundstückverkehrsbekanntmachung oder nach dem Gesetz über die Aufschließung von Wohnsiedlungsgebieten zu versagen, so kann von einer Entscheidung über die nach Abs. 1 erforderliche Genehmigung abgesehen werden[11].

(6) Die Genehmigung kann auch unter Auflagen erteilt werden[12].

1. Wegen des Begriffes der **Auflassung** vgl. 1 zu § 2 GBB. Auch die schuldrechtliche Verpflichtung zur Übereignung eines Grundstücks ist genehmigungspflichtig, vgl. 2 zu § 2 GBB.

2. Dingliche und schuldrechtliche Bestellung eines **Rechts auf die Erzeugnisse** eines Grundstücks kommt in Frage, also hauptsächlich Nießbrauch, Pacht, vgl. 2, 4 zu § 2 GBB.

3. Auch die Vereinbarung über die **Verwaltung** bedarf der Genehmigung; durch diese Regelung geht § 2 über den Kreis der nach § 2 GBB. genehmigungspflichtigen Rechtsgeschäfte hinaus.

4. Die Einbeziehung der Veräußerung von **Grundstücksanteilen** in das Genehmigungsverfahren trifft den Anteil des Miteigentümers gemäß § 1008 BGB., der rechtlich ein selbständiges Recht des Teilhabers darstellt und deshalb dessen Verfügung untersteht und auch der Zwangsvollstreckung unterworfen ist, vgl. hierher § 4 Abs. 2. Eigentum zur gesamten Hand, z. B. die eheliche Gütergemeinschaft der §§ 1437, 1483, 1519, 1549 BGB., die Erbengemeinschaft (§ 2032 BGB.) vermittelt keinen Anteil an den einzelnen Vermögensstücken und gibt grundsätzlich den Teilhabern nicht das Recht der Verfügung über den Anteil am Gesamtvermögen. Lediglich der Miterbe ist nach § 2032 BGB. zur Verfügung über den Nachlaßanteil befugt. Deshalb wird in Satz 2 die Genehmigungspflicht auf die Verfügung über den Nachlaßanteil des Miterben ausgedehnt, sofern ein Grundstück zum Nachlaß (Erbschaft) gehört. Die rechtsgeschäftliche Verfügung über den Erbschaftsanteil (Satz 1) ist auch dann genehmigungspflichtig, wenn das Grundstück wertmäßig nur einen geringfügigen Teil der Erbschaft ausmacht.

5. Die Erteilung der **Genehmigung** ist Voraussetzung der Rechtswirksamkeit des Rechtsgeschäfts; bis zur Entscheidung über die Genehmigung besteht ein Schwebezustand, der durch die Erteilung oder Versagung der Genehmigung beendet wird, 5 zu § 2 GVB.

6. Genehmigungsbehörde ist nach § 9 die untere Verwaltungsbehörde. Über die Bindung der Genehmigungsbehörde an ihre eigene Entscheidung vgl. 5 zu § 2 GVB. Die Zuständigkeit der Genehmigungsbehörde ist für den Vollzug der Ersten DurchfVO. eine ausschließliche; die Genehmigungsbehörde befindet deshalb — mit bindender Kraft für Gerichte und Verwaltungsbehörden, vgl. § 3 des Gesetzes, oben Einl. — darüber, ob die DurchfVO. Anwendung findet. Wenn auch eine dem § 4 GVB. entsprechende Vorschrift fehlt, so werden die Grundsätze des § 4 GVB. auch hier gelten; die Genehmigungsbehörde kann deshalb auch ein Zeugnis im Sinne des § 4 Abs. 2 GVB. ausstellen, vgl. 6 zu § 4 WohnSG.; 1 zu § 5 AO.

7. Wird die Genehmigung innerhalb der Frist des Abs. 2 nicht nachgesucht, so sind die Beteiligten nach § 8 Abs. 1 Ziff. 1 a strafbar.

8. Grundsatz des § 2 Abs. 2 GVB., 7 zu § 2 GVB.

9. Gleiche Regelung ist in § 2 Abs. 3 GVB. getroffen, 8 zu § 2 GVB.

10. Die Erteilung einheitlicher Genehmigung muß die Beachtung der DVO., der GVB. oder des WohnSG. erkennen lassen; vgl. 4 zu § 1.

11. Auch eine Doppelgenehmigung für das Gebot in der Zwangsversteigerung (Abs. 4) und § 2 Abs. 3 GVB. ist zu vermeiden; Satz 2 gilt auch hierfür. Für das WohnSG. ist die Genehmigungspflicht von Geboten nicht vorgeschrieben, 4 zu § 4 WohnSG.

12. Über Begriff und Wirkung der Genehmigung unter Auflage vgl. 9 zu § 2 GVB. Auch Genehmigung unter Bedingung ist zulässig.

§ 3

(1) Der Erbe eines Grundstücks oder eines Grundstücksanteils (§ 2 Abs. 1 Satz 2 und 3), der nicht gesetzlicher Erbe nach den Vorschriften des Bürgerlichen Gesetzbuchs ist[1], bedarf der Genehmigung der zuständigen Behörde, um das Grundstück zu behalten[2]. Er hat die Genehmigung binnen drei Monaten nachzusuchen[3]. Die Frist beginnt bei einem Erbhof mit dem Erbfall, bei einem sonstigen Grundstück mit der Eröffnung der Verfügung von Todes wegen.

(2) Wird die Genehmigung endgültig versagt[4], so hat der Erbe das Grundstück oder den Grundstücksanteil binnen zwölf Monaten an eine zum Erwerb berechtigte Person zu veräußern. Der Anerbe eines Erbhofs hat die Veräußerung für Rechnung derjenigen Personen vorzunehmen, die nach

dem Bürgerlichen Gesetzbuch gesetzlich zur Erbschaft berufen wären.

§ 4[5]

(1) Kommt der Erbe der Verpflichtung zur Veräußerung eines Grundstücks, das nicht Erbhof ist, nicht binnen der im § 3 Abs. 2 bestimmten Frist nach, so kann die Genehmigungsbehörde die Zwangsversteigerung des Grundstücks beantragen. Auf die Versteigerung finden die Vorschriften, die für die Zwangsversteigerung im Wege der Zwangsvollstreckung gelten, entsprechende Anwendung. Der Antrag soll das Grundstück, den Eigentümer und die Tatsachen bezeichnen, welche das Recht zur Stellung des Antrags begründen. Bei der Feststellung des geringsten Gebots sind alle Rechte an dem Grundstück zu berücksichtigen, soweit sie schon zur Zeit des Erbfalls bestanden. Der Überschuß des Versteigerungserlöses steht dem Erben zu. Für die Kosten gelten die Vorschriften der Kostenordnung mit der Maßgabe, daß Kosten für die Anordnung der Zwangsversteigerung nicht erhoben werden, und daß für die Kosten der Zwangsversteigerung, soweit sie nicht aus der Masse entnommen werden können, an Stelle des Vollstreckungsschuldners der Erbe haftet.

(2) Kommt der Erbe der Verpflichtung zur Veräußerung eines Grundstücksanteils nicht binnen der im § 3 Abs. 2 bestimmten Frist nach, so gilt Abs. 1 mit der Maßgabe, daß die Vorschriften über die Zwangsversteigerung zum Zwecke der Aufhebung einer Gemeinschaft entsprechend anzuwenden sind.

Miteigentumsanteile können auch selbständig gemäß Abs. 1 versteigert werden.

§ 5[6]

Kommt ein Anerbe der Verpflichtung zur Veräußerung des Erbhofs nicht binnen der im § 3 Abs. 2 bestimmten Frist nach, so kann die Genehmigungsbehörde anordnen, daß ein Treuhänder die Wirtschaftsführung auf dem Hof übernimmt. Der Treuhänder ist befugt, den Erbhof für Rechnung derjenigen Personen zu veräußern, die nach dem Bürgerlichen Gesetzbuch gesetzlich zur Erbschaft berufen wären. Die Veräußerung bedarf neben der nach § 2 Abs. 1 erforderlichen Genehmigung der Genehmigung des Anerbengerichts.

1. Die Regelung der §§ 3—5 bezieht sich nur auf den Grundstückserwerb, der **nicht** auf **gesetzlicher Erbfolge** (§§ 1922—1936 BGB.) beruht. Genehmigungspflichtig ist hiernach das Behalten einer durch Testament (§ 1937 BGB.) und durch Erbvertrag (§ 1941 BGB.) erworbenen Erbschaft, gleichviel, ob es sich um einen gesetzlichen Erben handelt. Sind mehrere gesetzliche Erben vorhanden, so können sie das Grundstück ohne Genehmigung gemeinsam behalten, wenn ihre Erbfolge auf Gesetz beruht; beruht das Erbrecht aller oder eines von mehreren Erben auf letztwilliger Verfügung oder auf Erbvertrag, so ist zum Behalten der Erbgrundstücke Genehmigung notwendig. Auch für den Anerben eines Erbhofs bedarf es der Genehmigung, wenn er den Erbhof behalten will. Nicht unter § 3, sondern unter § 2 fällt der Erwerb des Vermächtnisnehmers (§ 1939 BGB.), der Erwerb im Wege der Auseinandersetzung unter mehreren gesetzlichen Erben, der Überlassungsvertrag (Nutzungsvertrag) zwischen mehreren gesetzlichen Erben.

2. Die Genehmigung ist **nicht** erforderlich für den Eigentums**erwerb**, der kraft Gesetzes mit dem Erbanfall eintritt (§ 1942 BGB.), auch nicht für die Annahme der Erbschaft (§ 1943 BGB.). Die Erteilung der Genehmigung ist deshalb auch keine Voraussetzung für die Rechtswirksamkeit des Eigentumserwerbs. Der Erbe ohne gesetzliche Erbfolge ist vielmehr hinsichtlich des **Eigentums an Grundstücken** und hinsichtlich der Grundstücksanteile (4 zu § 2) der **Beschränkung** unterworfen, daß das Grundstück (der Grundstücksanteil) nur mit behördlicher Genehmigung behalten werden darf. Ohne Genehmigung ist der Besitz des an sich rechtsmäßig erworbenen Eigentums nach § 8 Abs. 1 Ziff. 2 strafbar. Die Erteilung des Erbscheins ist schon vor der Genehmigung und auch nach Versagung der Genehmigung zulässig (§§ 2352 ff. BGB.).

Die Entscheidung der Genehmigungsbehörde (§ 9) beseitigt oder bestätigt hiernach die Beschränkung des Eigentums an dem rechtsgültig erworbenen Grundstück (Grundstücksanteil). Die Erteilung der Genehmigung beseitigt die Eigentumsbeschränkung; der Erbe kann das Grundstück behalten. Zur Verfügung über das Grundstück, z. B. durch Veräußerung, Verpachtung usw. bedarf er der Genehmigung nach Maßgabe des § 2. Die Versagung der Genehmigung nach § 3 hat, wenn sie endgültig geworden ist, d. h. nach Ablauf der Beschwerdefrist oder nach Entscheidung der Beschwerdeinstanz (§ 7), zur Folge, daß der Erbe zur Veräußerung des Grundstücks (Grundstücksanteils) verpflichtet ist.

3. Der Erbe (oben 1) ist zur Einholung der Entscheidung über die Genehmigung binnen einer Frist von drei Monaten verpflichtet, andernfalls er nach § 8 Abs. 1 Ziff. 2 strafbar ist. Die Frist beginnt mit der Eröffnung der Verfügung von Todes wegen (§ 2260 BGB.), bei einem Erbhof mit dem Erbanfall.

4. Die **Veräußerungspflicht** entsteht mit der endgültigen Versagung der Genehmigung zum Behalten des Grundstücks (Grundstücksanteils). Die Veräußerung hat innerhalb einer Frist von zwölf Monaten, beginnend mit der Zustellung des Genehmigungsbescheids, an eine bestimmte Person zu erfolgen. Im Regelfall genügt es, wenn der

Erwerber die Genehmigung nach § 2 erhalten hat und damit zum Erwerb berechtigt ist; für den Anerben eines Erbhofs ist die Veräußerung an den gesetzlichen Erben vorgeschrieben (unten 6). Nichterfüllung der Veräußerungspflicht hat die Maßnahmen der §§ 4, 5 zur Folge.

5. Die Vorschrift sieht die zwangsweise Veräußerung des Grundstücks (Abs. 1) oder des Grundstücksanteils (Abs. 2) für Rechnung der Erben vor, wenn er nicht innerhalb der Frist des § 3 Abs. 2 die Veräußerung selbst vornimmt. Die Regelung des § 4 gilt für Grundstücke, die nicht Erbhof sind. Die Zwangsversteigerung erfolgt auf Antrag der Genehmigungsbehörde; die Bestimmungen des ZVG. sind entsprechend anzuwenden, bei Grundstücksanteilen — 4 zu § 2 — die §§ 180 ff. ZVG. Der Erwerb des Grundstücks (Grundstücksanteils) bedarf nach § 2 Abs. 4 der Genehmigung.

6. Für den Anerben eines Erbhofs kann die **Übernahme der Wirtschaftsführung** des Hofes durch einen Treuhänder angeordnet werden; eine Zwangsversteigerung des Erbhofes für Rechnung des Anerben findet nicht statt. Der Treuhänder kann mit Genehmigung der Genehmigungsbehörde (§ 2) und des Anerbengerichts (Satz 3) den Erbhof veräußern, aber nur für Rechnung der gesetzlichen Erben. Es wird ebenso wie in § 3 Abs. 2 Satz 2 (oben 4) eine Rechtslage angenommen, nach der ein Erbfall nach dem Reichserbhofgesetz überhaupt nicht stattgefunden hätte.

§ 6

(1) Ist im Grundbuch auf Grund eines nicht genehmigten Rechtsgeschäfts eine Rechtsänderung eingetragen, so kann die Genehmigungsbehörde, falls nach ihrem Ermessen die Genehmigung erforderlich war, das Grundbuchamt um die Eintragung eines Widerspruchs ersuchen. § 53 Abs. 1 der Grundbuchordnung in der Fassung vom 5. August 1935 (Reichsgesetzbl. I S. 1073) bleibt unberührt.

(2) Ein nach Abs. 1 eingetragener Widerspruch

ist zu löschen, wenn die Genehmigungsbehörde darum ersucht oder wenn die Genehmigung erteilt ist.

Die Regelung entspricht wörtlich dem § 6 GVB. Sie gilt nur für die Fälle des § 2, nicht auch für § 3. Auch wenn die Genehmigung nach § 3 dem Erben versagt wird, ist der Eigentumserwerb rechtswirksam; die Grundbucheintragung entspricht also der wirklichen Rechtslage, das Grundbuch ist nicht unrichtig, die Eintragung eines Widerspruchs — von Amts wegen oder auf Ersuchen der Genehmigungsbehörde — ist daher unzulässig.

§ 7

(1) Wird die Genehmigung nicht oder unter Auflagen[1] erteilt, so steht den durch die Entscheidung Betroffenen[2] binnen zwei Wochen seit der Bekanntmachung der Entscheidung die Beschwerde zu. Die Entscheidung über die Beschwerde ist endgültig[3].

(2) Die Entscheidung über den Antrag auf Genehmigung ergeht gebührenfrei[4]. Für die Entscheidung über die Beschwerde wird eine Gebühr nach Maßgabe der Verwaltungsgebührenordnung vom 19. Mai 1934 (Preuß. Gesetzsamml. S. 261) in der Fassung der Verordnung vom 24. März 1936 (Preuß. Gesetzsamml. S. 84) erhoben, wenn der Beschwerde der Erfolg versagt wird.

1. Wegen der Genehmigung unter Auflage s. § 2 Abs. 6. Die Entscheidung über den Genehmigungsantrag steht in dem pflichtgemäßen Ermessen der Genehmigungsbehörde. Ziel der DVO. ist die Sicherung der Reichsgrenze und des Reichsgebietes. Der Besitz von Grundstücken durch politisch unzuverlässige Personen, gleichviel, ob es sich um deutsche Staatsangehörige oder Ausländer und Staatenlose handelt, kann durch Versagung der Genehmigung verhindert werden. Auch rassenpolitische und sonstige staatspolitische Gesichtspunkte (Überfremdung des

Grenzland-Grundbesitzes) können für die Entscheidung maßgebend sein. Im übrigen sollen dem Grundstücksverkehr in den Grenzgebieten keine unnötigen Erschwerungen auferlegt werden.

2. Auch wenn der Grundsatz des **rechtlichen Gehörs** in die Vorschrift nicht aufgenommen ist, so ist auch in diesem Verfahren den Beteiligten Gelegenheit zur Äußerung zu geben, es sei denn, daß die Genehmigung ohne weiteres erteilt werden kann, vgl. 1 zu § 7 GVV. Die Versagung der Genehmigung braucht — abweichend von der Regel — nicht begründet zu werden.

3. Vgl. § 7 GVV.

4. Die **Gebührenfreiheit** beschränkt sich wie nach § 9 WohnSG. auf das eigentliche Genehmigungsverfahren. Im Beschwerdeverfahren ist bei Abweisung der Beschwerde eine Gebühr zu erheben (Satz 2).

§ 8

(1) Mit Gefängnis bis zu einem Jahr und mit Geldstrafe oder mit einer dieser Strafen wird bestraft

1. wer
   a) entgegen einer rechtskräftigen Versagung der für das Rechtsgeschäft erforderlichen Genehmigung oder
   b) ohne die nach § 2 erforderliche Genehmigung nachgesucht zu haben

   den Besitz eines Grundstücks erwirbt, behält oder einem anderen überläßt oder beläßt,
2. wer die nach § 3 Abs. 1 erforderliche Genehmigung nicht innerhalb der vorgeschriebenen Frist nachsucht,
3. wer die bei Erteilung der Genehmigung gemachten Auflagen nicht erfüllt.

(2) Ist die Handlung fahrlässig begangen, so ist auf Geldstrafe zu erkennen.

(3) Die Strafverfolgung tritt nur[1] auf Antrag der Genehmigungsbehörde ein. Der Antrag kann zurückgenommen werden.

1. Abweichend von der im übrigen gleichartigen Regelung in § 9 GVB. tritt hier die Strafverfolgung **nur auf Antrag** der Genehmigungsbehörde ein.

§ 9

Genehmigungsbehörde ist der Landrat in Landkreisen (Bezirksoberamtmann, Amtshauptmann), der Oberbürgermeister in Stadtkreisen. Beschwerdeinstanz ist der zuständige Regierungspräsident (Regierung, Kreishauptmann).

Die Bestimmung der Genehmigungsbehörde ist hier — anders als im § 10 GVB. — unmittelbar reichsrechtlich erfolgt. Zuständig für die Erteilung oder Versagung der Genehmigung sind die unteren, für die Beschwerdeinstanz die oberen Verwaltungsbehörden.

§ 10

Eine Entschädigung wegen eines Schadens, der durch eine nach dieser Verordnung zulässige Maßnahme entsteht, wird nicht gewährt.

Vgl. § 12 WohnSG., § 6 Abs. 2 PVG.

§ 11

Diese Verordnung gilt

a) im Regierungsbezirk Gumbinnen
für die Landkreise Goldap und Treuburg,

b) im Regierungsbezirk Allenstein
für die Landkreise Lyck, Johannisburg, Ortelsburg, Neidenburg, Osterode, Rößel und Allenstein und für den Stadtkreis Allenstein,

c) im Regierungsbezirk Marienwerder
für die Landkreise Rosenberg, Marienwerder und Stuhm,

d) im Regierungsbezirk Köslin
für die Landkreise Lauenburg, Stolp, Bütow und Rummelsburg und für den Stadtkreis Stolp,

e) im Regierungsbezirk Schneidemühl
für die Landkreise Schlochau, Flatow, Netzekreis, Schwerin, Meseritz, Bomst und Fraustadt und für den Stadtkreis Schneidemühl,

f) im Regierungsbezirk Frankfurt (Oder)
für die Landkreise Friedeberg und Züllichau-Schwiebus,

g) im Regierungsbezirk Liegnitz
für die Landkreise Glogau, Landeshut, Hirschberg, Löwenberg und Lauban und für die Stadtkreise Glogau und Hirschberg,

h) im Regierungsbezirk Breslau
für die Landkreise Guhrau, Militsch, Groß-Wartenberg, Namslau, Frankenstein, Habelschwerdt, Glatz und Waldenburg und für den Stadtkreis Waldenburg,

i) im Regierungsbezirk Oppeln
für die Landkreise Kreuzburg, Rosenberg, Guttentag, Groß Strehlitz, Tost-Gleiwitz, Beuthen-Tarnowitz, Ratibor, Leobschütz, Neustadt (Oberschles.), Neisse, Cosel und Oppeln und für die Stadtkreise Beuthen, Gleiwitz, Hindenburg, Ratibor, Neisse und Oppeln,

k) in der Kreishauptmannschaft Dresden-Bautzen
für die Amtshauptmannschaften Zittau,

Löbau, Bautzen, Pirna, Dippoldiswalde und Freiberg und für die Stadtkreise Zittau, Pirna und Freiberg,

l) in der Kreishauptmannschaft Chemnitz für die Amtshauptmannschaften Marienberg und Annaberg,

m) in der Kreishauptmannschaft Zwickau für die Amtshauptmannschaften Schwarzenberg, Auerbach und Ölsnitz und für den Stadtkreis Aue,

n) im Regierungsbezirk Oberfranken und Mittelfranken für die Bezirksämter Rehau und Wunsiedel,

o) im Regierungsbezirk Niederbayern und Oberpfalz für die Bezirksämter Tirschenreuth, Neustadt (Waldnaab), Vohenstrauß, Oberviechtach, Waldmünchen, Cham, Kötzting, Regen, Grafenau und Wolfstein und für den Stadtkreis Weiden.

§ 12

Diese Verordnung tritt am 1. September 1937 in Kraft.

VII. Rechtsgeschäfte mit Juden und für Juden.

1. Anordnung auf Grund der Verordnung über die Anmeldung des Vermögens von Juden.

Vom 26. April 1938 (RGBl. I S. 415).

Auf Grund des § 7[1] der Verordnung über die Anmeldung des Vermögens von Juden vom

26. April 1938 (Reichsgesetzbl. I S. 414) ordne ich an:

1. Der Beauftragte für den Vierjahresplan ist hiernach ermächtigt, alle Maßnahmen zu treffen, die notwendig sind, um den Einsatz des nach der VO. anmeldepflichtigen Vermögens im Einklang mit den Belangen der deutschen Wirtschaft sicherzustellen.

Artikel I

§ 1

(1) Die Veräußerung[1] oder die Verpachtung eines gewerblichen, land- oder forstwirtschaftlichen Betriebes[2] sowie die Bestellung eines Nießbrauchs an einem solchen Betrieb bedarf zu ihrer Wirksamkeit[3] der Genehmigung, wenn[4] an dem Rechtsgeschäft ein Jude als Vertragschließender beteiligt ist. Das gleiche gilt für die Verpflichtung zur Vornahme eines solchen Rechtsgeschäfts.

(2) Wird das Verpflichtungsgeschäft genehmigt, so gilt die Genehmigung auch für das diesem Verpflichtungsgeschäft entsprechende Erfüllungsgeschäft als erteilt[5].

1. Die Anordnung umfaßt die schuldrechtlichen und dinglichen Rechte aus der **Veräußerung** und **Verpachtung** eines Betriebes, also Kauf, Tausch, Schenkung, Gesellschaftsvertrag, Übergabevertrag; auf die Rechtsform kommt es nicht an (§ 2). Die Bestellung eines **Nießbrauchs** (§ 1030 BGB.) ist ausdrücklich als genehmigungspflichtig bezeichnet.

Der Erwerb eines Betriebes im Wege der Zwangsversteigerung kommt nicht in Frage; der Erwerb von Grundstücken eines Betriebs im Wege der Zwangsversteigerung ist nach Maßgabe der bestehenden Gesetze und Verordnungen unter Umständen genehmigungspflichtig, § 2 Abs. 3, § 5 Abs. 2 GVB.; Art. 4 VeräußV.; § 2 Abs. 4 ReichsgrenzSichG.

2. Die Rechtsgeschäfte müssen sich auf einen Gewerbebetrieb oder einen land- oder forstwirtschaftlichen Betrieb beziehen; Teile des Betriebs, insbes. betriebszugehörige Grundstücke unterliegen gleichfalls der Genehmigungspflicht. Soweit sie als Erbhöfe, Fideikommißgüter oder als land- oder forstwirtschaftliche Grundstücke (§ 1 GVB.) dem Genehmigungsverfahren bereits unterliegen, entfällt die Genehmigung nach dieser Anordnung (§ 3).

Gewerbebetrieb ist jede fortgesetzte, mit der Absicht der Gewinnerzielung vorgenommene selbständige Tätigkeit, die sich als Beteiligung am allgemeinen wirtschaftlichen Verkehr darstellt. Ausübung selbständiger Arbeit, insbes. wissenschaftliche, künstlerische, schriftstellerische, unterrichtende und erzieherische Tätigkeit ist Ausübung eines freien Berufes, nicht Gewerbebetrieb. Abgeschlossene wissenschaftliche, insbes. hochschulmäßige Ausbildung ist nicht Merkmal der freien Berufstätigkeit; hieher zählt die Berufstätigkeit der Ärzte, Rechtsanwälte und Notare, der Architekten, Heilkundigen und Zahntechniker, der Steuerberater, Wirtschaftsprüfer usw. Betreibt ein Arzt ein Krankenhaus (Privatklinik), so wird in der Regel ein Gewerbebetrieb anzunehmen sein. Das gleiche gilt für private Unterrichtsanstalten, wenn überwiegend fremde Lehrkräfte den Unterricht erteilen. In der Verwaltung fremden Vermögens, ferner in der Vermietung und Verpachtung kann eine selbständige wirtschaftliche Betätigung liegen.

Den Gegensatz zum gewerblichen Betrieb bildet land- und forstwirtschaftlicher Betrieb, der die Bewirtschaftung des Bodens nach land- oder forstwirtschaftlichen Grundsätzen als Hauptbetrieb zum Gegenstand hat. Wegen des Begriffs der landwirtschaftlichen Grundstücke vgl. 2 zu § 1 GVB. Die bergmännische Gewinnung von Mineralien ist Gewerbebetrieb; Tierzucht, Saatzucht, Mästereien, Verarbeitungsbetriebe landwirtschaftlicher Erzeugnisse (Brennereien, Zuckerfabriken, Sägewerke, Molkereien) sowie die sog. Substanzbetriebe (Ziegelei, Steinbrüche, Lehmgruben) sind landwirtschaftliche Betriebe, bei Verarbeitungs- und Substanzbetrieben jedoch nur soweit die

Bodenbewirtschaftung überwiegend eigene Erzeugnisse betrifft oder die gewonnene Substanz überwiegend im eigenen Betrieb verwendet wird.

3. Die Erteilung der **Genehmigung** ist Voraussetzung für die Rechtswirksamkeit des genehmigungspflichtigen Rechtsgeschäfts; bis zur Entscheidung über die Genehmigung besteht ein Schwebezustand, vgl. 5 zu § 2 GBB. Wer ohne Genehmigung einen Betrieb (Anm. 2) übernimmt oder nach Versagung der Genehmigung behält (Käufer, Pächter) oder wer den Betrieb ohne Genehmigung eines anderen überläßt oder nach Versagung der Genehmigung beläßt (Verkäufer, Verpächter) wird nach § 11 bestraft.

4. Die Genehmigungspflicht ist — abgesehen von den Fällen des § 3 — gegeben, wenn ein **Jude** an dem Rechtsgeschäft als Vertragschließender beteiligt ist, gleichviel, ob er Pächter oder Verpächter, Käufer oder Verkäufer ist. Jude ist, wer von mindestens drei der Rasse nach volljüdischen Großeltern abstammt; als volljüdisch gilt ein Großelternteil ohne weiteres, wenn er der jüdischen Religionsgemeinschaft angehört hat. § 5 Abs. 1, § 2 Abs. 2 Satz 2 der Ersten DVO. zum Reichsbürgergesetz vom 14. Nov. 1935 (RGBl. I S. 1333). Auch Halbjuden gelten als Juden, wenn bei ihnen die Voraussetzungen des § 5 Abs. 2 der Ersten DVO. vorliegen. Vgl. weiter 1 zu § 1 TarnV.

Die Genehmigungspflicht besteht auch dann, wenn beide Vertragsteile Juden sind oder wenn ein deutschblütiger Vertragsteil für einen Juden tätig (§ 164 BGB.) ist. Die bloße Beteiligung eines Juden am Rechtsgeschäft, z. B. als Handelsagent, macht dieses nicht genehmigungspflichtig.

Die Erteilung oder Versagung der Genehmigung ist dem pflichtgemäßen Ermessen der Genehmigungsbehörde überlassen; die Anweisungen des Reichswirtschaftsministers sind zu beachten.

5. Vgl. 7 zu § 2 GBB.

§ 2

Durch Mißbrauch von Formen und Gestaltungsmöglichkeiten des bürgerlichen Rechts kann die Genehmigungspflicht nicht umgangen werden[1].

1. Vgl. 1 zu § 1, 5 zu § 2 GVB. In Betracht kommt insbesondere die Verschleierung der Tatsache, daß ein Jude als Vertragschließender beteiligt ist.

§ 3

Bedarf das Rechtsgeschäft der anerbengerichtlichen oder der fideikommißrechtlichen Genehmigung oder der Genehmigung nach der Grundstückverkehrsbekanntmachung vom 26. Januar 1937, so ist eine Genehmigung nach § 1 nicht erforderlich[1 2].

1. Vgl. 2 zu § 1. Den hier bezeichneten Behörden ist die Verwirklichung der rassepolitischen Grundsätze der NSDAP. zur Pflicht gemacht, vgl. 1 zu § 5 GVB. Wegen der Behandlung notwendiger Doppelverfahren vgl. 2 zu § 9.

2. Weitere Befreiungsgründe — vgl. § 3 GVB. — sind in der AO. nicht vorgesehen.

§ 4

Bei Beurkundung eines der im § 1 bezeichneten Rechtsgeschäftes soll[1] der Notar oder die sonstige beurkundende Stelle[2] auf diese Anordnung hinweisen und die Frage[3] stellen, ob an dem Rechtsgeschäft ein Jude als Vertragschließender beteiligt ist. Aus der notarischen Urkunde soll hervorgehen, daß dies geschehen ist und in welchem Sinne die Frage beantwortet worden ist.

1. Sollvorschrift; Unterlassung des Hinweises hindert nicht Bestrafung nach § 11.

2. Vorstand der Vermessungsbehörde, § 1 des Gesetzes über die Beurkundungs- und Beglaubigungsbefugnis der Vermessungsbehörden vom 15. Nov. 1937 (RGBl. I S. 1257).

3. Die Beantwortung der Frage ist in der Urkunde festzustellen. Nur bei begründetem Anlaß ist der Nachweis deutscher Abstammung durch Vorlage von Urkunden zu fordern. Das Nachprüfungsrecht des Grundbuchrichters wird durch die Feststellungen des Notars nicht eingeschränkt, vgl. § 5.

§ 5

Einen Nachweis[1] dafür, daß eine Genehmigung nach dieser Anordnung nicht erforderlich ist, hat die Grundbuchbehörde zu fordern[2], wenn nach ihrem Ermessen begründeter Anlaß zu der Annahme besteht, daß die Voraussetzungen für die Anwendung dieser Anordnung gegeben sind.

1. Die Genehmigungsbehörde (§ 9) entscheidet ausschließlich darüber, ob eine Genehmigung nach dieser Anordnung erforderlich; sie erteilt auf Antrag ein Zeugnis darüber, daß die Genehmigung nicht erforderlich ist. § 4 Abs. 1 und 2 GVB. ist dem Grundsatz nach auch für die Anordnung anzuerkennen; die Entscheidung der Genehmigungsbehörde ist für Gerichte und Verwaltungsbehörden bindend, vgl. auch 6 zu § 2 ReichsgrenzSichG., 6 zu § 4 WohnSG.

2. Das Recht der Grundbuchbehörde entspricht der Pflicht zur Prüfung der Eintragungsanträge, § 18 GBO.; s. auch 5 zu § 2 GVB.

§ 6

(1) Ist im Grundbuch ohne Genehmigung eine Rechtsänderung eingetragen, so hat die Grundbuchbehörde auf Ersuchen der Genehmigungsbehörde einen Widerspruch einzutragen, wenn diese annimmt, daß die Genehmigung nach § 1 oder § 2 erforderlich ist; die Vorschriften über die selbständige Eintragung eines Widerspruchs durch die Grundbuchbehörde (§ 53 Abs. 1 der Grundbuchordnung) bleiben unberührt[1].

(2) Ein nach Abs. 1 eingetragener Widerspruch ist zu löschen, wenn die Genehmigungsbehörde darum ersucht oder wenn die Genehmigung erteilt ist[1].

(3) Dies gilt sinngemäß[2] für das Land Österreich.

1. Die Regelung in Abs. 1 und 2 entspricht § 6 GVB.

2. Die sinngemäße Anwendung des Rechts der Genehmigungsbehörde auf Eintragung bzw. Löschung des Widerspruchs im Grundbuch ist für Österreich vorgeschrieben, weil das Liegenschaftsrecht und das Grundbuchrecht in Österreich anders als im alten Reichsgebiet geregelt ist.

Artikel II

§ 7

Die Neueröffnung[1] eines jüdischen Gewerbebetriebs oder der Zweigniederlassung eines jüdischen Gewerbebetriebs[2] bedarf der Genehmigung[3].

1. Die erstmalige Tätigkeit eines Juden im wirtschaftlichen Leben (2 zu § 1) bedarf der vorherigen Genehmigung (Erlaubnis), gleichviel, ob es sich um die Eröffnung eines Hauptbetriebes oder einer Zweigniederlassung handelt. Unerheblich ist, ob der Jude am gleichen oder anderen Ort ein Gewerbe gleicher oder anderer Art betreibt oder betrieben hat. § 7 geht insoweit über die Regelung des Gesetzes zum Schutze des Einzelhandels vom 12. Mai und 15. Juli 1933 (RGBl. I, 262, 493), 27. Juni und 13. Dez. 1934 (RGBl. I, 523, 1241) und 9. Mai 1935 (RGBl. I, 589) hinaus, da dort nur die Errichtung oder Übernahme von Verkaufsstellen untersagt ist.

2. Zum Begriff des jüdischen Gewerbebetriebs vgl. die VO. vom 14. Juni 1938, Anhang Nr. 8.

3. Die Versagung der Genehmigung übt keine Rechtswirkung auf die Gültigkeit der aus Anlaß der Neueröffnung oder im Rahmen des Gewerbebetriebes abgeschlossenen Rechtsgeschäfte aus. Der Jude macht sich aber

nach § 11 Ziff. 2 strafbar. Auch die zur Tarnung des jüdischen Gewerbebetriebs mitwirkenden deutschen Staatsangehörigen sind nach der VO. vom 22. April 1938 — s. unten S. 191 — strafbar.

§ 8

Die Genehmigung ist[1] von dem zu beantragen, der den Gewerbebetrieb oder die Zweigniederlassung zu eröffnen beabsichtigt.

1. Vgl. 1 zu § 11.

Artikel III

§ 9

(1) Über den Antrag auf Genehmigung entscheidet die höhere Verwaltungsbehörde[1] [2].

(2) Zuständig ist die höhere Verwaltungsbehörde, in deren Bezirk

1. im Falle des § 1 der Betrieb belegen ist,
2. im Falle des § 7 der Betrieb oder die Zweigniederlassung eröffnet werden soll.

(3) In Zweifelsfällen wird die zuständige höhere Verwaltungsbehörde durch den Reichswirtschaftsminister bestimmt.

1. **Genehmigungsbehörde** ist — abweichend von den sonstigen Genehmigungsverfahren, vgl. § 10 GVB. — die höhere Verwaltungsbehörde (§. 6 der VO. über die Anmeldung des Vermögens von Juden vom 26. April 1938, RGBl. I S. 414), d. h. z. B. in Preußen und Bayern der Regierungspräsident, in Sachsen der Kreishauptmann, in Württemberg und Baden der Minister des Innern, in Österreich der Reichsstatthalter (Landesregierung) oder die von ihm beauftragte Stelle.

2. Wenn das Genehmigungsverfahren nach dieser Anordnung gleichzeitig neben **anderen Genehmigungsverfahren**, z. B. nach dem WohnSG., nach dem ReichsgrenzSichG. läuft, so wird zweckmäßigerweise zunächst das Verfahren nach dieser Anordnung bis zur Entscheidungsreife durchzuführen sein; wird die Genehmigung versagt, so kann von einer Entscheidung nach dem WohnSG., ReichsgrenzSichG. usw. abgesehen werden (vgl. § 2 Abs. 5 ReichsgrenzSichG.). Werden die Voraussetzungen dieser Anordnung als nicht gegeben erachtet, so wird die höhere Verwaltungsbehörde dies ohne förmliche Bescheiderteilung der unteren Verwaltungsbehörde mitteilen, die alsdann das Genehmigungsverfahren nach dem WohnSG. usw. abschließt. Zu beachten ist, daß nach § 3 das Genehmigungsverfahren nach der GVB. die Durchführung des Verfahrens nach dieser Anordnung entbehrlich macht.

§ 10

Wird die Genehmigung versagt[1], so steht dem Antragsteller binnen zwei Wochen seit der Bekanntgabe der Entscheidung an ihn die Beschwerde[2] an den Reichswirtschaftsminister zu. Die Entscheidung des Reichswirtschaftsministers kann nicht angefochten werden[3].

1. Die Entscheidung der Genehmigungsbehörde kann im Einzelfall nur auf **Erteilung** oder **Versagung der Genehmigung** lauten. Eine Genehmigung unter Auflage — vgl. 9 zu § 2 GVB. — ist nicht vorgesehen. Der Grundsatz des rechtlichen Gehörs gilt auch hier, es sei denn, daß die Genehmigung erteilt wird, vgl. 1 zu § 7 DVO. ReichsgrenzSichG. Eine Begründung der Entscheidung — auch bei Versagung der Genehmigung — erscheint nicht notwendig.

2. Nur gegen die Versagung der Genehmigung ist befristete **Beschwerde** zulässig. Eine weitere Beschwerde ist nicht gegeben.

3. Das Verfahren ist nach allgemeinen Verwaltungsgrundsätzen **gebührenpflichtig**; Landesrecht ist maßgebend.

§ 11

Wer vorsätzlich oder fahrlässig ohne die erforderliche Genehmigung[1]

1. einen gewerblichen, land- oder forstwirtschaftlichen Betrieb übernimmt oder behält oder einem anderen überläßt oder beläßt oder
2. einen jüdischen Gewerbebetrieb oder die Zweigniederlassung eines solchen Betriebs eröffnet,

wird nach § 8 der Verordnung über die Anmeldung des Vermögens von Juden vom 26. April 1938 (Reichsgesetzbl. I S. 414) bestraft[2].

1. §§ 1, 2, 7. Eine Frist zur Einholung der Genehmigung ist nicht vorgeschrieben; die Genehmigung muß daher vor der Übernahme und Überlassung des Betriebs bzw. vor Eröffnung (§ 7) erteilt sein, wenn sich die Beteiligten nicht strafbar machen wollen.

2. D. h. mit Gefängnis und mit Geldstrafe oder mit einer dieser Strafen; in besonders schweren Fällen vorsätzlicher Zuwiderhandlung kann auf Zuchthaus bis zu zehn Jahren erkannt werden. Der Täter ist auch strafbar, wenn er die Tat im Ausland begangen hat. Der Versuch ist strafbar. Nach § 8 Abs. 3 VO. kann neben der Strafe auf Einziehung des Vermögens — auch selbständig, wenn keine bestimmte Person zu ermitteln ist — erkannt werden, soweit es Gegenstand der strafbaren Handlung war; bei Zuchthausstrafe muß die Einziehung erfolgen. Strafantrag der Genehmigungsbehörde ist nicht erforderlich.

§ 12

Diese Anordnung tritt mit dem auf die Verkündung folgenden Tag in Kraft[1].

1. Die Verkündung erfolgte am 26. April 1938; die Anordnung ist deshalb am 27. April 1938 in Kraft getreten.

2. Verordnung gegen die Unterstützung der Tarnung jüdischer Gewerbebetriebe.

Vom 22. April 1938 (RGBl. I S. 404).

Auf Grund der Verordnung zur Durchführung des Vierjahresplanes vom 18. Oktober 1936 (Reichsgesetzbl. I S. 887) verordne ich folgendes:

§ 1[1]

Ein deutscher Staatsangehöriger[2], der aus eigennützigen Beweggründen dabei mitwirkt, den jüdischen Charakter[3] eines Gewerbebetriebs zur Irreführung der Bevölkerung oder der Behörden bewußt zu verschleiern[4], wird mit Zuchthaus, in weniger schweren Fällen mit Gefängnis, jedoch nicht unter einem Jahr, und mit Geldstrafe bestraft.

1. § 1 bezieht sich auf die Verschleierung des Charakters von Gewerbebetrieben (Begriff s. 2 zu § 1 AO.). Der Begriff des **Juden** ergibt sich aus § 5 Erste DVO. zum Reichsbürgergesetz; man unterscheidet Volljuden (vier reinjüdische Großeltern); Dreivierteljuden (drei reinjüdische Großeltern) stehen dem Volljuden gleich. Halbjuden (zwei volljüdische Großeltern) stehen den Juden nur unter den besonderen Voraussetzungen des § 5 Abs. 2 gleich.

2. Der Begriff des **Deutschen Staatsangehörigen** bestimmt sich nach den Vorschriften des Reichs- und Staatsangehörigkeitsgesetzes vom 22. Juli 1913 (RGBl. S. 583); das Reichsbürgergesetz vom 15. Sept. 1935 (RGBl. I S. 1146) hat an dieser Begriffsbestimmung nichts geändert; vgl. hierher das Gesetz über den Widerruf von Einbürgerungen und die Aberkennung der deutschen Staatsangehörigkeit vom 14. Juli 1933 (RGBl. I S. 480) und 10. Juli 1935 (RGBl. I S. 1015), ferner die VO. über die deutsche Staatsangehörigkeit vom 5. Febr. 1934 (RGBl. I S. 85) und das Gesetz zur Änderung des Reichs- und Staatsangehörigkeitsgesetzes vom 15. Mai 1935 (RGBl. I S. 593). Erfordernisse des Blutes (deutsches oder artverwandtes Blut) gelten wohl für die Reichsbürgerschaft, nicht aber für die deutsche Staatsangehörigkeit. Deshalb trifft § 1 auch Juden und jüdische Mischlinge, soweit sie die deutsche Staatsangehörigkeit besitzen.

3. Der jüdische Charakter des Gewerbebetriebs ist nicht nur gegeben, wenn der Inhaber des Betriebes Jude ist, sondern auch dann, wenn das Betriebskapital überwiegend in Händen von Juden sich befindet. Zum Begriff des **jüdischen Gewerbebetriebs** vgl. nunmehr die VO. vom 14. Juni 1938, Anhang Nr. 8.

4. Nur die bewußte Verschleierung des jüdischen Charakters ist strafbar.

§ 2

Ebenso wird bestraft, wer[1] für einen Juden ein Rechtsgeschäft[2] schließt und dabei unter Irreführung des anderen Teils[3] die Tatsache, daß er für einen Juden tätig ist, verschweigt.

1. Die Strafvorschrift des § 1 bedroht nicht nur deutsche Staatsangehörige (2 zu § 1), sondern auch Ausländer und Staatenlose.

2. Rechtsgeschäfte jeder Art, schuldrechtliche und dingliche, Rechtsgeschäfte über bewegliche und unbewegliche Sachen kommen hier in Frage.

3. Nur die Irreführung des Vertragsgegners über die **Rassezugehörigkeit** des durch den Vertragschließenden Vertretenen (§ 164 BGB.) ist hier unter Strafe gestellt. Nicht hierher gehört deshalb der Fall, daß der Vermieter eines Miethauses verschweigt, daß im Hause Juden wohnen oder daß er gleichzeitig mit Juden einen Mietvertrag über Räume im gleichen Hause abschließen will oder abgeschlossen hat. OLG. Köln hat in einem ähnlichen Fall die Auffassung vertreten, daß der Mieter hätte zum Ausdruck bringen müssen, daß er mit einem Juden nicht unter einem Dache zusammen wohnen wolle. Demgegenüber habe ich ZAkDR. 1938, 172 grundsätzlich die

Aufklärungspflicht des Vermieters vom rassepolitischen Standpunkt und vom Gedanken der Hausgemeinschaft der Mieter und des Vermieters gefordert. Der Grundgedanke der Regelung des § 2 bestätigt diese Auffassung, weil für jedes Rechtsgeschäft die Aufklärungspflicht über die Rassezugehörigkeit vorausgesetzt ist. Die Auswertung dieses Gedankens für die bürgerlich-rechtlichen Beziehungen einer Gemeinschaft, wie sie die Hausgemeinschaft darstellt — Staudinger-Kiefersauer, Vorbem. 249 zu § 535 —, ist deshalb Pflicht der Rechtsprechung.

§ 3

Diese Verordnung tritt mit dem Tage ihrer Verkündung in Kraft[1].

1. D. i. am 23. April 1938.

Anhang.

1. Runderlaß des Reichskommissars für die Preisbildung vom 22. Mai 1937 — Nr. 95/37 —.

Preise für landwirtschaftliche Pachten und Fischereien im Verhältnis zur VO. über das Verbot von Preiserhöhungen.

A. Allgemeines.

Nach § 1 der VO. über das Verbot der Preiserhöhungen vom 26. Nov. 1936 (RGBl. I S. 955) sind Preiserhöhungen für Güter und Leistungen jeder Art, insbes. für alle Bedürfnisse des täglichen Lebens, für die gesamte landwirtschaftliche, gewerbliche und industrielle Erzeugung und für den Verkehr mit Gütern und Waren jeder Art sowie für sonstige Entgelte verboten. Das Verbot der Preiserhöhung umfaßt auch den Pachtzins für alle landwirtschaftlich, gärtnerisch, fischereiwirtschaftlich und weinbaulich genutzten Grundstücke. Jede unmittelbare oder mittelbare Erhöhung des Pachtzinses gegenüber dem Stande vom 17. Okt. 1936 ist untersagt; dies gilt auch für Neuverpachtungen. Als eine Pachtzinserhöhung ist es auch anzusehen, wenn der Verpächter Leistungen, zu denen er nach dem Pachtvertrage verpflichtet ist, bei Abschluß eines neuen Pachtvertrages zum Nachteil des Pächters abändert, oder wenn der Verpächter dem Pächter in einem neuen Pachtvertrage zusätzliche Leistungen auferlegt, die in dem bisherigen Pachtvertrage nicht enthalten waren.

Eine Erhöhung des Pachtzinses für landwirtschaftliche Pachten und für Fischereipachten kann in Ausnahmefällen dann gestattet werden, wenn die Pachtzinserhöhung nach § 3 der VO. vom 26. Nov. 1936 aus volkswirtschaftlichen Gründen oder zur Vermeidung besonderer Härten dringend erforderlich erscheint. Dabei darf eine Steigerung der Preise für landwirtschaftliche Erzeugnisse gegenüber dem

Zeitpunkt des früheren Vertragsabschlusses für sich allein nicht als Begründung für eine Pachtzinserhöhung gewertet werden. Ein unter dem allgemeinen Preisstand liegender Pachtzins darf vielmehr nur dann an den volkswirtschaftlich gerechtfertigten Pachtpreis angeglichen werden, wenn sich aus den Umständen ergibt, daß der vor oder nach dem Inkrafttreten der VO. vom 26. Nov. 1936 vereinbarte Pachtzins aus besonderen Gründen zu niedrig bemessen ist.

B. Erteilung von Ausnahmbewilligungen.

Zur Durchführung der VO. über das Verbot von Preiserhöhungen vom 26. Nov. 1936 ordne ich für das Gebiet des landwirtschaftlichen, gärtnerischen, fischereiwirtschaftlichen und weinbaulichen Pachtwesens folgendes an:

1. Verbot von Versteigerungen.

Die Preisbildungsstellen werden ermächtigt, die öffentlich meistbietende Verpachtung landwirtschaftlich, gärtnerisch, fischereiwirtschaftlich oder weinbaulich genutzter Grundstücke allgemein zu untersagen [1]).

2. Regelung der Zuständigkeiten und des Verfahrens bei Erteilung von Ausnahmebewilligungen.

I. Zur Erteilung von Ausnahmebewilligungen nach § 3 der VO. über das Verbot von Preiserhöhungen vom 26. Nov. 1936 sind in Ergänzung des RE. 14/36 vom 26. Dez. 1936 zuständig [2]):

a) bei selbständigen landwirtschaftlichen, gärtnerischen, fischereiwirtschaftlichen oder weinbaulichen Pachtbetrieben in Preußen die Oberpräsidenten, in den übrigen Ländern die obersten Landesbehörden als Preisbildungsstellen.

Vor Erteilung einer Ausnahmebewilligung haben die Preisbildungsstellen den Landesbauernführer zu hören.

---

[1]) Bayern hat von der Ermächtigung durch die nachstehende — unten Nr. 2 — VO. vom 13. April 1938 Gebrauch gemacht.

[2]) Für Jagdpachtverträge gilt der RE. 152/37 9. Okt. 1937.

b) 1. bei landwirtschaftlich, gärtnerisch, fischereiwirtschaftlich oder weinbaulich genutzten Einzelgrundstücken in Preußen der Landrat, in den übrigen Ländern die dem Landrat gleichstehende Verwaltungsbehörde.

Liegt das landwirtschaftlich, gärtnerisch, fischereiwirtschaftlich oder weinbaulich genutzte Einzelgrundstück in dem Bezirk einer kreisfreien Stadt, so tritt an die Stelle des Landrats der Oberbürgermeister oder Leiter der kreisfreien Stadt. Die Genehmigung zur Pachtpreiserhöhung bei Einzelgrundstücken, die im Eigentum oder unter Verwaltung einer kreisfreien Stadt stehen, ist bei der zuständigen Preisbildungsstelle einzuholen.

Vor Erteilung einer Ausnahmebewilligung hat der Landrat oder die ihm gleichstehende außerpreußische Verwaltungsbehörde den Kreisbauernführer zu hören.

2. bei landwirtschaftlich, gärtnerisch, fischereiwirtschaftlich oder weinbaulich genutzten Einzelgrundstücken, die im Eigentum des Staates oder unter staatlicher Verwaltung stehen, an Stelle der unter b 1 genannten Behörden die Oberpräsidenten als Preisbildungsstelle, in den übrigen Ländern die obersten Landesbehörden als Preisbildungsstellen.

Vor Erteilung einer Ausnahmebewilligung haben die Preisbildungsstellen den Landesbauernführer zu hören.

II. Anträge auf Pachterhöhungen bei selbständigen landwirtschaftlichen, gärtnerischen, fischereiwirtschaftlichen oder weinbaulichen Pachtbetrieben sind in Preußen durch den zuständigen Landrat, in den übrigen Ländern durch die dem Landrat gleichstehende Verwaltungsbehörde der Preisbildungsstelle auf dem Dienstwege vorzulegen.

Handelt es sich bei den selbständigen Pachtbetrieben um Staatseigentum oder staatlich verwalteten Grundbesitz, so sind die Anträge auf Pachtzinserhöhung dem Oberpräsidenten oder den obersten Landesbehörden als Preisbildungsstellen unmittelbar vorzulegen.

III. Von der Erteilung von Ausnahmebewilligungen bei landwirtschaftlich, gärtnerisch, fischereiwirtschaftlich oder weinbaulich genutzten Einzelgrundstücken haben in Preußen die Landräte, in den übrigen Ländern die den

Landräten gleichstehenden Verwaltungsbehörden — gegebenenfalls auf dem Dienstwege — der zuständigen Preisbildungsstelle und dem Kreisbauernführer Mitteilung zu machen. Die Preisbildungsstellen sind gehalten, über die Preisbewegung bei landwirtschaftlichen Pachten und Fischereipachten dem Reichskommissar für die Preisbildung zu berichten.

IV. Die Genehmigung auf Grund des § 2 der Bekanntmachung über den Verkehr mit landwirtschaftlichen oder forstwirtschaftlichen Grundstücken in der Fassung vom 26. Jan. 1937 (RGBl. I S. 32) bleibt durch das vorstehende Verfahren bei Pachtpreiserhöhungen unberührt.

V. Von der Erteilung von Ausnahmebewilligungen bei Pachtbetrieben ist dem Reichskommissar für die Preisbildung und dem zuständigen Landesbauernführer in jedem Einzelfall Mitteilung zu machen.

VI. Die Zuständigkeit der Pachteinigungsämter bleibt durch dieses Verfahren unberührt. Da jedoch die Pachteinigungsämter nicht die Befugnis haben, Ausnahmebewilligungen auf Grund des § 3 der VO. vom 26. Nov. 1936 zu erteilen, habe ich den Herrn Reichsminister der Justiz gebeten, die Pachteinigungsämter darauf hinzuweisen, daß vor der Entscheidung über Anträge auf Pachtzinserhöhung (§ 1 Abs. 2 RPSchO.) sowie vor der Entscheidung über die Pachtzinsneufestsetzungen (§ 1 Abs. 3 S. 4 RPSchO.) dem Verpächter aufzugeben[1]) ist, die Entscheidung des Landrats bzw. des Oberpräsidenten einzuholen. Die Entscheidung dieser Behörden ist für die Pachteinigungsämter bindend.

VII. Wegen derjenigen Grundstücke, die unter die Kleingarten- und Kleinpachtlandordnung vom 31. Juli 1919

---

[1]) Das Pachteinigungsamt hat — soweit nicht ein Vergleich zustandegekommen ist, für den der Verpächter die Genehmigung zur Pachtpreiserhöhung selbst einzuholen hat — vor der Entscheidung über eine Pachtpreiserhöhung *selbst* die *Genehmigung* der Preisbildungsbehörde *herbeizuführen*, vgl. AV. d. RJM. vom 5. April 1938, Mitt.-Bl. 1938 I Nr. 6 S. 5 (mit Bem. des RfP. abgedruckt bei Kiefersauer, Reichsmietengesetz, 6. Aufl., Anhang Nr. 3).

und das Ergänzungsgesetz vom 26. Juni 1935 fallen, ergeht besonderer Erlaß[2]).

2. Anordnung des Bayer. Staatsministeriums für Wirtschaft, Abtl. Landwirtschaft

Vom 13. April 1938, RegAnz. Nr. 104/105.

Meistbietende Verpachtung landwirtschaftlich genutzter Grundstücke.

Auf Grund des Gesetzes zur Durchführung des Vierjahresplanes — Bestellung eines Reichskommissars für die Preisbildung vom 29. Okt. 1936 (RGBl. I S. 927) und der Ersten Anordnung über die Wahrnehmung der Aufgaben und Befugnisse des Reichskommissars für die Preisbildung vom 12. Dez. 1936 (RAnz. Nr. 21) in Verbindung mit der Verordnung über das Verbot von Preiserhöhungen vom 26. Nov. 1936 (RGBl. I S. 955) und dem RE. des RfP. Nr. 95/37 vom 22. Mai 1937 wird für das Gebiet des rechtsrheinischen Bayern folgendes angeordnet:

§ 1

(1) Die Verpachtung landwirtschaftlich, gärtnerisch, fischereiwirtschaftlich und weinbaulich genutzter Grundstücke an den Meistbietenden im Wege der öffentlichen Versteigerung oder auf Grund schriftlicher Angebote ist untersagt.

(2) Gleiches gilt für die meistbietende Vergebung des Ertrages oder der Nutzung von Grundstücken der genannten Art.

§ 2

Bei Sammelverpachtungen einer größeren Anzahl von Grundstücken tritt, soweit die Form der öffentlichen Versteigerung an den Meistbietenden oder eine sonstige Form der öffentlichen Vergebung bisher üblich war, an ihre Stelle folgendes Verfahren:

---

[2]) RE. 158/37 vom 21. Okt. 1937: hiernach sind die unteren Verwaltungsbehörden zuständig zur Festsetzung von Höchstpachtpreisen und zur Erteilung der Ausnahmebewilligung gemäß § 3 PStopV.

1. Der Verpächter hat zur Feststellung der vorhandenen Bewerber und ihrer Angebote eine öffentliche Verhandlung anzuberaumen, die rechtzeitig ortsüblich bekanntzugeben ist. Zu der Verhandlung sind der zuständige Orts- und Kreisbauernführer zu laden. Die zuständige Bezirksverwaltungsbehörde (Preisbildungsbehörde) ist von dem Zeitpunkt und dem Gegenstand der Verhandlung in Kenntnis zu setzen.

2. In der Verhandlung gibt der Verpächter die zur Verpachtung gelangenden Grundstücke sowie den bisherigen Pächter und Pachtpreis einzeln bekannt. Er teilt ferner den anwesenden Bewerbern den Betrag mit, den er im Benehmen mit den Vertretern des Reichsnährstandes und gegebenenfalls nach Einholung der Entscheidung der Preisbildungsbehörde als künftigen Pachtpreis für volkswirtschaftlich vertretbar erachtet. Maßgebend für die Bestimmung dieses Preises sind die Grundsätze des § 3 dieser Anordnung.

3. Sodann erhalten die anwesenden Bewerber Gelegenheit, ihre Angebote sowie die für ihre Berücksichtigung sprechenden besonderen Umstände vorzubringen. Dabei dürfen Gebote solange entgegengenommen werden, bis der ermittelte gerechte Pachtpreis erreicht ist.

4. Wird dieser Preis von mehreren Bewerbern geboten, so hat der Verpächter mit den Vertretern des Reichsnährstandes denjenigen auszuwählen, der unter Berücksichtigung der Forderungen der heutigen Bodenpolitik der Zuteilung des Pachtlandes am meisten würdig erscheint. Dabei sind die Grundsätze des § 4 dieser Anordnung zu beachten.

5. Kommt zwischen dem Verpächter und den Vertretern des Reichsnährstandes eine Einigung über den gerechten Pachtpreis oder über die Person des auszuwählenden Pächters nicht zustande, so entscheidet die Bezirksverwaltungsbehörde. Gegen ihre Entscheidung ist binnen zwei Wochen Beschwerde an die vorgesetzte Regierung (Preisüberwachungsstelle) zulässig.

6. Über das Ergebnis der Verpachtung ist nach ihrem Abschluß der Bezirksverwaltungsbehörde unter Beifügung der erforderlichen Unterlagen zu berichten.

§ 3

(1) Bei der Festsetzung des künftigen Pachtpreises darf nicht einseitig von den Interessen des Verpächters ausgegangen und insbesondere eine etwa vorhandene besondere Nachfrage nach Pachtland nicht zu ungerechtfertigten Preisforderungen benützt werden. Ausschlaggebend für die Ermittlung des gerechten Pachtpreises muß vielmehr der Ertrag sein, den das Grundstück bei ordnungsmäßiger Bewirtschaftung nachhaltig zu gewähren vermag. Dabei sind die neuen Ergebnisse der Bodenschätzung, soweit solche bereits vorliegen, entsprechend zu berücksichtigen. Dem Verpächter soll der Pachtpreis eine Rente gewähren, die einer niedrigen Verzinsung des in dem Grundstück angelegten Geldbetrages, wie sie bei einer sicheren Kapitalsanlage üblich ist, entspricht. Im einzelnen können bei der Bestimmung des gerechten Pachtpreises die als Anlage abgedruckten Pachtleistungsrichtlinien des Reichsbauernführers vom 7. Juni 1937 als Anhaltspunkte dienen.

(2) Soweit sich an Hand der vorstehenden Gesichtspunkte der bisherige Pachtpreis als zu hoch erweist, ist er herunterzusetzen. Andererseits kann eine Erhöhung des bisherigen Pachtpreises dann gerechtfertigt sein, wenn dieser bei Berücksichtigung der gesamten für den Einzelfall maßgebenden Verhältnisse unangemessen niedrig erscheint. In Fällen dieser Art empfiehlt es sich, daß der Verpächter schon vor der Verpachtsverhandlung mit der zuständigen Preisbildungsbehörde ins Benehmen tritt, um ihre nach § 3 PStopV. notwendige Ausnahmebewilligung für die Preiserhöhung zu erholen.

§ 4

(1) Die Auswahl des Pächters unter mehreren Bewerbern hat grundsätzlich nach folgenden vom Reichsbauernführer aufgestellten Richtlinien zu erfolgen:

„Als Pächter ist förderungswürdig der tüchtige Wirtschafter vor dem Mindertüchtigen, der Kinderreiche und Erbgesunde vor dem Unverheirateten und Erbkranken. Wird ein Grundstück wiederverpachtet, so verdient auch bei sonst gleicher Förderungswürdigkeit der alte Pächter den Vorzug vor dem neuen.

Landbedürftig ist:

1. Bei der Hofpacht der zum Bauern geeignete Landwirt, der den Hof zum selbständigen landwirtschaftlichen Betrieb und zum Sitze einer bäuerlich eingestellten Familie macht,
2. bei der Verpachtung von Einzelgrundstücken:
   a) Landwirte, deren Höfe durch Zupacht die Größe einer Ackernahrung erreicht haben und die auf dieses Pachtland weiter angewiesen sind,
   b) Landwirte, deren Höfe wegen ihres Umfanges oder ihrer Zusammensetzung die Größe einer Ackernahrung nicht erreichen, durch Zupacht aber erreichen würden,
   c) die Bauern kleinerer an der unteren Ackernahrungsgrenze liegender Erbhöfe,
   d) Landarbeiter und Altlandarbeiter oder Forstarbeiter, deren Verbundenheit mit dem Boden gefördert und deren wirtschaftliche Grundlage sichergestellt werden soll, sowie Bauern und Landwirte, die ihren Gefolgschaftsmitgliedern Land zur Bewirtschaftung verschaffen wollen,
   e) Bauern und Landwirte, die durch die Vereinigung des zugepachteten Landes mit ihrem Hof das Boden- und Kulturartenverhältnis und dadurch die Leistung des Gesamtbetriebes steigern können,
   f) kleinere hauptberufliche Landwirte mit Nebenerwerb, vor allem solche, die durch Erbgang oder Realteilung Land erhalten haben und die nun das Bestreben zeigen, sich insbesondere bei unsicherem Nebenerwerb unabhängig zu machen,
   g) selbständige Dorfhandwerker und Gewerbetreibende, die auf dem Lande leben (Gastwirte und Schmiede, Bäcker, Metzger usw.), deren Tätigkeit vorzugsweise den Bauern, Landwirten und Landarbeitern gilt, zur Sicherstellung des eigenen Haushaltsbedarfs, wenn die Verpachtung nach den besonderen Verhältnissen des Ortes oder des einzelnen Falles geboten erscheint.

In allen Fällen (a—g) muß eine ordnungsmäßige Bewirtschaftung sichergestellt werden. Die Pächter müssen Hoflage, Gebäude und Betriebsmittel besitzen, die für eine vergrößerte landwirtschaftliche Nutzungsfläche ausreichen oder dieser entsprechend zweckmäßig erweitert werden können;

h) gewerbliche Arbeiter, Sozialrentner, pensionierte Beamte usw., wenn nach Berücksichtigung der oben zu a—g genannten Bewerber noch Pachtland zur Verfügung steht und wenn eine ordnungsgemäße Bewirtschaftung auf die Dauer gewährleistet ist.

Die Reihenfolge der Aufstellung ist eine Richtlinie für die Beurteilung der Landbedürftigkeit. Bei dem Abschluß von Pachtverträgen ist nach Möglichkeit dahin zu wirken, daß der nach dieser Aufstellung Landbedürftigere die Pacht erhält, sofern er den gerechten Pachtpreis bezahlen will, selbst wenn ein anderer Bewerber einen höheren Pachtzins bietet."

(2) Neben den vorstehenden boden- und sozialpolitischen Gesichtspunkten sind bei der Auswahl des Pächters auch die finanziellen Interessen des Verpächters angemessen zu berücksichtigen. Dabei ist insbesondere zu prüfen, ob der in Aussicht genommene Pächter entsprechende Gewähr für die richtige und rechtzeitige Zahlung des vereinbarten Pachtzinses bietet.

§ 5

Bei Grundstücksverpachtungen kleineren Umfangs, für die das Verfahren nach § 2 zu langwierig erscheint oder zu viel Verwaltungsarbeit verursachen würde, kann eine vereinfachte Form der öffentlichen Vergebung gewählt werden. Jedoch ist darauf Bedacht zu nehmen, daß den Bewerbern unter Mitteilung des künftigen Pachtpreises rechtzeitig Gelegenheit zur Einreichung ihrer Angebote gegeben wird. Die Ermittlung des gerechten Pachtpreises und die Auswahl des Pächters hat unter Beachtung der Grundsätze der §§ 3 und 4 zu erfolgen. Der Bezirksverwaltungsbehörde ist vor der beabsichtigten Vergebung über deren Gegenstand und Form sowie nach ihrem Abschluß über das Ergebnis zu berichten.

§ 6

Für die Verpachtung von Grundstücken auf Grund schriftlicher Angebote gelten die Vorschriften des § 5 Satz 2—4 sinngemäß.

§ 7

Die §§ 2 bis 6 finden entsprechende Anwendung auf die Vergebung des Ertrages oder der Nutzung von Grundstücken der in § 1 Abs. 1 genannten Art. Dabei kann ein vereinfachtes Vergebungsverfahren (§ 5 Abs. 1) insbesondere dann Platz greifen, wenn es sich um die Vergebung von Grasnutzungen an Straßenböschungen und Hochwasserdämmen oder von Obstnutzungen an öffentlichen Straßen oder um ähnliche Fälle von geringerer Bedeutung handelt.

§ 8

Vor dem Abschluß von Einzelpachtverträgen über Grundstücke im Sinne des § 1 Abs. 1 hat der Verpächter, soweit der Vertrag nicht nach den Vorschriften der Grundstückverkehrsbekanntmachung vom 26. Jan. 1937 der Genehmigung der Bezirksverwaltungsbehörde bedarf, mit dem zuständigen Ortsbauernführer ins Benehmen zu treten. Kann mit diesem eine Einigung über den Preis nicht erzielt werden, so gilt § 2 Ziff. 5 entsprechend. Der Bezirksverwaltungsbehörde ist in jedem Fall ein Abdruck des Vertrages vorzulegen.

§ 9

Die vorstehenden Bestimmungen gelten auch für alle öffentlich-rechtlichen Körperschaften einschließlich der Gemeinden.

§ 10

Es ist verboten, Handlungen vorzunehmen, durch welche die Bestimmungen dieser Anordnung mittelbar oder unmittelbar umgangen werden.

§ 11

Zuwiderhandlungen gegen diese Anordnung werden mit Gefängnis und Geldstrafe, letztere in unbegrenzter Höhe, oder mit einer dieser Strafen bestraft.

Anlage zu § 3 der Anordnung über die meistbietende Verpachtung landwirtschaftlich genutzter Grundstücke.

Der Reichsbauernführer

Verwaltungsamt

Goslar, den 7. Juni 1937.

Anordnung betr. Pachtleistungsrichtlinien.

Auf Grund des § 1 Abs. 2 der Reichspachtschutzverordnung in der Fassung der Bekanntmachung vom 23. Juli 1925 (RGBl. I S. 152), des Gesetzes vom 12. Juli 1927 (RGBl. I S. 913) sowie der einschlägigen Bestimmungen der Länderpachtschutzordnungen und der §§ 2 der ersten Verordnung über den vorläufigen Aufbau des Reichsnährstandes vom 8. Dez. 1933 (RGBl. I S. 1060) erlasse ich unbeschadet des Verbotes von Preiserhöhungen nach der Verordnung vom 26. Nov. 1936 (RGBl. I S. 955) folgende Leistungsrichtlinien für Hof- und Einzelpacht:

I. Allgemeines.

Der deutsche Boden ist der Lebensraum unseres Volkes und die Arbeitsgrundlage des schaffenden Volksgenossen. Nach nationalsozialistischer Auffassung kann daher der Pachtvertrag nur eine Pflichtengemeinschaft von Boden und Arbeit sein. Verpächter und Pächter haben deshalb innerhalb der allgemeinen Volks-, Standes- und Bodenordnung durch Erhaltung und Steigerung der Ertragsfähigkeit des Bodens an der Ernährungssicherung unseres Volkes mitzuwirken. Das erfordert soziale Gerechtigkeit in den Pachtbedingungen und einen gerechten Pachtpreis.

Der gerechte Pachtpreis muß sich richten

1. nach Pachtbedingungen, die gegenüber der Volksgesamtheit vertretbar und im Verhältnis der Parteien gerecht sind,

2. nach der Ertragsfähigkeit des Bodens, dessen Naturkraft durch Arbeit genutzt wird und der bei der Hofpacht zugleich als Grundlage der Hofesordnung dem Pächter und seiner Gefolgschaft eine würdige Wohn- und Arbeitsstätte bieten muß.

II. Die Pachtbedingungen und ihr Verhältnis zum Pachtpreis.

Bedingt durch die örtlichen Verhältnisse und durch die geschichtliche Entwicklung weichen die Pachtbedingungen der derzeitigen Pachtverhältnisse weitgehend voneinander ab. Pachtleistungsrichtlinien müssen aber eine einheitliche Grundlage haben. Diese wird durch die Einheitspachtverträge herbeigeführt.

Jede Gemeinschaftsaufgabe hat zur Voraussetzung Gemeinschaftsordnung. Jede Gemeinschaft bringt selbstverständliche Bedingungen mit sich gegenüber der Allgemeinheit und zwischen den Vertragsparteien, wenn die von der Volksgesamtheit erwartete Leistung erzielt werden soll.

Die Einheitspachtverträge sehen daher folgendes vor:

1. Pachtverträge müssen langfristig sein. Sie sollen bei der Einzelgrundstückspacht 9 Jahre laufen mit einer doppelten Anwartschaft auf weitere 9 Jahre, bei der Hofpacht 18 Jahre mit einer Anwartschaft auf weitere 18 Jahre.
2. Der gerechte Pachtpreis erfordert Preiswahrheit und -klarheit. Natural- und Naturalwertpacht sind unvereinbar mit den Grundsätzen der allgemeinen Wirtschaftspolitik. Der Pachtpreis darf nicht getarnt sein durch Übernahme aller möglichen Nebenlasten wie Steuern, Abgaben, Baulasten, Naturallieferungen usw. Daraus folgt:
   a) der Verpächter trägt die auf das Eigentum als solches entfallenden Steuern und Abgaben, z. B. Realsteuern, Schul- und Patronatsleistungen,
   b) der Pächter trägt die mit dem landwirtschaftlichen Betrieb als solchem zusammenhängenden Steuern und Abgaben, z. B. den Beitrag zur landwirtschaftlichen Berufsgenossenschaft,
   c) den Reichsnährstandsbeitrag tragen Verpächter und Pächter je zur Hälfte,
   d) der Verpächter hat grundsätzlich die über die gewöhnlichen Bau- und Unterhaltungskosten hinausgehenden Baulasten zu tragen. Ein langfristiger Vertrag mit Pachtanwartschaft rechtfertigt jedoch

eine Beteiligung des Pächters an den Bau- und Unterhaltungslasten derart, daß bei umfangreicheren Unterhaltungs- und Herstellungsarbeiten von den Kosten ein Drittel auf den Pächter und zwei Drittel auf den Verpächter entfallen.

3. Die Pflichtengemeinschaft von Boden und Arbeit bedingt gegenseitigen Vermögensschutz, nämlich
   a) Erhaltung und Steigerung der Ertragsfähigkeit,
   b) Schutz gegen widerrechtliche Eingriffe Dritter,
   c) Ersatz der Aufwendungen des Pächters für einzelne Maßnahmen, die nach den anerkannten Grundsätzen einer ordnungsmäßigen Wirtschaft zweckmäßige Einrichtungen und Verbesserungen darstellen, zum Schätzungswert, soweit die Einrichtungen und Verbesserungen den wirtschaftlichen Wert bei Pachtende noch erhöhen oder wirtschaftliche Vorteile zu erwarten sind,
   d) Übernahme des Inventars zum Schätzungswerte, soweit die einzelnen Inventarstücke nach den Regeln einer ordnungsmäßigen Wirtschaft nicht überflüssig oder zu wertvoll sind,
   e) Rückgabe der Pachtgrundstücke bei Pachtablauf in dem Kulturzustand, wie er sich bei fortlaufender ordnungsmäßiger Bewirtschaftung ergibt.

4. Der Pächter muß sich frei und verantwortungsbewußt fühlen. Er tritt der Allgemeinheit gegenüber als Wirtschafter auf und muß die notwendigen Verbesserungen selbst verantworten. Sein Schutz liegt in der Sicherung der Übernahme nachhaltig wirkender Einrichtungen und Verbesserungen. „Für Experimente" ist eine Übernahme nicht begründet.

Jede zulässige Abweichung von diesen Grundsätzen, z. B. die beim Erbhof notwendig kürzer zu bemessende Pachtzeit ohne Pachtanwartschaft, die beim Erbhof vorgesehene Übernahme der ganzen Kosten für umfangreichere Herstellungsarbeiten durch den Verpächter (Bauer) oder die bei der Einzelgrundstückspacht sich empfehlende Übernahme der Beiträge zum Reichsnährstand und zur landwirtschaftlichen Berufsgenossenschaft durch den Verpächter bedingt einen entsprechenden Zu- oder Abschlag bei der Pacht.

III. Die Ermittlung des gerechten Pachtpreises.

Der zweckmäßigste Weg, den gerechten Pachtpreis zu ermitteln, ist, von dem Ertrag, den ein ordnungsmäßig wirtschaftender Bauer oder Landwirt nachhaltig, d. h. im langjährigen Durchschnitt, zu erzielen vermag, auszugehen und nach Berücksichtigung eines angemessenen Arbeitslohnes für den Pächter eine Verteilung so vorzunehmen, daß der Verpächter eine Rente erhält, die einer niedrigen Verzinsung bei einer „sicheren Kapitalsanlage" entspricht.

Die Richtlinien müssen sich im übrigen darauf beschränken, einen Schätzungsrahmen und Anhaltspunkte zu geben, jedoch unter Festhaltung an dem Grundsatz, daß

1. die Pacht aus dem Reinertrag aufzubringen ist,
2. eine Erhöhung des Pachtpreisstandes im allgemeinen und des Pachtpreises im Einzelfalle nach dem Verbot von Preiserhöhungen gemäß der Verordnung vom 26. Nov. 1936 (RGBl. I S. 955) nur mit ausdrücklicher Genehmigung des Reichskommissars für die Preisbildung zulässig ist, wenn „eine Ausnahme aus volkswirtschaftlichen Gründen oder zur Vermeidung besonderer Härten dringend erforderlich erscheint", und daß
3. die Pacht ihrem Wesen nach eine Bodenrente ist, die möglichst im Hundertsatz für das ganze Reich gleich sein soll und die auf die Familien- und Vermögensverhältnisse von Verpächter und Pächter keine Rücksicht nehmen kann.

Folgende Anhaltspunkte dienen als Schätzungsrahmen und zur Kontrolle der Ermittlung des gerechten Pachtpreises:

1. die Pacht, welche verständige Verpächter und Pächter für einen im Jahre 1913 laufenden langfristigen Pachtnutzungszeitraum **ohne Rücksicht auf „Angebot und Nachfrage"** bei ähnlichen Verhältnissen als angemessen vereinbart hatten,
2. die Pacht, welche verständige Verpächter und Pächter heute auf längere Zeit **ohne Rücksicht auf „Angebot**

und Nachfrage" und unter Berücksichtigung der nationalsozialistischen Wirtschaftsordnung als offenbar angemessen vereinbaren würden,

3. die Pacht, welche in ähnlich gelagerten Fällen die Dienststellen des Reichsnährstandes unter Beachtung der Grundsätze unter Ziffer II in Gutachten als angemessen bezeichnen oder bezeichnet haben,
4. die Einheitsbewertung. Es ist aber zu beachten, daß die Einheitswerte einen zuverlässigen Bewertungsmaßstab vielfach erst nach ihrer Neufestsetzung auf Grund der Ergebnisse der Bodenschätzung abgeben werden.
5. Durchschnittswerte, die aus den Buchführungsunterlagen einer größeren Zahl ähnlich gelagerter Betriebe gewonnen werden. Von den Buchführungsergebnissen des betroffenen Betriebes allein darf nicht ausgegangen werden.

Als Anhaltspunkte sind nicht geeignet:

1. der derzeitige oder frühere ortsübliche Pachtpreis, der sich nach Angebot und Nachfrage gebildet hat,
2. die Friedenspacht schlechthin, da eine in der Krisenzeit der neunziger Jahre vereinbarte Pacht zu niedrig und eine etwa im Jahre 1912 vereinbarte Pacht wegen einer zu günstig eingeschätzten Entwicklung zu hoch sein kann,
3. eine Verzinsung des Kaufpreises oder des heute etwa zu erzielenden Verkaufspreises, da sich der Kaufpreis bisher keineswegs nur nach der Ertragsfähigkeit des Bodens bestimmte,
4. was ein besonders erfolgreich wirtschaftender Bauer oder Landwirt an Pacht aufbringen kann,
5. was bei einer Zupacht infolge des dadurch zu erzielenden Vorteils für den Pächter gerade noch tragbar ist; denn die Pachthöhe darf sich nicht richten nach der Aufbringungsfähigkeit des Zupachtbetriebes, vielmehr ist die Pacht, vom Verpächter aus gesehen, eine Rente für eine sichere Kapitalsanlage, für welche gilt, daß größerer Sicherheit ein niedrigerer Zinsfuß entspricht.

IV. Für Sonderkulturen bleibt eine Ergänzung vorbehalten.

3. Richtlinien

zur Bekanntmachung über den Verkehr mit landwirtschaftlichen oder forstwirtschaftlichen Grundstücken in der vom 1. Februar 1937 an geltenden Fassung (Reichsgesetzblatt I S. 35).

Runderlaß des RuPrMfEuL. vom 26. Jan. 1937 — VIII 14 165 — (LwRMBl. 1937 Sp. 74; DJ. 1937 S. 217).

Für die Ausführung der in wesentlichen Punkten den heutigen Verhältnissen angepaßten Bekanntmachung über den Verkehr mit landwirtschaftlichen oder forstwirtschaftlichen Grundstücken sind nachstehende Richtlinien maßgebend. Auf die als Anlage beigefügte Begründung zum Gesetz zur Änderung der Bekanntmachung über den Verkehr mit landwirtschaftlichen Grundstücken vom 15. März 1918 wird als Ergänzung verwiesen. Die bisherigen Erlasse und Ausführungsanweisungen behalten, soweit sie nicht im Widerspruch zur Grundstückverkehrsbekanntmachung und diesen Richtlinien stehen, ihre Geltung. Im übrigen werden diese Erlasse sowie die Absichten und Ziele der alten Bundesratsbekanntmachung als bekannt vorausgesetzt.

Die Bekanntmachung über den Verkehr mit landwirtschaftlichen oder forstwirtschaftlichen Grundstücken ist nunmehr von ihrer Zweckbestimmung während der Kriegs- und Nachkriegszeit gelöst und ein bei richtigem Gebrauch geeignetes Mittel zur Durchführung nationalsozialistischer Bodenpolitik geworden. Bei ihrer Anwendung genügt es aber nicht, sich auf die Aufstellung schlagwortartiger allgemeiner Grundsätze der heutigen Bodenpolitik zu berufen; der einzelne Fall soll vielmehr bis ins einzelne durchdacht und den tatsächlichen, in jedem Fall anders liegenden Verhältnissen entsprechend entschieden werden. Eine zu starre Handhabung der Grundsätze ohne Rücksicht auf den Einzelfall wird mehr Schaden als Nutzen anrichten.

Zu den einzelnen Vorschriften der Bekanntmachung wird folgendes bemerkt:

Zu § 1:

(1) Die Genehmigungspflicht erstreckt sich nur auf land- oder forstwirtschaftliche Grundstücke. Zu den landwirtschaftlichen Grundstücken rechnen auch Grundstücke, die durch Sonderkulturen, wie Weinbau, Gärtnerei, Teichwirtschaft und Fischerei[1]) genutzt werden. Ob das Grundstück im Zeitpunkt des Rechtsgeschäfts vom Eigentümer oder Besitzer tatsächlich landwirtschaftlich oder forstwirtschaftlich genutzt wird oder ob es im Kaufvertrag nach der Absicht der Vertragschließenden anderen als landwirtschaftlichen oder forstwirtschaftlichen Zwecken zugeführt werden soll, ist für die Frage der Genehmigungspflicht ohne Bedeutung. Entscheidend ist, ob das Grundstück seiner Natur nach den üblicherweise landwirtschaftlich oder forstwirtschaftlich zu nutzenden Grundstücken zuzurechnen ist. Andererseits fallen unter die Genehmigungspflicht nicht Grundstücke, die anderen Zwecken dienen. Hierzu rechnen insbesondere bebaute städtische Grundstücke, brachliegende Bauplätze, Fabrikgelände, Lagerplätze und ähnliche weder landwirtschaftlich noch forstwirtschaftlich genutzte Flächen. Die Entscheidung, ob das Rechtsgeschäft mit Rücksicht auf die Art des Grundstücks der Genehmigung unterliegt, trifft im Zweifelsfalle auf Grund des § 4 die Genehmigungsbehörde.

(2) Der Begriff „Grundstück" ist im wirtschaftlichen Sinne zu verstehen und umfaßt jeden einheitlich bewirtschafteten land- und forstwirtschaftlichen Grund und Boden. Nicht der Umstand ist also entscheidend, wie das den Gegenstand des Rechtsgeschäfts bildende Grundstück im Grundbuch, insbesondere, ob es auf einem oder mehreren Grundbuchblättern eingetragen ist, sondern allein die wirtschaftliche Zusammengehörigkeit. Das Grundstück kann ein selbständiger Wirtschaftsbetrieb und daher mit Gebäuden und Inventar versehen sein, es braucht aber eine solche wirtschaftliche Selbständigkeit nicht zu haben. Um ein Grundstück handelt es sich nicht nur dann, wenn sich der Grund-

---

[1]) Fassung des RE. vom 25. Jan. 1938 — VIII 16440 — (LwRMBl. S. 85).

stückskomplex aus mehreren örtlich zusammenhängenden Parzellen zusammensetzt, sondern auch dann, wenn die einzelnen Parzellen mit fremden Grundstücken im Gemenge liegen, von dem Eigentümer aber von einer Hofstelle aus bewirtschaftet werden.

(3) Grundsätzlich ist die Mindestgröße der Grundstücke, die Gegenstand eines genehmigungspflichtigen Rechtsgeschäfts sind, reichsrechtlich auf 2 ha festgesetzt; in der Ausführungsbestimmung zur Grundstückverkehrsbekanntmachung vom 26. Jan. 1937 (RGBl. I S. 38) ist jedoch für bestimmte Gebiete des Reiches mit Rücksicht auf die dort vorliegenden besonderen Verhältnisse die Grundstücksgröße abweichend bestimmt. Bei der Veräußerung von Teilstücken ist die Größe des aufzulassenden Grundstücks, nicht diejenige des Stammgrundstücks, von welchem ein Teil veräußert werden soll, entscheidend (Ausnahme Abverkäufe von einem Grundstück über 5 ha Größe, wenn der veräußerte Teil mehr als 2 ha umfaßt, in den Gebieten der Regierungsbezirke Stettin, Potsdam und Lüneburg)[1]. Jedoch bedürfen Kaufverträge auch dann der Genehmigung, wenn die Teilstücke zwar unter der Mindestgröße liegen, die Veräußerung mehrerer derartiger Teile aber eine nach einem einheitlichen Plan angelegte Zerschlagung eines an sich über der Mindestgröße liegenden Grundstücks erkennen läßt.

Zu § 2:

(1) Genehmigungspflichtig sind Rechtsgeschäfte über Grundstücke sowohl dinglicher als auch schuldrechtlicher Art, wie Nießbrauch, Kauf, Tausch, Pacht. Ohne die Genehmigung der Genehmigungsbehörde sind derartige Rechtsgeschäfte rechtsunwirksam. Während die Bundesratsbekanntmachung vom 15. März 1918 nicht nur eine Genehmigung des Verpflichtungsgeschäfts, sondern auch die Genehmigung des Erfüllungsgeschäfts verlangte, bestimmt die Grundstückverkehrsbekanntmachung, daß die Genehmi-

[1]) Vgl. jetzt jedoch AusfVO. vom 22. April 1937 (RGBl. I S. 534), oben S. 62.

gung des Verpflichtungsgeschäfts auch die Genehmigung des entsprechenden Erfüllungsgeschäfts einschließt.

(2) Bei der Veräußerung eines Grundstücks im Wege der Zwangsversteigerung bedarf das Gebot der Genehmigung. Die Abgabe eines Gebots ohne Genehmigung der zuständigen Genehmigungsbehörde ist rechtsunwirksam. Der Zwangsversteigerungsrichter hat derartige Gebote zurückzuweisen (ZVG. § 71).

(3) Die Möglichkeit, die Genehmigung unter Auflagen zu erteilen, bezieht sich sowohl auf die Genehmigung der im Absatz 1 erwähnten Rechtsgeschäfte als auch auf die Genehmigung des Gebots bei der Veräußerung eines Grundstücks im Wege der Zwangsversteigerung.

(4) Schon nach der bisherigen Praxis ist der Kreisbauernführer und in Fällen von größerer Bedeutung der Landesbauernführer von der Genehmigungsbehörde maßgebend bei der Prüfung des Rechtsgeschäfts beteiligt worden. Diese wertvolle und nicht zu entbehrende Mitwirkung des Reichsnährstandes ist nunmehr gesetzlich festgelegt. Ich lege entscheidenden Wert darauf, daß die Einschaltung des Kreisbauernführers in das Genehmigungsverfahren möglichst frühzeitig erfolgt und daß dabei zutage tretende Zweifelsfragen im Einvernehmen mit dem Reichsnährstand geklärt werden. Wenn auf Grund der Bekanntmachung nunmehr eine behördliche Überwachung des gesamten wesentlichen ländlichen Grundstückverkehrs erfolgt, so kann die mit dieser Überwachung erstrebte Ordnung nur in engster Zusammenarbeit mit dem Berufsstand verwirklicht werden.

Zu § 3:

(1) Die im § 3 aufgeführten Rechtsgeschäfte sind von der Genehmigung befreit, weil sie entweder, wie die Geschäfte unter Ziffern 5 bis 10, im Sinne der Bekanntmachung unbedenklich sind oder weil sichergestellt ist, daß die für derartige Rechtsgeschäfte verantwortlichen Stellen von sich aus auch die Grundsätze der Bekanntmachung wahren. Auch diese Stellen sind also verpflichtet, den nationalsozialistischen Zielen der Bekanntmachung Rechnung zu tragen. Die Aufsichtsbehörden werden auf die

Erfüllung dieser Pflicht halten und etwaigen Verstößen entgegentreten. Während früher auch die Rechtsgeschäfte, die nach anderen Vorschriften der Genehmigung einer Verwaltungsbehörde, also z. B. auch einer Provinzialverwaltungsbehörde, bedurften und diese erhalten hatten, von der Genehmigungspflicht befreit waren, ist dies auf Grund Ziffer 3 Abs. 1 nur noch bei den Rechtsgeschäften der Fall, die der Genehmigung eines Reichsministers oder einer obersten Landesbehörde bedürfen und diese erhalten haben.

(2) Wenn auch durch die Ziffer 5 des Absatzes 1 sämtliche Rechtsgeschäfte zwischen Ehegatten und Verwandten, sofern es sich um die Veräußerung eines Grundstücks handelt, genehmigungspflichtig geworden sind, so ist damit nicht beabsichtigt, in die sogenannten Übergabeverträge, d. h. in die Verträge, die im Wege der vorweggenommenen Erbfolge den landwirtschaftlichen Betrieb geschlossen in die Hand des Ehegatten oder eines Verwandten überführen, einzugreifen. Der Übergabevertrag wird also in der Regel ohne große Ermittlungen zu genehmigen sein. Die Genehmigung wird aber in all den Fällen zu versagen sein, in denen die Auseinandersetzung über ein land- oder forstwirtschaftliches Grundstück ohne Rücksicht auf die Grundgedanken des Erbhofrechts durchgeführt wird.

(3) Die Rechtsgeschäfte der Reichsumsiedlungsgesellschaft m. b. H., Berlin, werden fast immer auf Grund der Ziffern 4 oder 6 von der Genehmigungspflicht befreit sein; in den Fällen, in denen das nicht oder nicht zweifelsfrei der Fall ist, ist die Genehmigung mit Rücksicht auf das Aufgabengebiet der Reichsumsiedlungsgesellschaft ohne Auflagen zu erteilen. Sollten ausnahmsweise schwerwiegende Bedenken bestehen, so ist an mich zu berichten.

Zu § 4:

(1) Die Entscheidung nach Absatz 1 ist für die Fälle gedacht, in denen es zweifelhaft ist, ob ein genehmigungspflichtiges Rechtsgeschäft vorliegt. Eine derartige Zweifelsfrage soll nicht im Wege eines — vielleicht langwierigen — gerichtlichen Prozesses, sondern alsbald durch eine unanfechtbare Entscheidung der Genehmigungsbehörde geklärt

werden. Ein Anwendungsfall ist z. B. der, daß das Grundbuchamt ein Rechtsgeschäft für genehmigungspflichtig hält, die Genehmigungsbehörde dagegen nicht. Die Entscheidungen nach Absatz 1 können nur im Rahmen der geltenden Grundstücksverkehrsbekanntmachung getroffen werden; es besteht demnach nicht die Möglichkeit, etwa auf Grund von Entscheidungen nach Absatz 1 nicht genehmigungspflichtige Rechtsgeschäfte entgegen dem Gesetz einer Genehmigungspflicht zu unterwerfen. Die Entscheidungen nach Absatz 1 sind mit einer Begründung zu versehen.

(2) Das im Absatz 2 vorgesehene Zeugnis kann ausgestellt werden, wenn die Genehmigungsbehörde auf Grund des Absatzes 1 entschieden hat, daß die Genehmigung nicht erforderlich ist.

(3) Der im Absatz 3 vorgesehene Nachweis ist dem Grundbuchamt gegenüber durch die Bescheinigung der Genehmigungsbehörde zu führen. Die Bescheinigung ist — anders als das Zeugnis nach Abs. 2 — nicht Ausfluß einer nach Absatz 1 ergangenen Entscheidung. Wenn z. B. das Grundbuchamt entgegen der Bescheinigung das Rechtsgeschäft für genehmigungspflichtig hält, so würde erst dann die Genehmigungsbehörde nach Absatz 1 zu entscheiden haben. Die für die Ausstellung der Bescheinigung in den Fällen des § 3 Absatz 1 Ziffern 6 bis 9 erforderlichen Unterlagen hat sich die Genehmigungsbehörde entweder unmittelbar von den für die dort genannten Geschäfte zuständigen Aufsichtsbehörden zu beschaffen oder sie kann deren Beibringung den Antragstellern aufgeben.

Zu § 5:

(1) Der § 5 regelt die Versagungsmöglichkeiten der der Bekanntmachung unterliegenden Rechtsgeschäfte. Die Versagung ist nicht in das freie Ermessen der Genehmigungsbehörden gestellt, sondern streng an die Grundvorschrift des § 5 gebunden. Nur wenn der Ausführung ein erhebliches öffentliches Interesse entgegensteht, darf die Genehmigung des Rechtsgeschäfts versagt werden. Ist das aber der Fall, dann kann und muß die Genehmigung versagt werden, auch wenn nicht ausdrücklich einer der in den 5 Ziffern des Absatzes 1 aufgeführten Versagungs-

gründe vorliegt. Der Unterschied gegenüber der Bundesratsbekanntmachung vom 15. März 1918 liegt demnach darin, daß bei Ablehnung der Genehmigung früher zwingend einer der fünf Versagungsgründe des § 3 vorliegen mußte, jetzt aber die 5 Ziffern des Absatzes 1 § 5 nur noch die Bedeutung von Hauptbeispielen für die Versagung haben. Außer bei Zutreffen eines der fünf Gründe kann das öffentliche Interesse z. B. erheblich verletzt werden, wenn das Rechtsgeschäft wesentliche staats- und rassepolitische Gesichtspunkte verletzt, oder wenn durch das Rechtsgeschäft eine bevorstehende Erbhofbildung zerschlagen wird, oder wenn durch den Verkauf eines größeren Grundstücks die für eine Dorfgemeinschaft wesentliche Neubildung von Erbhöfen im Wege der Anliegersiedlung auf lange Sicht unmöglich gemacht wird, oder wenn ein Landwirt, der bereits über mehrere Güter verfügt, weitere land- oder forstwirtschaftliche Grundstücke zu erwerben beabsichtigt. Selbstverständlich sind noch andere Beispiele für Rechtsgeschäfte, die das öffentliche Interesse erheblich verletzen, denkbar. Liegen die in den 5 Ziffern aufgeführten Versagungsgründe nicht vor, so soll eine Versagung auf Grund der Generalklausel auf die Fälle beschränkt sein, die ihre Anwendung zwingend fordern.

(2) Die Ziffer 2 des Absatzes 1 stellt einen selbständigen, ohne Zusammenhang mit der Ziffer 1 stehenden Versagungsgrund dar, d. h. auch wenn durch die Überlassung eines zum Betriebe der Landwirtschaft bestimmten Grundstücks an einen Nichtlandwirt die Volksernährung nicht gefährdet erscheint, ist in der Regel die Genehmigung aus grundsätzlichen Erwägungen zu versagen, da der landwirtschaftlich genutzte Grund und Boden in die Hand des Bauern und Landwirts gehört. Nur in den Fällen, in denen beim Vorliegen schlechter Bodenverhältnisse auf Grund des wirtschaftlichen Zustandes des Grundstücks ein mit normalen Geldmitteln ausgestatteter Landwirt sein Fortkommen nicht finden dürfte, kann die Genehmigung auch trotz des Vorliegens des Versagungsgrundes der Ziffer 2 erteilt werden, sofern der Nichtlandwirt die blutmäßigen und charakterlichen Voraussetzungen, die an einen Bewirtschafter deutschen Grund und Bodens zu stellen sind,

erfüllt. Eine derartige Genehmigung wird aber immer zu den großen Ausnahmen zu rechnen haben.

(3) Während die Bundesratsbekanntmachung vom 15. März 1918 im § 3, Ziffer 5 nur die Übereignung eines Grundstücks unter Ausnutzung der Notlage des Eigentümers zu unbilligen Bedingungen verhindern wollte, ermöglicht nunmehr die Ziffer 5 ein Einschreiten in jedem Falle, in dem der Wert des Grundstücks in einem groben Mißverhältnis zum Gegenwert steht. Allerdings ist hier das Vorliegen eines groben Mißverhältnisses Voraussetzung, und es genügt keineswegs eine verhältnismäßig geringe Überschreitung des angemessenen Werts des Grundstücks.

(4) Bei der Veräußerung im Wege der Zwangsversteigerung sollen bei Anwendung der Vorschriften des Absatzes 1 die Belange der dinglichen Gläubiger angemessen berücksichtigt werden. Das bedeutet nicht, daß die Genehmigung zur Abgabe des Gebots einem dinglichen Gläubiger in jedem Falle erteilt werden muß. Die Genehmigung muß nach besonders gewissenhafter Prüfung auch in diesen Fällen versagt werden, wenn durch die Abgabe des Gebots ein erhebliches öffentliches Interesse verletzt wird. Diese Gefahr wird nicht vorliegen, und daher ist auch die Genehmigung zu erteilen, wenn unter staatlicher Aufsicht stehende Grundkreditanstalten und Sparkassen das Grundstück zur Sicherung ihrer dinglichen Belastung ersteigern wollen [1]). Gegebenenfalls kann ein Verbleiben des Grundstücks in der Hand des Kreditinstituts durch die Auflage einer in angemessener Frist vorzunehmenden Weiterveräußerung verhindert werden.

(5) Wie im § 2 festgelegt, kann die Genehmigung auch unter Auflagen erteilt werden. Die Auflagen sind jedoch ebensowenig wie die Erteilung oder Versagung der Genehmigung selbst in das freie Ermessen der Genehmigungsbehörden gelegt, sondern dürfen nur der Sicherung der mit der Grundstückverkehrsbekanntmachung verfolgten und im § 5 festgelegten Grundsätze dienen. Von der Ge-

---

[1]) Fassung des RE. vom 25. Mai 1937 — VIII 14 999/37 — (LwRMBl. S. 464).

nehmigung unter Auflagen wird namentlich dann Gebrauch zu machen sein, wenn die künftige Schädlichkeit oder Unschädlichkeit des Rechtsgeschäfts im Sinne des § 5 nicht mit Sicherheit beurteilt werden kann. In diesen Fällen hat die Auflage die Gefahr, die aus dem Rechtsgeschäft im Sinne des § 5 erwachsen könnte, zu bannen. Sie soll keinesfalls der Preis sein, den der Erwerber für die Genehmigung zahlt. Das Gebiet der Auflagen ist besonders schwierig; es empfiehlt sich daher, bei beabsichtigter Erteilung der Genehmigung unter Auflagen eingehend vorher mit den Beteiligten zu verhandeln und von Auflagen, die nicht im klaren Zusammenhang mit den Grundgedanken des § 5 stehen, abzusehen. Die Auflagen können den Inhalt des Rechtsgeschäfts wesentlich verschieben; deshalb ist zu prüfen, ob den Beteiligten diese Verschiebung zugemutet werden kann, oder ob es nicht zweckdienlicher ist, die Genehmigung des Rechtsgeschäfts zu versagen.

Zu § 7:

Die für die richtige Beurteilung eines Genehmigungsantrags notwendige eingehende Fühlungnahme mit Reichsnährstand und Siedlungsbehörde darf die Entscheidung über einen Genehmigungsantrag nicht wesentlich verzögern. Auch die Entscheidung über die Beschwerde ist bei aller Rücksicht auf die notwendige eingehende Prüfung so schnell wie möglich zu treffen. Ich lege den größten Wert darauf, daß die Ermittlungen, die auf Grund der Bekanntmachung anzustellen sind, von allen beteiligten Stellen so vordringlich bearbeitet werden, daß der für die vertragschließenden Teile und für das Grundstück besonders schädliche Schwebezustand bis zur Entscheidung über die Genehmigung, soweit es irgend mit einer eingehenden Prüfung zu vereinbaren ist, möglichst abgekürzt wird.

Zu § 9:

(1) Durch die teilweise Neuregelung der Strafbestimmungen ist nunmehr die Inbesitznahme eines Grundstücks auch vor der Entscheidung über den Genehmigungsantrag möglich, ohne daß der neue Besitzer sich strafbar macht. Durch das Genehmigungsverfahren wird also die notwendige Bewirtschaftung des Grundstücks während der üblichen

Dauer des Verfahrens nicht aufgehalten. Die Bewirtschaftung und die Inbesitznahme des Grundstücks ohne Genehmigung erfolgen aber auf eigene Gefahr der vertragschließenden Parteien. Bei der Prüfung der Genehmigungsanträge ist auf die Tatsache, daß der Betreffende bereits im Besitze des Grundstücks ist, vielleicht sogar schon größere Geldbeträge in dem Grundstück angelegt hat, keine Rücksicht zu nehmen.

(2) Die Strafbestimmungen sind aber insofern erweitert, als nicht nur die Übertragung oder der Erwerb des Besitzes entgegen einer rechtskräftigen Versagung der Genehmigung mit Strafe bedroht wird; nunmehr macht sich auch strafbar, wer, ohne die erforderliche Genehmigung nachgesucht zu haben, den Besitz eines Grundstücks behält oder einem anderen zuläßt. Dies kann insbesondere bei Pachtverhältnissen der Fall sein.

(3) Wer die bei Erteilung der Genehmigung gemachten Auflagen nicht erfüllt, kann mit Gefängnis bis zu einem Jahr oder mit Geldstrafe oder mit einer dieser Strafen bestraft werden. Bei Nichterfüllung der Auflagen bleibt das Rechtsgeschäft wirksam. Auch die Zwangsversteigerung gilt als durchgeführt, wenn die bei Genehmigung zur Abgabe des Gebots gemachten Auflagen nicht erfüllt sind. Ich lege aber Wert darauf, daß die Genehmigungsbehörden über die Erfüllung der gemachten Auflagen wachen und in den ihnen geeignet erscheinenden Fällen die Anwendung des § 9 veranlassen.

Der Zeitpunkt des Inkrafttretens der Neufassung ist auf den 1. Febr. 1937 festgesetzt. Ist ein Veräußerungsvertrag über ein Grundstück, das bisher nicht der Bundesratsbekanntmachung über den Verkehr mit landwirtschaftlichen Grundstücken vom 15. März 1918 unterlag, vor dem Inkrafttreten der Bekanntmachung über den Verkehr mit landwirtschaftlichen oder forstwirtschaftlichen Grundstücken geschlossen und ab 1. Febr. d. J. genehmigungspflichtig, so soll die Auflassung im allgemeinen genehmigt werden; nur in den Fällen, wo grobe Mißstände auf der Hand liegen, ist gegebenenfalls die Genehmigung zu versagen.

4. Grundstückverkehrsbekanntmachung und Verwandtengeschäfte.

RE. d. RuPrMfEuL. vom 31. Jan. 1938 — VIII 14 225 — (LwRMBl. 1938, 101).

Die Handhabung der Grundstückverkehrsbekanntmachung bei der Genehmigung von Übergabe- und Auseinandersetzungsverträgen gibt mir Veranlassung, auf folgendes hinzuweisen.

Die Grundstückverkehrsbekanntmachung ist nicht als ein erweitertes Erbhofgesetz zur Sicherung von Klein- und Kleinstbetrieben zu betrachten. Sie vermeidet es daher bewußt, für die Regelung der an sich genehmigungspflichtigen Verwandtengeschäfte bestimmte Anordnungen zu treffen. In den Richtlinien vom 26. Jan. 1937 (Lw.-RMBl. S. 73) ist schon darauf hingewiesen, daß der Übergabevertrag in der Regel ohne große Ermittlungen zu genehmigen ist, daß die Genehmigung aber in allen den Fällen zu versagen sein wird, in denen die Auseinandersetzung über ein land- oder forstwirtschaftliches Grundstück ohne Rücksicht auf die Grundgedanken des Erbhofrechts durchgeführt wird. Was darunter zu verstehen ist, wird in der Erläuterung zu § 5 Absatz 1 dahin klargestellt, daß Rechtsgeschäfte nicht genehmigt werden können, die eine bevorstehende Erbhofbildung zerschlagen. Setzt sich also eine Familie über ein Grundstück, das Erbhofgröße hat, aber aus irgendwelchen Gründen noch nicht Erbhof ist, so auseinander, daß eine künftige Erbhofbildung verhindert wird, so wird eine derartige Auseinandersetzung nicht genehmigt werden können.

Im übrigen ist folgendes zu beachten:

Es ist davon auszugehen, daß Auseinandersetzungen unter nahen Verwandten so wenig wie möglich beanstandet werden. Dort jedoch, wo eine *sinnwidrige Zerschlagung* eines bereits gefestigten landwirtschaftlichen Betriebes (schutzbedürftiger Betrieb) erfolgen soll, muß die Genehmigung versagt werden. Schutzbedürftige Betriebe sind *selbständige* landwirtschaftliche Betriebe, die vor der Erreichung der Ackernahrung stehen und deren Auffüllung auf Erbhofgröße herbeigeführt werden kann.

Gegen die Teilung derjenigen Betriebe aber, die auch unter Einbeziehung ihres Pachtlandes keine selbständigen landwirtschaftlichen Betriebe darstellen und voraussichtlich nie selbständige landwirtschaftliche Betriebe werden, sollen in der Regel bei Verwandtengeschäften Bedenken nicht erhoben werden. Handelt es sich bei der Teilung um die Auseinandersetzung über das elterliche Grundvermögen, so soll auch die Zuteilung von Land an nicht mehr ortsansässige berufsfremde Geschwister nicht beanstandet werden. Ob die Eltern das Hofgrundstück zunächst selbst behalten wollen oder bereits mitabgeben, sei ihrer Entscheidung überlassen. Jedoch ist eine neue Parzellierung umgelegter Grundstücke dann zu verhindern, wenn durch derartige Rechtsgeschäfte der Erfolg der Umlegung in der Feldmark beeinträchtigt würde. Ebenso muß auch die Neuentstehung von Zwergparzellen unterbunden werden.

Im übrigen ist jedoch, soweit nicht für Verwandtengeschäfte eine großzügigere Handhabung vorgesehen ist, streng darauf zu achten, daß die Grundsätze der Grundstückverkehrsbekanntmachung gerade in den Freiteilungsgebieten in vollem Umfange Anwendung finden. Das trifft insbesondere zu bei der Verwertung der in oben geschildertem Verfahren durch Teilung erworbenen Grundstücke. Bei der Verpachtung dieser Grundstücke sind Pachthöhe und Geeignetheit des Pächters eingehend zu prüfen. Bei einer Weiterveräußerung des Grundstücks ist ebenfalls dafür zu sorgen, daß das Land in die richtigen Hände zu einem tragbaren Preis übergeht. Im Zusammenhang mit der Überwachung der Pachtverträge, der Durchführung der Umlegung und der strengen Handhabung der oben geschilderten Grundsätze wird im Laufe der Entwicklung der Eigentümer landwirtschaftlicher Grundstücke, der diese Grundstücke im Wege der Erbauseinandersetzung erhalten hat, sie aber nicht selber bewirtschaftet, selbst dafür Sorge tragen, daß er sich in absehbarer Zeit wieder von diesen Grundstücken löst. Die kapitalistische Nutzung des Landes soll durch die Handhabung der Grundstückverkehrsbekanntmachung unmöglich gemacht werden.

Wird die Grundstückverkehrsbekanntmachung in dieser Form gehandhabt, so wird das von mir angestrebte Ziel allmählich, aber sicher erreicht. Neben die Erbhöfe treten die in Abs. 3 erwähnten schutzbedürftigen Grundstücke, deren Teilung schon mit Rücksicht auf § 5 Abs. 1 Ziff. 3 der Grundstückverkehrsbekanntmachung nicht genehmigt werden kann. Sie werden damit in natürlicher Entwicklung in absehbarer Zeit Erbhöfe. Land zu ihrer Auffüllung, zur Seßhaftmachung und zur Seßhafterhaltung der Landbevölkerung steht aus den nichtschutzbedürftigen Grundstücken zur Verfügung. Geht das Land durch Kauf oder im Wege des Erbganges an Erbhöfe oder an Grundstücke, die fast eine Ackernahrung bilden, über, so dient es der Stärkung landwirtschaftlicher Betriebe; wird es anderweitig verkauft, so wird es durch die Grundstückverkehrsbekanntmachung in eine richtige Hand gesteuert; wird es unter Verwandten aus erbrechtlichen Gründen aufgeteilt, so wird die Teilung zunächst in der Regel nicht beanstandet, aber die Weiterveräußerung der Teile überwacht und ebenfalls nach agrarpolitischen Grundsätzen geleitet.

5. Vollzug der Grundstückverkehrsbekanntmachung vom 26. Januar 1937.

RE. d. RuPrMfEuL. vom 12. März 1938 — VIII 14602 — (LwRMBl. 1938, 309).

Die mir auf Grund des Erl. vom 19. Juli 1937 — VIII 15293/37 — (nicht veröffentlicht) vorgelegten Berichte haben ergeben, daß die Auffassungen über Wert, Zweckmäßigkeit und Umfang des Fragebogens in den einzelnen Bezirken recht verschieden sind.

Zur Klärung von Zweifelsfragen weise ich darauf hin, daß die Ausfüllung von Fragebogen, die auf Grund der Angaben der Parteien ausgefüllt werden, nur dann von Wert ist, wenn eine schematische Beantwortung der gestellten Fragen bereits durch die Fragestellung vermieden wird und wenn eine Beschränkung der Zahl der gestellten Fragen eine unnötige Mehrbelastung der beteiligten Stellen verhindert. Ich billige es daher nicht, wenn in einzelnen Bezirken Fragebogen, die bis zu 50 Fragen enthalten, verwendet werden. In Fällen, die noch nicht genügend geklärt sind, kann sich die Genehmigungsbehörde unabhängig von dem Fragebogen durch die ihr geeignet erscheinenden Stellen weitere Unterlagen verschaffen. Ich beabsichtige nicht, in die Art und Weise, wie diese Ermittlungen durchgeführt werden, einzugreifen, mache aber darauf aufmerksam, daß auch hierbei auf die unbedingt notwendige Beschleunigung des Genehmigungsverfahrens Rücksicht zu nehmen ist.

Für die Beschaffung der ersten Unterlagen beabsichtige ich nunmehr, den in der Anlage beigefügten Fragebogen einzuführen. In einer großen Anzahl von Fällen wird bereits durch die Einsicht in die ausgefüllten Fragebogen, deren wahrheitsgetreue Ausfüllung sich leicht überprüfen läßt, die Beurteilung des Rechtsvorgangs möglich sein. Der Fragebogen enthält alle für die erste Beurteilung notwendigen Angaben. Er soll die Erhebungen der Genehmigungsbehörde, wie sie bisher nach Vorliegen des Antrags üblich waren, in wichtigen Fällen nicht ersetzen, soll aber verhindern, daß eingehende Ermittlungen in Fällen angestellt werden, die offensichtlich solcher Ermittlungen nicht bedürfen.

Es ist durch entsprechende Aufklärung dafür Sorge zu tragen, daß der Fragebogen bereits dem Genehmigungsantrag ausgefüllt beigefügt wird. Um dies zu erleichtern, ist zweckmäßig ein genügender Vorrat an Formularen bei den Genehmigungsbehörden, Kreisbauernschaften und Notaren zu halten. Der Herr Reichsminister der Justiz hat sich bereit erklärt, die Verwendung dieser Fragebogen den Notaren ausdrücklich zu empfehlen. Es bleibt den Parteien unbenommen, die Fragen in einem Anschreiben eingehend zu erläutern und außerdem von sich aus weitere Aufklärung zu geben.

Das Formular kann, soweit es dortseits nicht anderweitig beschafft wird, durch den Reichsnährstands-Verlag bezogen werden.

Anlage

Betr.: Genehmigung eines Rechtsgeschäfts auf Grund der Grundstückverkehrsbekanntmachung vom 26. Januar 1937.

Fragebogen.

zu dem . . . . Vertrag vom . . . . . . 19. .

I. Des Veräußerers, Verpächters usw. Name, Alter und Wohnort? Hauptberuf? Nebenberufliche Tätigkeit?	
Grundbesitz vor Abschluß des Rechtsgeschäfts? Gemeinde? . . . . . . Kreis? Größe? Betriebsart? Eigene Hofstelle?	
Grund und Zweck der Abgabe des Grundstücks? Kulturart des abgegebenen Grundstücks? Gleichzeitig oder in letzter Zeit abgeschlossene u. in Aussicht genommene Grundstücksgeschäfte?	
II. Des Erwerbers, Pächters usw. Name, Alter und Wohnort? Hauptberuf? Nebenberufliche Tätigkeit? Besteht zwischen Veräußerer und Erwerber ein Verwandtschaftsverhältnis? Wenn ja, welches? Bei Geschäften zwischen Eltern und Kindern oder zwischen Geschwistern, Name, Alter, Beruf und Wohnort aller Kinder und Geschwister?	
Größe des erworbenen Grundstücks? Einheitswert, möglichst auch Hektareinreihungssatz des Grundstücks? Beabsichtigte Nutzung des erworbenen Grundstücks?	
Bereits vorhandener landw. Grundbesitz? a) Eigenland, Größe? Kulturart? Gemeinde? Eigene Hofstelle? b) Pachtland, Größe? Kulturart? Gemeinde?	
Grund und Zweck des Erwerbs? Soll das Grundstück selbst bewirtschaftet oder verpachtet werden?	

6. Gesetz über die Beschränkung von Grundeigentum aus Gründen der Reichsverteidigung (Schutzbereichgesetz).

Vom 24. Januar 1935 (RGBl. I S. 499).

Die Reichsregierung hat das folgende Gesetz beschlossen, das hiermit verkündet wird:

§ 1

(1) Aus Gründen der Reichsverteidigung können durch Anordnung des Führers und Reichskanzlers Schutzbereiche gebildet werden.

(2) Der Führer und Reichskanzler kann die Ausübung dieser Befugnis auf den Reichswehrminister übertragen.

§ 2

Die Durchführung der mit der Bildung der Schutzbereiche zusammenhängenden Maßnahmen und die Überwachung der Schutzbereiche ist Aufgabe von Schutzbereichämtern.

§ 3

In den Schutzbereichen sind nur mit Genehmigung der Schutzbereichämter zulässig:

1. die Errichtung von Bauten über oder unter der Erdoberfläche sowie die Vergrößerung der Außenmaße bestehender Bauten;
2. die Veränderung von Wasserläufen;
3. sonstige Veränderungen der Bodengestaltung oder -bewachsung, jedoch mit Ausnahme der landwirtschaftlichen Nutzung.

§ 4

(1) Die Schutzbereichämter können auch die landwirtschaftliche Nutzung der im Schutzbereich liegenden Grundstücke beschränken.

(2) Bei solchen Beschränkungen soll auf die Ernte der aufstehenden Frucht Rücksicht genommen werden.

§ 5

Die Schutzbereichämter können Ermäßigungen der Beschränkungen des § 3 zulassen.

§ 6

(1) Die Schutzbereichämter teilen den Bürgermeistern der im Schutzbereich liegenden Gemeinden die Tatsache des Schutzbereichs, Beschränkungen nach § 4 und Ermäßigungen nach § 5 mit und übergeben ihnen in dem für die einzelne Gemeinde erforderlichen Umfang Karten mit den eingezeichneten Schutzbereichgrenzen.

(2) Die Bürgermeister haben innerhalb von zwei Wochen nach der Mitteilung die beteiligten Grundeigentümer und sonstigen Berechtigten und alsbald nach Eintritt einer Rechtsnachfolge die Rechtsnachfolger, bei Eigentum- oder Besitzwechsel die neuen Eigentümer oder sonstigen Berechtigten über die Beschränkungen ihrer Grundstücke oder über die Ermäßigungen zu unterrichten. Die Unterrichtung ist aktenkundig zu machen.

(3) Die Beschränkungen werden zwei Wochen nach Mitteilung an die Bürgermeister, die Ermäßigungen mit der Unterrichtung der Berechtigten wirksam.

§ 7

(1) Aus Gründen der Reichsverteidigung kann der Reichswehrminister oder die von ihm bestimmte Behörde auch außerhalb der Schutzbereiche Eigentümer oder Besitzer von Grundstücken verpflichten, Anlagen herzustellen und sie oder bereits bestehende Anlagen zu unterhalten.

(2) Die Überwachung der Auflagen nach Abs. 1 kann den Schutzbereichämtern oder anderen Behörden aufgetragen werden.

§ 8

Zur Erfüllung ihrer Aufgaben sind die Beauftragten der Schutzbereichämter und der nach § 7 beauftragten Behörden befugt, alle öffentlichen und privaten Grundstücke zu betreten, die der Überwachung unterliegen.

§ 9

Gegen die Anordnungen der Schutzbereichämter aus §§ 2, 4 und 5 ist binnen einem Monat nach Unterrichtung durch die Bürgermeister, gegen die Versagung der Genehmigung aus § 3 binnen einem Monat nach Zustellung des ablehnenden Bescheides Beschwerde zulässig. Die Beschwerde ist beim Schutzbereichamt schriftlich einzulegen. Über die Beschwerde entscheidet der Reichswehrminister oder die von ihm bestimmte Behörde.

§ 10

(1) Für die Ausführung von Auflagen nach § 7 wird angemessene Entschädigung gewährt.

(2) Für Beschränkungen nach §§ 3, 4 wird angemessene Entschädigung gewährt, wenn ein Wirtschaftsbetrieb durch die Beschränkungen unwirtschaftlich wird. Liegt diese Voraussetzung nicht vor, so kann der Reichswehrminister zur Vermeidung von Härten Entschädigung nach billigem Ermessen gewähren.

(3) Der Reichswehrminister setzt die Entschädigung unter Berücksichtigung aller Verhältnisse nach Anhören der Beteiligten und von Sachverständigen fest.

(4) In geeigneten Fällen des Absatzes 2 Satz 1 kann statt der Entschädigung ein Ausgleich durch Landzulage oder bei Überlassung des unwirtschaftlich gewordenen Betriebes durch Umsetzen auf eine andere gleichwertige Stelle gewährt werden.

(5) Der Rechtsweg ist ausgeschlossen.

§ 11

(1) Mit Gefängnis wird, soweit nicht nach anderen Gesetzen eine schwerere Strafe verwirkt ist, bestraft:

1. wer ohne die nach § 3 erforderliche Genehmigung handelt,
2. wer Beschränkungen nach § 4 nicht innehält,
3. wer Auflagen nach § 7 nicht oder nicht ordnungsgemäß erfüllt.

(2) Wer die Tat fahrlässig begeht, wird mit Geldstrafe bestraft.

§ 12

(1) Veränderungen und Anlagen entgegen diesem Gesetz müssen auf Verlangen der Schutzbereichämter von den Verpflichteten beseitigt werden.

(2) Entspricht ein Verpflichteter dem Verlangen nicht binnen einer Frist, die das Schutzbereichamt festsetzt, so

erfolgt die Beseitigung auf Ersuchen des Schutzbereichamtes durch die Polizei auf Kosten des Verpflichteten.

(3) Abs. 2 findet sinngemäße Anwendung, wenn Auflagen nicht oder nicht ordnungsgemäß erfüllt werden.

§ 13

Der Reichswehrminister erläßt die zur Durchführung und Ergänzung dieses Gesetzes erforderlichen Rechts- und Verwaltungsvorschriften [1]). Soweit diese Vorschriften auch in den Geschäftsbereich eines anderen Reichsministers fallen, werden sie im Einvernehmen mit diesem getroffen.

§ 14

(1) Dieses Gesetz tritt am 1. März 1935 in Kraft.

(2) An diesem Tage tritt das Gesetz vom 21. Dezember 1871, betreffend die Beschränkungen des Grundeigentums in der Umgebung der Festungen (Reichsgesetzbl. S. 459), außer Kraft.

(3) Die auf Grund des Gesetzes vom 21. Dezember 1871 angeordneten Rayonbeschränkungen bleiben als Beschränkungen auf Grund des vorstehenden Gesetzes bestehen. Entschädigungen, die in wiederkehrenden Beträgen zu zahlen sind, können anderweitig festgesetzt oder abgelöst werden. Die Befugnisse der Reichsrayonkommission gehen auf den Reichswehrminister über.

7. Verordnung über die Neugestaltung der Stadt der Reichsparteitage Nürnberg.

Vom 1. Juni 1938 (RGBl. I S. 613).

Auf Grund des Gesetzes über die Neugestaltung deutscher Städte vom 4. Oktober 1937 (Reichsgesetzbl. I S. 1054) wird für die Stadt der Reichsparteitage Nürnberg zur Durchführung und Ergänzung dieses Gesetzes in Ausführung des Erlasses des Führers und Reichskanzlers über städtebauliche Maßnahmen in der Stadt der Reichsparteitage Nürnberg vom 9. April 1938 (Reichs-

[1]) Erste Durchführungsverordnung vom 19. Sept. 1935 (RGBl. I S. 1161).

gesetzbl. I S. 379) im Einvernehmen mit den beteiligten Reichsministern verordnet:

Zu den §§ 3 und 9

§ 1

Höhere Verwaltungsbehörden im Sinne des § 9 Abs. 2 des Gesetzes ist der Oberbürgermeister der Stadt der Reichsparteitage Nürnberg, außerhalb des Gebiets des Stadtkreises Nürnberg das Bezirksamt.

Zu § 3

§ 2

Einen nach § 3 Satz 2 des Gesetzes zu ersetzenden Schaden trägt, soweit es sich um Maßnahmen handelt, die zur Anlage und zum Ausbau des Reichsparteitaggeländes oder zur Durchführung der Reichsparteitage erforderlich sind, der Zweckverband Reichsparteitag Nürnberg, in den sonstigen Fällen die Stadt der Reichsparteitage Nürnberg. Der Anspruch ist durch Antrag an die höhere Verwaltungsbehörde (§ 1) geltend zu machen. Bei Zweifel stellt der Leiter des Zweckverbandes Reichsparteitag Nürnberg fest, ob die Maßnahme zur Anlage und zum Ausbau des Reichsparteitaggeländes oder zur Durchführung der Reichsparteitage erforderlich ist.

Zu § 4

§ 3

(1) Die Bebauung von Grundstücken und die Veränderung baulicher Anlagen wird nach § 4 Abs. 1 des Gesetzes im Einzelfall durch die Baupolizeibehörde untersagt.

(2) Gegen die Entscheidung der Baupolizeibehörde ist die Beschwerde zulässig. Diese ist innerhalb zweier Wochen schriftlich bei der Baupolizeibehörde einzulegen. Über die Beschwerde entscheidet das Bayerische Staatsministerium des Innern endgültig.

§ 4

(1) Innerhalb der nach § 1 Abs. 2 des Gesetzes bestimmten Bereiche bedürfen die Teilung sowie die Verpflichtung zu einer Veräußerung und die Veräußerung von Grundstücken zu ihrer Wirksamkeit der Genehmigung. Ist das Verpflichtungsgeschäft genehmigt, so gilt die Genehmigung auch für das entsprechende Erfül-

lungsgeschäft als erteilt. Die Genehmigung erteilt der Oberbürgermeister der Stadt der Reichsparteitage Nürnberg, außerhalb des Stadtkreises Nürnberg das Bezirksamt. Gegen deren Entscheidung ist die Beschwerde an das Bayerische Staatsministerium des Innern zulässig, das endgültig entscheidet. Die Beschwerde ist innerhalb zweier Wochen bei der im Satz 3 bezeichneten Behörde einzulegen.

(2) Soweit ein nach § 1 Abs. 2 des Gesetzes bestimmter Bereich mit einem Gebiet zusammenfällt, das auf Grund des Gesetzes über die Aufschließung von Wohnsiedlungsgebieten vom 22. September 1933 (Reichsgesetzbl. I S. 659) zum Wohnsiedlungsgebiet erklärt ist, bedarf es einer besonderen Genehmigung nach Abs. 1 nicht. In dem Verfahren nach dem vorstehend bezeichneten Gesetz ist jedoch auch zu prüfen, ob die Teilung oder die Veräußerung die Durchführung der städtebaulichen Maßnahmen erschweren würde; ist dies der Fall, so ist die Genehmigung zu versagen. Wird die Genehmigung wegen Erschwerung der städtebaulichen Maßnahmen versagt, so ist an Stelle der Beschwerde nach dem Gesetz über die Aufschließung von Wohnsiedlungsgebieten die Beschwerde nach Abs. 1 zulässig.

(3) Mit dem Antrag auf Genehmigung nach Abs. 1 oder 2 ist auch der Inhalt des Vertrags mitzuteilen.

(4) Das Verfahren ist kostenfrei.

§ 5

(1) Teilung im Sinne des § 4 Abs. 2 des Gesetzes ist die dem Grundbuchamt gegenüber abgegebene oder sonstwie erkennbar gemachte Erklärung des Eigentümers, daß ein Grundstücksteil grundbuchmäßig abgeschrieben und als selbständiges Grundstück oder als ein Grundstück zusammen mit anderen Grundstücken oder mit Teilen anderer Grundstücke eingetragen werden soll.

(2) Die Teilung bedarf keiner Genehmigung, wenn sie für eine bereits nach § 4 genehmigte Veräußerung eines Grundstücksteils notwendig ist.

(3) Die Teilung bedarf ferner keiner Genehmigung, wenn sie im Rahmen eines Umlegungsverfahrens erfolgt.

§ 6

Eine Genehmigung nach § 4 ist nicht erforderlich für die Veräußerung von Grundstücken im Wege der Zwangsversteigerung oder durch den Konkursverwalter und für Rechtsgeschäfte, welche die Umwandlung von Bruchteilseigentum in Gesamthandseigentum oder das Umgekehrte zum Gegenstand haben.

§ 7

Einer Genehmigung nach § 4 bedarf es nicht, wenn das Reich, ein Land oder die Nationalsozialistische Deutsche Arbeiterpartei an dem Rechtsvorgang beteiligt sind. Diese Beteiligten haben jedoch der im § 4 Abs. 1 Satz 3 bezeichneten Behörde rechtzeitig Mitteilung zu machen; der Leiter des Zweckverbandes Reichsparteitag Nürnberg entscheidet, ob die Teilung oder die Veräußerung erfolgen darf.

§ 8

(1) Ist auf Grund eines nicht genehmigten Rechtsvorgangs eine Eintragung im Grundbuch erfolgt, so kann die im § 4 Abs. 1 Satz 3 bezeichnete Behörde das Grundbuchamt um die Eintragung eines Widerspruchs ersuchen. Die Grundbuchordnung § 53 Abs. 1 bleibt unberührt.

(2) Ein nach Abs. 1 eingetragener Widerspruch ist zu löschen, wenn die im § 4 Abs. 1 Satz 3 bezeichnete Behörde darum ersucht oder wenn die Genehmigung erteilt ist.

Zu § 5

§ 9

Das Vorkaufsrecht auf Grund des § 5 des Gesetzes steht auch in den außerhalb des Stadtkreises Nürnberg bestimmten Bereichen der Stadt der Reichsparteitage Nürnberg oder dem von ihr bezeichneten Berechtigten zu.

§ 10

(1) Das Vorkaufsrecht (§ 5 des Gesetzes) soll nur ausgeübt werden, wenn der Erwerb des Grundstücks zur Durchführung der städtebaulichen Maßnahmen notwendig ist.

(2) Die Ausübung des Vorkaufsrechts ist ausgeschlossen, wenn eine Genehmigung nach §§ 6 oder 7 nicht erforder-

lich ist, sowie wenn der Eigentümer das Grundstück an seinen Ehegatten oder an eine Person verkauft hat, die mit ihm in gerader Linie verwandt oder verschwägert oder in der Seitenlinie bis zum zweiten Grade verwandt ist.

§ 11

(1) Die Frist zur Ausübung des Vorkaufsrechts beträgt sechs Wochen von dem Tage ab, an dem die Mitteilung über den Inhalt des abgeschlossenen Kaufvertrags der im § 4 Abs. 1 Satz 3 bezeichneten Behörde zugegangen ist (§ 4 Abs. 3). In den Fällen des § 9 hat die Genehmigungsbehörde (§ 4 Abs. 1 Satz 3) den Inhalt des Kaufvertrags dem Oberbürgermeister der Stadt der Reichsparteitage Nürnberg unverzüglich mitzuteilen.

(2) Die Erklärung, daß das Vorkaufsrecht ausgeübt wird, hat zusammen mit dem Genehmigungsbescheid nach § 4 zu erfolgen; nach dessen Bekanntgabe ist die Ausübung des Vorkaufsrechts ausgeschlossen.

(3) Hat die Stadt der Reichsparteitage Nürnberg einen anderen Vorkaufsberechtigten bezeichnet, so kann das Vorkaufsrecht für diesen nur durch den Oberbürgermeister der Stadt der Reichsparteitage Nürnberg ausgeübt werden.

§ 12

(1) Das Vorkaufsrecht hat den Vorrang vor allen anderen Vorkaufsrechten. Es bedarf zu seiner Erhaltung gegenüber dem öffentlichen Glauben des Grundbuchs nicht der Eintragung in das Grundbuch.

(2) Auf das Vorkaufsrecht sind die Vorschriften des Bürgerlichen Gesetzbuchs in den §§ 504 bis 509, § 512 und § 1098 Abs. 2 entsprechend anzuwenden. Das Vorkaufsrecht erstreckt sich auch auf das mitverkaufte Zubehör.

(3) Hat der Käufer eine Nebenleistung übernommen, die nicht in Geld zu schätzen ist, so hat der Eigentümer dem Vorkaufsberechtigten gegenüber keinen Anspruch auf die Erfüllung dieser Nebenleistung und der Vertragsstrafen, die zu ihrer Erfüllung ausbedungen sind.

(4) Erwirbt die Stadt der Reichsparteitage Nürnberg

oder der von ihr bezeichnete Berechtigte in Ausübung des Vorkaufsrechts ein Grundstück, so erlöschen sonstige Vorkaufsrechte und Vormerkungen, die ein Recht auf Auflassung erhalten sollen (Bürgerliches Gesetzbuch § 883). Soweit die Inhaber der erlöschenden Rechte hierdurch einen Vermögensnachteil erleiden, sind sie von dem Vorkaufsberechtigten angemessen zu entschädigen; bei Streit über die Entschädigung entscheiden die ordentlichen Gerichte.

Zu § 8

§ 13

Für die Enteignung von Grundeigentum findet das bayerische Gesetz über die Enteignung zur Beschaffung von Arbeitsgelegenheit vom 1. August 1933 (Gesetz- und Verordnungsbl. f. Bay. S. 217) Anwendung.

Zu § 10 Abs. 1

§ 14

Soll Erbhofland enteignet werden, so hat die Enteignungsbehörde eine Entscheidung des Anerbengerichts darüber herbeizuführen, wieweit durch die Enteignung die Lebensfähigkeit des Erbhofs beeinträchtigt wird. Das Anerbengericht soll vor der Entscheidung den Kreisbauernführer hören. Gegen die Entscheidung des Anerbengerichts ist nur die sofortige Beschwerde des Kreisbauernführers und gegen die Entscheidung des Erbhofgerichts nur die sofortige weitere Beschwerde des Landesbauernführers zulässig. Die Anerbenbehörden haben das Verfahren tunlichst zu beschleunigen. Das Verfahren ist kostenfrei.

Zu § 13

§ 15

(1) Die Gebührenbefreiung erstreckt sich auf die infolge der Enteignung und Gewährung einer Entschädigung in Land erforderlichen Grundbucheintragungen und auf die Erteilung der zur Durchführung des Verfahrens erforderten Grundbuchabschriften. Gebührenfrei sind ferner alle Rechtsvorgänge und gerichtliche Urkunden, die dem rechtsgeschäftlichen Erwerb zu den in diesem Gesetz bestimmten Zwecken — einschließlich der Beschaffung von Ersatzland — sowie im Falle des § 9 Abs. 3 Satz 2 des

Gesetzes der Weiterübertragung von Grundeigentum dienen.

(2) Die Befreiung erstreckt sich nicht auf die Geltendmachung von Ansprüchen durch Klage vor den Gerichten und auf das gerichtliche Verteilungsverfahren.

8. Dritte Verordnung zum Reichsbürgergesetz.

Vom 14. Juni 1938 (RGBl. I S. 627).

Auf Grund des § 3 des Reichsbürgergesetzes vom 15. September 1935 (Reichsgesetzbl. I S. 1146) wird folgendes verordnet:

Artikel I

§ 1

(1) Ein Gewerbebetrieb gilt als jüdisch, wenn der Inhaber Jude (§ 5 der Ersten Verordnung zum Reichsbürgergesetz vom 14. November 1935 — Reichsgesetzbl. I S. 1333) ist.

(2) Der Gewerbebetrieb einer offenen Handelsgesellschaft oder einer Kommanditgesellschaft gilt als jüdisch, wenn ein oder mehrere persönlich haftende Gesellschafter Juden sind.

(3) Der Gewerbebetrieb einer juristischen Person gilt als jüdisch,

a) wenn eine oder mehrere von den zur gesetzlichen Vertretung berufenen Personen oder eines oder mehrere von den Mitgliedern des Aufsichtsrats Juden sind,

b) wenn Juden nach Kapital oder Stimmrecht entscheidend beteiligt sind. Entscheidende Beteiligung nach Kapital ist gegeben, wenn mehr als ein Viertel des Kapitals Juden gehört; entscheidende Beteiligung nach Stimmrecht ist gegeben, wenn die Stimmen der Juden die Hälfte der Gesamtstimmenzahl erreichen.

(4) Die Vorschriften des Abs. 3 gelten entsprechend für bergrechtliche Gesellschaften, die keine Rechtsfähigkeit besitzen.

§ 2

Wenn bei einer Aktiengesellschaft oder Kommanditgesellschaft auf Aktien am 1. Januar 1938 kein Mitglied des Vorstands oder des Aufsichtsrats Jude war, so wird vermutet, daß Juden nach Kapital oder Stimmrecht nicht entscheidend beteiligt (§ 1 Abs. 3 Buchstabe b) sind. Die gegenteilige Vermutung gilt, wenn an dem genannten Tage ein oder mehrere Mitglieder des Vorstands oder des Aufsichtsrats Juden waren.

§ 3

Ein Gewerbebetrieb gilt auch dann als jüdisch, wenn er tatsächlich unter dem beherrschenden Einfluß von Juden steht.

§ 4

(1) Die Zweigniederlassung eines jüdischen Gewerbebetriebs gilt als jüdischer Gewerbebetrieb.

(2) Die Zweigniederlassung eines nichtjüdischen Gewerbebetriebs gilt als jüdischer Gewerbebetrieb, wenn der Leiter oder einer von mehreren Leitern der Zweigniederlassung Jude ist.

§ 5

Der Reichswirtschaftsminister kann mit Wirkung bis 1. April 1940 von der Vorschrift des § 1 Abs. 3 Buchstabe a Ausnahmen bewilligen.

§ 6

Die Vorschriften der §§ 1, 3 und 4 finden auf Vereine, Stiftungen, Anstalten und sonstige Unternehmen, die nicht Gewerbebetriebe sind, entsprechende Anwendung.

Artikel II

§ 7

(1) Die jüdischen Gewerbebetriebe werden in ein Verzeichnis eingetragen. Der Reichsminister des Innern bestimmt die Behörden, bei denen das Verzeichnis geführt wird.

(2) Die Eintragung von Gewerbebetrieben, an denen Juden fremder Staatsangehörigkeit beteiligt sind, bedarf der Genehmigung des Reichswirtschaftsministers.

§ 8

(1) Die Eintragung in das Verzeichnis wird von der Behörde (§ 7) verfügt.

(2) Die Verfügung ist dem Inhaber des Gewerbebetriebs zuzustellen. Er kann binnen einer Frist von zwei Wochen nach Zustellung Beschwerde einlegen.

§ 9

(1) Die Verfügungsbehörde (§ 8) kann der Beschwerde abhelfen; will sie ihr nicht abhelfen, so hat sie die Sache der höheren Verwaltungsbehörde zur Entscheidung vorzulegen.

(2) Die höhere Verwaltungsbehörde entscheidet auch in sonstigen Zweifelsfällen.

(3) Gegen die Entscheidung der höheren Verwaltungsbehörde steht dem Inhaber des Gewerbebetriebs binnen einer Frist von zwei Wochen nach Zustellung die weitere Beschwerde an den Reichswirtschaftsminister zu.

§ 10

(1) Die Beschwerde (§ 8 Abs. 2, § 9 Abs. 3) ist bei der Behörde, deren Entscheidung angefochten wird, schriftlich einzulegen und zu begründen.

(2) Bei unverschuldeter Versäumung der Beschwerdefrist kann die Einlegung der Beschwerde nachgeholt werden.

§ 11

Die Eintragung eines Gewerbebetriebs in das Verzeichnis wird vollzogen, wenn die Verfügung, den Gewerbebetrieb einzutragen, unanfechtbar geworden ist.

§ 12

Fallen die Voraussetzungen, die zur Eintragung geführt haben, weg, so wird der Gewerbebetrieb in dem Verzeichnis gelöscht. Behauptet der Inhaber des Gewerbebetriebs den Wegfall der Voraussetzungen und wird sein Antrag auf Löschung abgelehnt, so finden die Vorschriften über die Beschwerde (§ 8 Abs. 2, § 9, § 10) Anwendung.

§ 13

Im Lande Österreich treten an die Stelle der vorstehenden Verfahrensvorschriften die Bestimmungen des Allgemeinen Verwaltungsverfahrensgesetzes (OVGBl. Nr. 274/1925). Die Beschwerden nach § 8 Abs. 2, § 9 und § 12 gelten als Berufungen.

§ 14

Die Entscheidung der höheren Verwaltungsbehörde oder des Reichswirtschaftsministers kann auch von dem zuständigen Gauleiter der Nationalsozialistischen Deutschen Arbeiterpartei beantragt werden.

§ 15

Die Einsicht in das Verzeichnis ist jedermann gestattet.

§ 16

Listen oder Zusammenstellungen jüdischer oder nichtjüdischer Gewerbebetriebe dürfen nur nach Maßgabe des amtlichen Verzeichnisses angefertigt werden.

Artikel III

§ 17

Der Reichswirtschaftsminister wird ermächtigt, im Einvernehmen mit dem Reichsminister des Innern und dem Stellvertreter des Führers anzuordnen, daß Gewerbebetriebe, die in dem Verzeichnis der jüdischen Gewerbebetriebe eingetragen sind, von einem noch zu bestimmenden Zeitpunkt ab ein besonderes Kennzeichen führen müssen.

Sachverzeichnis.

Die Zahlen bedeuten die Seiten.

B.

M.

N.

O.

P.

FSC
www.fsc.org
MIX
Papier | Fördert gute Waldnutzung
FSC® C083411

Kolibri 360 GmbH
Ferdinand-Jühlke-Straße 7
99095 Erfurt, Deutschland
produktsicherheit@kolibri360.de